東国古墳時代埴輪生産組織の研究

日高 慎 著
Hidaka Shin

雄山閣

東国古墳時代埴輪生産組織の研究　目　次

序章　埴輪生産組織研究の課題 …………………………………… 9

第1節　埴輪研究の歴史と論点 ………………………………………… 9
　1　明治から大正期まで―円筒埴輪の意義と形象埴輪の起源― ………… 9
　2　昭和初期から戦前まで―形象埴輪の起源から埴輪の意義論へ― …… 11
　3　戦後から昭和末年ころまで―形象埴輪の意義論― ………………… 13
　4　近年の研究動向―意味論から埴輪それ自身の研究へ― …………… 19
第2節　埴輪の意義に関する研究の方向性 ……………………………… 19

第1章　人物埴輪の共通表現検討とその有効性 …………… 23
　　　―頭巾状被りものをつける人物埴輪をもとにして―

第1節　問題の所在 ………………………………………………… 23
第2節　共通表現を認定するための前提 ………………………………… 24
第3節　人物埴輪表現における他人のそら似と共通表現の検証 ………… 25
　1　生出塚埴輪窯跡出土の頭巾状被りものをつけた人物埴輪 …………… 25
　2　古墳出土資料にみる共通表現の認識 ………………………………… 28
　3　他人のそら似の諸例 ………………………………………………… 32
　4　共通表現の可能性がある例 ………………………………………… 36
第4節　共通表現検討の有効性とその応用 ……………………………… 37

第2章　人物埴輪表現の地域性 ……………………………… 39
　　　―双脚人物像の脚部の検討―

第1節　問題の所在 ………………………………………………… 39
第2節　脚部の属性抽出と分類 …………………………………………… 39
　1　足結の分類 ………………………………………………………… 39
　2　履（靴）の分類 ……………………………………………………… 40
　3　台部の分類 ………………………………………………………… 42

第3節　各種要素の分布 …………………………………………………… 43
　　　1　足結表現の分布 ………………………………………………………… 43
　　　2　履（靴）表現の分布 …………………………………………………… 47
　　　3　台部表現の分布 ………………………………………………………… 50
　　　4　分布状況と年代的位置付け …………………………………………… 51
　　第4節　人物埴輪表現の地域性とその意義 ……………………………… 52

第3章　人物埴輪の共通表現とその背景 …………………………… 57

はじめに ……………………………………………………………………………… 57
　　第1節　人物埴輪における共通表現の摘出 ……………………………… 58
　　　1　頭巾状被りものをもつ人物埴輪 ……………………………………… 58
　　　2　顎鬚をもつ人物埴輪 …………………………………………………… 58
　　　3　垂下帯付き美豆良をもつ人物埴輪 …………………………………… 61
　　　4　首甲を着ける武人埴輪と円形浮文を伴う線刻の挂甲をもつ武人埴輪 …… 62
　　　5　「幅広一枚肩甲」をもつ武人埴輪 …………………………………… 64
　　　6　「下総型」人物埴輪・円筒埴輪 ……………………………………… 67
　　　7　女子埴輪の島田髷における特徴的な技法 …………………………… 67
　　第2節　関東地方における人物埴輪の共通表現とその背景 …………… 71
　　　1　埼玉県鴻巣市生出塚埴輪窯から供給された埴輪について ………… 71
　　　2　顎鬚をもつ人物埴輪について ………………………………………… 73
　　　3　「下総型」埴輪について ……………………………………………… 75
　　第3節　結論と課題 ………………………………………………………… 79

第4章　人物埴輪の東西比較 ―論点の抽出― …………………… 83

はじめに ……………………………………………………………………………… 83
　　第1節　埴輪表現の異同について ………………………………………… 83
　　第2節　西日本地域の埴輪表現 …………………………………………… 85
　　第3節　東海地域の埴輪における西日本的要素の有無 ………………… 89

第4節　関東以北地域の埴輪における西日本的要素の有無 …………………… 93
第5節　埴輪表現の非共通要素の意味 ……………………………………………… 98
おわりに ………………………………………………………………………………… 99

第5章　埴輪からみた関東地方の地域性 …………………… 101
　　　　―柴又八幡神社古墳をもとにして―

はじめに ………………………………………………………………………………… 101
第1節　下総型埴輪について ………………………………………………………… 101
第2節　埴輪からみた地域性 ………………………………………………………… 103
第3節　地域を越えて供給された埴輪 ……………………………………………… 105
第4節　地域性と交流の意味 ………………………………………………………… 106
おわりに ………………………………………………………………………………… 107

第6章　下総型埴輪と墳丘企画 ……………………………… 108

はじめに ………………………………………………………………………………… 108
第1節　下総型埴輪出土古墳の墳形 ………………………………………………… 109
　　1　高野山類型 ……………………………………………………………………… 109
　　2　城山類型 ………………………………………………………………………… 112
　　3　その他の墳丘企画 …………………………………………………………… 112
第2節　墳丘企画の異同の背景 ……………………………………………………… 115
おわりに ………………………………………………………………………………… 117

第7章　下総型埴輪が樹立された前方後円墳形態 ………… 119

はじめに ………………………………………………………………………………… 119
第1節　前方後円墳企画について …………………………………………………… 120
　　1　下総型埴輪を樹立する前方後円墳 ………………………………………… 120
　　2　下総地域の埴輪を樹立しない前方後円墳 ………………………………… 121
　　3　下総地域の「前方後円形小墳」 …………………………………………… 122
　　4　常陸南部の前方後円墳 ……………………………………………………… 122

目次

第2節　内部主体について ……………………………………………… 123
 1　下総型埴輪出土古墳の内部主体 ……………………………… 123
 2　雲母片岩を用いた内部主体について ………………………… 126
第3節　副葬品と出土土器について …………………………………… 127
 1　副葬品について ………………………………………………… 127
 2　出土土器について ……………………………………………… 127
第4節　前方後円墳形態と課題 ………………………………………… 128

補論　東国の古墳造りと柴又八幡神社古墳 …………………… 130

はじめに ……………………………………………………………………… 130
第1節　柴又八幡神社古墳の墳丘企画の検討（試案） ………………… 130
第2節　古墳造りと埴輪製作 …………………………………………… 133
おわりに ……………………………………………………………………… 134

第8章　埴輪製作工人の成立と土師部の研究 …………………… 135
―埴輪生産に因んだ地名をめぐって―

はじめに ……………………………………………………………………… 135
第1節　埴輪生産の概観 ………………………………………………… 135
第2節　埴輪生産遺跡と土師関連地名・人名 ………………………… 136
第3節　埴輪生産体制の変革と土師部の成立 ………………………… 140

第9章　埴輪樹立からみた地域性と階層性 ……………………… 143

はじめに ……………………………………………………………………… 143
第1節　分析の視点と方法 ……………………………………………… 143
第2節　人物埴輪の数と高さの検討 …………………………………… 144
 1　人物埴輪の個体数の検討 ……………………………………… 144
 2　人物埴輪の高さの検討 ………………………………………… 149
第3節　まとめと結論 …………………………………………………… 150
おわりに ……………………………………………………………………… 152

終章　東国古墳時代埴輪生産組織の考古学的研究 …………153

第1節　埴輪生産の組織 …………………………………………………153
1　筑波山周辺産埴輪について …………………………………………153
2　姫塚古墳の顎髭を蓄えた双脚男子像 ………………………………154
3　筑波山周辺産の顎鬚を蓄えた双脚男子像の長距離供給先 …………158
4　埴輪の長距離供給・地域間交流の背景 ……………………………160

第2節　埴輪の意義 ………………………………………………………164
1　埴輪が立て並べられた場所について ………………………………165
2　埴輪配列の全国的共通性について …………………………………169
3　埴輪の樹立と古墳葬送儀礼 …………………………………………171

第3節　埴輪研究の課題 …………………………………………………174
1　埴輪同工品論をめぐって ……………………………………………174
2　東アジア歴史世界の中の埴輪 ………………………………………176

図版出典一覧 ………………………………………………………………179
引用・参考文献一覧 ………………………………………………………182

初出論文との対応 …………………………………………………………203
あとがき ……………………………………………………………………204

索引 …………………………………………………………………………207

挿図・表　目次

第1章　人物埴輪の共通表現検討とその有効性—頭巾状被りものをつける人物埴輪をもとにして—
- 図1　共通表現の人物埴輪1 …………………………………………………… 29
- 図2　共通表現の人物埴輪2 …………………………………………………… 31
- 図3　他人のそら似の人物埴輪 ………………………………………………… 33
- 図4　共通表現の可能性がある人物埴輪 ……………………………………… 36
- 表1　頭巾状被りものの人物埴輪類例一覧 …………………………………… 27

第2章　人物埴輪表現の地域性—双脚人物像の脚部の検討—
- 図1　足結の分類 ………………………………………………………………… 40
- 図2　履（靴）の分類 …………………………………………………………… 41
- 図3　台部の分類 ………………………………………………………………… 42
- 図4　足結各種の分布 …………………………………………………………… 47
- 図5　履（靴）各種の分布 ……………………………………………………… 48
- 図6　台部各種の分布 …………………………………………………………… 50
- 図7　設定される小地域と埴輪窯の分布 ……………………………………… 55
- 表1　足結の県別累計 …………………………………………………………… 40
- 表2　履（靴）の県別累計 ……………………………………………………… 41
- 表3　台部の県別累計 …………………………………………………………… 42
- 表4　人物埴輪の脚部分類結果一覧 …………………………………………… 44
- 表5　関東地方における埴輪窯跡一覧 ………………………………………… 54

第3章　人物埴輪の共通表現とその背景
- 図1　共通表現をもつ人物埴輪典型例① ……………………………………… 59
- 図2　頭巾状被りものの人物埴輪（●）と生出塚埴輪窯の工人集団による埴輪（▲）の分布 …… 60
- 図3　顎鬚をもつ人物埴輪（●）と長方形周堀をもつ前方後円墳（▲）の分布 ……… 61
- 図4　垂下帯付き美豆良をもつ人物埴輪の分布 ……………………………… 62
- 図5　首甲を着ける武人埴輪（●）と円形浮文を伴う線刻の挂甲をもつ武人埴輪（▲）の分布 … 63
- 図6　共通表現をもつ人物埴輪典型例② ……………………………………… 65
- 図7　幅広一枚肩甲の武人埴輪とその系譜をひく人物埴輪（●）および下総型埴輪（▲）の分布 … 66
- 図8　女子埴輪の島田髷典型例 ………………………………………………… 68
- 図9　中空技法の島田髷（□）と各種島田髷の女子埴輪の分布 …………… 69
- 図10　下総型の盾持ち人の盾文様とその祖形 ………………………………… 77
- 図11　下総型埴輪をめぐるその系譜と展開 …………………………………… 78
- 図12　6世紀後半における埴輪を中心とした地域関係 ……………………… 79

| | 表1 | 下総型埴輪出土古墳の墳形・規模別基数分布 ………………………… | 76 |

第4章　人物埴輪の東西比較—論点の抽出—
	図1	西日本の人物埴輪1 …………………………………………………………	86
	図2	西日本の人物埴輪2 …………………………………………………………	87
	図3	西日本の人物埴輪3 …………………………………………………………	88
	図4	東海の人物埴輪1 ……………………………………………………………	90
	図5	東海の人物埴輪2 ……………………………………………………………	91
	図6	東海の人物埴輪3 ……………………………………………………………	92
	図7	北陸の人物埴輪 ………………………………………………………………	94
	図8	関東以北の人物埴輪1 ………………………………………………………	95
	図9	関東以北の人物埴輪2 ………………………………………………………	96
	図10	関東以北の人物埴輪3 ………………………………………………………	97

第5章　埴輪からみた関東地方の地域性—柴又八幡神社古墳をもとにして—
	図1	下総型埴輪出土古墳分布図 …………………………………………………	102
	図2	生出塚埴輪窯と生出塚産埴輪出土古墳分布図 …………………………	104
	図3	生出塚埴輪工人集団の供給モデル …………………………………………	106

第6章　下総型埴輪と墳丘企画
	図1	高野山類型墳1 ………………………………………………………………	111
	図2	高野山類型墳2 ………………………………………………………………	112
	図3	城山類型墳 ……………………………………………………………………	113
	図4	他企画・不明企画の古墳 ……………………………………………………	114
	図5	目沼7号墳と日天月天塚古墳の墳丘企画 …………………………………	115
	図6	下総型埴輪の出土分布と各類型墳の分布範囲 …………………………	116
	表1	下総型埴輪出土古墳のデータ一覧 …………………………………………	110

第7章　下総型埴輪が樹立された前方後円墳形態
	図1	下総型埴輪類型墳（高野山類型）…………………………………………	120
	図2	下総型埴輪類型墳（城山類型）……………………………………………	120
	図3	埴輪を樹立しない下総型埴輪類型墳 ………………………………………	121
	図4	野中5号墳の墳丘企画 ………………………………………………………	122
	図5	松塚1号墳の墳丘企画 ………………………………………………………	123
	表1	本章で言及する古墳の諸要素 ………………………………………………	124

補　論　東国の古墳造りと柴又八幡神社古墳
| | 図1 | 柴又八幡神社古墳の墳丘企画（試案）…………………………………… | 132 |
| | 図2 | 柴又八幡神社古墳（左）と吉高山王古墳（右）の墳丘企画 ………… | 133 |

	表1	吉高山王古墳との比較 …………………………………………………	131

第8章　埴輪製作工人の成立と土師部の研究―埴輪生産に因んだ地名をめぐって―

	表1	埴輪生産遺跡と土師関連地名一覧 ………………………………	137

第9章　埴輪樹立からみた地域性と階層性

	表1	検討古墳一覧 …………………………………………………………	145
	表2	前方後円墳における人物埴輪の数 …………………………………	147
	表3	帆立貝形古墳における人物埴輪の数 ………………………………	147
	表4	円墳における人物埴輪の数 …………………………………………	148
	表5	半身人物埴輪の高さ …………………………………………………	149
	表6	双脚人物埴輪の高さ …………………………………………………	150

終　章　東国古墳時代埴輪生産組織の考古学的研究

	図1	石橋充による筑波山周辺産埴輪の分布 ……………………………	154
	図2	顎鬚を蓄えた双脚男子像の諸特徴 …………………………………	156
	図3	城倉正祥による顎鬚を蓄えた双脚男子像の分類 …………………	157
	図4	筑波山周辺産の顎鬚を蓄えた双脚男子像 …………………………	159
	図5	志村哲による結晶片岩・海綿骨針化石分布（上）と藤岡産埴輪の供給範囲（下）………	162
	図6	埴輪の供給範囲と遠距離供給先（技術の共有を含む） ……………	163
	図7	坂靖による埴輪配列の変遷 …………………………………………	165
	図8	石山古墳の埴輪配列 …………………………………………………	166
	図9	ヒル塚古墳の埴輪配列 ………………………………………………	167
	図10	井辺八幡山古墳造出周辺における埴輪・須恵器出土状況 ………	168
	図11	神保下條2号墳の埴輪配列復元 ……………………………………	168
	図12	勢野茶臼山古墳の埴輪配列復元 ……………………………………	169
	図13	今城塚古墳の埴輪配列復元 …………………………………………	170
	図14	塚廻り4号墳の埴輪と配列復元 ……………………………………	172
	図15	城倉正祥による生出塚埴輪製作工人集団をめぐる諸関係 ………	175
	表1	筑波山周辺産の顎鬚を蓄えた双脚男子像 …………………………	160
	表2	場面構成要素一覧 ……………………………………………………	171

序章　埴輪生産組織研究の課題

第1節　埴輪研究の歴史と論点

1　明治から大正期まで―円筒埴輪の意義と形象埴輪の起源―

　人物埴輪に対する研究については、すでに江戸時代にも若干の資料を用いてではあるが、論及されている。しかし、その当時は人物埴輪をもって古代人の服装を復元するという意味で間接的に使われているだけであり、積極的にその資料を歴史的遺物にまで高めて論じているものはない。人物埴輪さらには円筒埴輪に関する研究が本格的におこなわれるようになるのは、坪井正五郎の登場を待たなくてはならない。

　坪井正五郎は、人物埴輪を集成すると共に、当時の外国人研究者、例えばアーネスト・サトウ（E.Sato）などの意見に耳を傾け、主として円筒埴輪の意義について論を展開させた（坪井1888・1901）。この研究はその後、八木奘三郎（八木1894・1895）や和田千吉（和田1897・1902a・1902b・1903）、さらに光井清三郎（光井1902）、瓦片生（瓦1903）らによって批判・検討が進められた。その主たる論拠を整理すると、以下のようになる。

　　円筒埴輪柴垣模倣説：アーネスト・サトウ、坪井正五郎（後に補正）、八木奘三郎
　　円筒埴輪土留柴垣説：坪井正五郎、瓦片生
　　円筒埴輪装飾説　　：和田千吉

　これらの研究は円筒埴輪についてその起源、性格を論じたものである。これらの中で特に異彩を放つのが、坪井正五郎（坪井1901）と和田千吉（和田1902a）の研究である。

　坪井は『はにわ考』の中で「埴輪土物配列想像図」を提示し、自らの円筒埴輪土留柴垣説とともに、円筒埴輪列中に形象埴輪が並ぶ姿を復元した。この埴輪配列想像図は、後の埴輪研究の方向性を決定付けたといっても過言ではあるまい。しかし、この研究の他に、もう一つ忘れてはいけない重要な指摘がある。それは、理科大学（現東京大学理学部）に籍を置いていた坪井自身が、当時の『東京人類学会雑誌』の報告を見るごとく、多数の埴輪資料を実査すること

ができたことに起因する。武蔵・常陸・上野・下野から発見された合計25個体の各土偶（人物埴輪）を比較することにより、その「地方特徴」を抽出したのである。

その特徴を簡潔にまとめると以下のようになる。

・武蔵発見の土偶の標式は耳が簡単な突き孔で、左右の眉が判然区別されて居る。
・常陸発見の土偶の標式は外耳が示して有って左右の眉が一続きに成って居る。
・上野発見の土偶の標式は眉の部が不明瞭で、鼻は狭くて付けた儘の形に成って居る。

武蔵のものは埼玉県桶川市川田谷出土の女子埴輪、常陸のものは茨城県鉾田市不二内出土のひざまずく人物埴輪、上野のものは群馬県前橋市天川町出土の武人埴輪をそれぞれ指標とし、図を添えている。坪井はさらに人物埴輪に表された身体的特徴すなわち男子・女子の区別や服装、装飾品、顔面装飾など、現在の埴輪総数からすれば数的には劣るものであるけれども、埴輪の観察眼に関しては、現在の埴輪研究に通じる基本的な項目をこの時点で指摘している。また、一般読者や調査者に対して、古墳の存在と埴輪研究を進めるために、埴輪の配列や透孔の方向など9つの注意点を提示している。

和田は、自身が実見した5例をもとに、前方後円墳の場合は人物が皆向かって右側のくびれ部（馬は両くびれ部）から出土し、円墳の場合はほとんど平地の部分から出土していると述べた。当時、古墳発掘の実例はほとんどなく、そのなかでの論ではあるが、形象埴輪がくびれ部から出土するという、重要な指摘をおこなった（和田1902a）。これは、形象埴輪配列位置研究の先駆的業績として評価できよう。

明治時代の中頃に至り、それまでの主として円筒埴輪に関する研究から、形象埴輪の起源と意義について盛んに議論が交わされるようになった。

浜田耕作は、中国の俑や石人・石馬との比較から、形象埴輪の起源は大陸にあると説いた（浜田1911）。すなわち、埴輪を墓前に立てるという共通点から石人・石馬にその源流を求め、それが朝鮮半島を経由し九州に定着、畿内に伝播したと述べたのである。

この浜田の説を受ける形で高橋健自は、人物埴輪が日本自生で固有の遺物であることを強調した（高橋1911・1913）。すなわち、形象埴輪の出現が殉死代用説の真偽はともかくとして、垂仁天皇の御世の頃には陵墓の外部に樹立されていたと考える立場から、九州の石人・石馬（筑紫国磐井の墓）よりも以前に出現していたと考えたのである。また、墳丘を飾るという点では日本の形象埴輪と中国の石人・石馬も同じであり、思想的流入の存在は否定しないが、あくまでも日本の形象埴輪のほうが時期的に先行している以上、日本自生のものであるとくり返し強調した。さらに、高橋は人物埴輪の出現はそれに先行する円筒埴輪から段階的に発展してきたものであることを述べた。すなわち、茨城県龍ケ崎市愛宕山古墳出土の人物埴輪を拠り所

として、円筒埴輪から進化発展したものであると述べた。また、殉死と埴輪の関係についても、中国の石人・石馬と同じく墳丘を飾るという思想のもとに完成されたと説き、けっして殉死代用の所産ではないと結論付けた（高橋 1922・1925）。

浜田・高橋の一連の論考に対して文献史学の立場から喜田貞吉は、殉死代用説を否定した上で、石人・石馬などの大陸墓制の影響なのか日本自生なのか明言は避けつつも、生前に仕えていた近習や日常使用の器物に至るまでを、死後においても使用すべく墓に供えたものであると述べた（喜田 1921）。当時、雑誌『民族と歴史』を主宰していた喜田は、この論文の前後に「土師部考」を3号にわたって連載していた。「埴輪考」もその「土師部考別編」として発表されたものであり、当時学会の重鎮であった喜田が文献を駆使して埴輪の意義を論じたものとして注目される。

2 昭和初期から戦前まで―形象埴輪の起源から埴輪の意義論へ―

それまで展開されてきた数々の論をまとめる形で、高橋健自が『日本服飾史論』、『埴輪及装身具』を世に送り出した（高橋 1927・1929）。当時の資料を明確に把握し、詳細な各論をおこなっており、極めて高く評価される。また、この本にはふんだんに埴輪の写真が掲載されており、高橋が編集した『日本埴輪図集』（高橋 1920）の仕事がここで生かされている。埴輪の意義に関しては、それまでの墳丘表飾説を強調しつつ、樹立の意味については死者の霊を慰めるとともに、衆人に墳墓の壮観さを仰がせるものであると述べた（高橋 1929）。さらに、人物埴輪の着衣についてそれまで主張してきたことを進め、袈裟式衣や『魏志倭人伝』に記されている貫頭衣という単純な着衣と、男子立像にみるような衣袴との関係について、衣袴の型式はそれ以前の原始衣に比べるとその差が余りに著しく、袈裟式衣や貫頭衣が自然に変化したとは考えられないと述べた（高橋 1929）。そこで「胡服」の登場となったわけである。この見解には高橋自身かなりの自信があったようで、埴輪関係の論文には必ずといっていいほど、中国の北魏正光6年（525）画像石を掲載しており、そこには足結をした馬子の姿が描かれている。さらに北周建徳2年（573）の画像石を提示し、左衽垂領で筒袖の人物が人物埴輪につながると述べた。これに関しては、後に後藤守一の反論がまっている。

この頃後藤守一は浜田耕作の意見を取り入れて、石人・石馬の影響をもって形象埴輪が成立したとの立場を採っていた（後藤 1927）。しかし、高橋健自の説が提示され、当の高橋が亡くなった後に「埴輪の意義」を発表する（後藤 1931a）。この中で、石人・石馬の影響ではなく、むしろ中国の明器泥象との関連を述べた。この当時後藤は、帝室博物館から埴輪図録編纂の命を受けており、この一環で相川龍雄との交流があったらしく、論文の中に当時相川龍雄が集め

た埴輪をしばしば取り上げている。また、意見の変化には、群馬県高崎市保渡田八幡塚古墳と上芝古墳が発掘調査され、形象埴輪の様相が古墳において極めて良好に確認できたことも関係があろう。

後藤の見解を受ける形で、浜田耕作が帝室博物館の講演の中で、墳丘の外に並べるということで石人・石馬の影響を、一方で土製の仮器という要素を中国の明器泥象に求める折衷案を提示した（浜田1931）。

この前後に、続々と埴輪配列研究の基礎となるべき重要な論考、報告が相次いだ。柴田常恵の群馬県高崎市上芝古墳の概報（柴田1929）、島田貞彦の栃木県足利市葉鹿熊野古墳を中心とした配列研究（島田1929）、福島武雄らによる上芝古墳・八幡塚古墳の発掘調査報告書（福島ほか1932）、さらに後藤守一による群馬県伊勢崎市赤堀茶臼山古墳の発掘調査報告書（後藤1933b）などである。これらの論考・報告は、いまなお埴輪配列研究の中核をなすといっても過言でないほどのものであり、特に八幡塚古墳は後述する水野正好の論考の元にもなった。

埴輪配列が良好に残っていた古墳が明らかにされた後、後藤守一が積極的に埴輪の意義について論及するようになる。前述の「埴輪の意義」の中で後藤は、各種の形象埴輪それぞれに、その意味するところを述べた。そこで後藤は、端然と立つ男子殊に武装男子像の多くは、警護あるいは永遠の旅に随従する様子を表現しており、奏楽・歌舞の一群は上古時代に霊前に歌舞する風習があったことからも想像できるとし、女子の多くが奉仕の姿態をとるのは神女の如きもの、農民の一群は古墳築造に奉仕した姿であると考えた（後藤1931a）。この見解は、その後の埴輪研究に対して極めて大きな影響を与え、後藤の見解を下敷きにして幾多の研究が進んできたと言えよう。

後藤の埴輪列に対する評価は、埴輪の列に意義をもたせ、伊勢皇太神宮式年遷宮の絵を示して、人物・動物埴輪などは葬式の行列であるとの見解を出した（後藤1933a・1937）。その後の幾多の論考にも、一貫して葬列を表したものであると主張した。また、後藤は自ら形象埴輪の種類ごとに出現の時期が異なることを提示して、人物埴輪が器財埴輪よりも遅れて出現していることを確認しているにもかかわらず、人物埴輪の出現が殉死の代用品であるとの見解も述べている。後藤守一のもう一つの業績は人物埴輪の着衣、帽、天冠に対する研究である。いずれの研究も埴輪のみにとどまらず、中世の絵画資料におけるそれにまで目配りをした緻密なものである。それまで袈裟衣着用埴輪として呼称されていた着衣をタスキと意須衣に分割し、文献をも駆使して考察した（後藤1936）。また、以前に高橋健自が中国画像石の例をもって「胡服」と関連付けたことに対し、高橋の死後発掘された高句麗壁画古墳の図に足結の表現がないことや、高橋が提示した垂領の人物埴輪は栃木県真岡市若旅大日塚古墳1例であることの不思議さ

などを疑問とし、その類似性と同一系譜は認めながらも日本において発展していったものと考えた（後藤1941b）。帽、天冠についての研究は、それぞれに人物埴輪の図を載せて説明しているが、今日資料の所在が確認できないものも含まれている。また、論文の性格上通史的な叙述となっており、アジア的視野で論を展開させているが、人物埴輪についてはその説明にとどまっており、出土地などの記載がない（後藤1940・1941a）。しかし、その形態分析には極めて詳細な知識を披露しており、他の追従を許さないものである。

　後藤の葬列説に対して小林行雄は、後藤自らが提示した資料中の、琴弾きや座像の人物埴輪が葬列を表しているとは解釈できず、むしろ神を祭る儀礼の場に臨んでいる人々の姿と考えたほうが妥当であるとの見解を示した（小林1944）。すなわち祭祀儀礼説である。この論文で重要なことは、祭祀それ自体の内容について、小林が不明としたところである。昨今の形象埴輪論が幾多の祭祀復元をおこなっていることを考えると、小林が述べたことは極めて論理的で、かつ基本的な所見であると考えられる。小林は以後の埴輪論の中でも、この基本的な考えを踏襲している（小林1960・1974）。ちなみに私は、形象埴輪が表している場面について、小林が述べるような神を祭る儀礼であると考えている（日高2000b）。

3　戦後から昭和末年ころまで―形象埴輪の意義論―

　終戦後間もない昭和22年（1947）に末永雅雄が『埴輪』を出版する（末永1947）。この中で、埴輪の配列が分かる25例を提示し、さらに古墳以外から出土した埴輪についてもその概略を述べている。個別の埴輪については、挿図をふんだんに使って読みやすいものとなっている。また、形象埴輪の起源については、大陸との関係上影響されて出現した可能性を述べた。同書はその後、昭和62年（1987）に至り、増補改訂し復刊された。

　この2年後、奈良県桜井市外山茶臼山古墳が発掘調査され、墳頂部で底部穿孔の壺形埴輪が方形に並んで出土した。この発掘の後昭和30年代にかけて、円筒埴輪論を中心とする幾多の論文が発表されることになる。これらについて詳述しないが、昭和42年（1967）に至り近藤義郎・春成秀爾によって、その起源が決定付けられた（近藤・春成1967）。

　このような趨勢の中で、金谷克己は形象埴輪について起源を海外に求める考えに疑問をなげかける。九州の石人・石馬は大陸の影響をとしてとらえることもできようが、その種類、表現方法などに形象埴輪とはかなりの隔たりがあると述べ、石人・石馬影響説を退けた。また、明器泥象に求める考えに対しては、出土位置の相違、大きさの相違、種類の相違などを上げ、両説の成り立たないことを示した。これらのことから、形象埴輪は日本独自に発展したもので、その発展の中で関東の人物埴輪の多様さについては明器泥象の影響があった可能性を述べた。

さらに、形象埴輪の性格については未来観念の発露と考え、被葬者に随っていく姿とすべきであろうとした（金谷1951）。この後、金谷は形象埴輪のそれぞれに意味をもたせるべく、意義付けをおこなった。そして、埴輪の樹立という行為にはそのことをもって、「死者埋葬の儀の終結」を意味し、送る者達の「表飾的な満足と、哀惜」とを表すものであったと述べた（金谷1958）。重要なことは、埴輪を樹立する時が、すなわち儀礼の終了時であるとの認識である。この後、他の論考をもまとめた形で、金谷の死後『はにわ誕生』という単行本が刊行されている（金谷1962）。

これらの論考の後、三木文雄が『はにわ』を著す。三木は村井嵓雄らの協力を得て、埴輪出土分布地名一覧を作成し、かつ形象埴輪の年代的推移を述べた。さらに、その推移の中で形象埴輪の配置における変化をも考慮し、横穴式石室の前面に配置される例などをあげて、形象埴輪の意義的変化を考えた（三木1958）。浅田芳朗はそれまでの研究を簡潔にまとめ、石製模造品などが実物の仮器化であるということから、形象埴輪も実際に執りおこなわれた墓前祭祀での施設と人物とを仮器化したものであると述べた（浅田1958）。

同年、文献史学・民俗学の立場から、和歌森太郎が主として後藤守一の葬列説を批判し、殯説を提示した。それは、埴輪とは別にして古代に殉死の風があったことは想定でき、大化2年の詔にはこれも絶対禁止している通りであり、形式化してその殯の印象を永遠に故人とともにとどめるべく、古墳に添えたのであろうと考えた（和歌森1958）。和歌森の殯説は、民俗学的な見地から詳細に分析した上での結論であり説得力がある。この説は、その後の考古学者に対して多大な影響力を与えた。

森浩一は研究ノートとして、「形象埴輪の出土状態の再検討」を『古代学研究』に発表する（森1961a）。この論文は現状で古墳の墳丘でない所から出土するものを特に扱い、1）大古墳の墳丘外部に伴うもの、2）古墳石室内に副葬されたもの、3）古墳に関係ない出土例、というように判別した。つまり、1）は中国の石人・石馬に、2）は中国の明器に似ていることを指摘した。その上で前述の浜田耕作の説に対して「なお魅力と可能性をもっている」としたのである。3）は奈良県磯城郡三宅町石見遺跡が水辺での祭祀という見地からのものである。それまでの研究が、埴輪は古墳の裾からしか出土しないという概念であったことに対して再考を促している。

滝口宏らは、昭和31年（1956）に千葉県山武郡横芝町殿塚古墳・姫塚古墳の発掘をおこなった。その報告の意味をもつ『はにわ』を昭和38年（1963）に刊行した（滝口1963）。前者は出土状態があまり良くないのだが、後者は極めて良好な資料を提供した。その出土状態から埴輪のもつ意義を論じ、埴輪列は葬列を表したと考えた。葬列を表しているという考えは後藤守一

がかつて述べたところだが、この姫塚古墳の発掘によって再浮上した。さらに、本古墳が形象埴輪最終末に属することから、埴輪配列の変遷が形象埴輪の表す意義をも変化させていたことを示唆している。

　昭和42年（1967）、前述のとおり近藤義郎・春成秀爾は「埴輪の起源」を『考古学研究』に発表する（近藤・春成1967）。すなわち円筒形埴輪の起源が、今の中国地方を中心に分布する特殊器台と特殊壺に求められるとしたものである。それは立坂型から都月型への型式学的変遷であったわけだが、それまでの円筒埴輪研究に新たな光を当てた。その後、この一群の遺物に関しては幾多の研究者から再検討が加えられているが、大筋での変更はない。

　円筒埴輪の研究で忘れてはならないのは、轟俊二郎の研究である（轟1973）。轟は、東京大学が発掘調査した千葉県我孫子市の高野山古墳群などを含む我孫子古墳群の埴輪整理の過程で、その地域特有の円筒埴輪があることを発見した。いわゆる「下総型円筒埴輪」である。その詳細な分析は、他の追従を許さないものであり、私の研究もこの轟論文に啓発されるところが大きく、地域性の抽出と、その分布研究には学ぶべき点が多い。

　さらに、円筒埴輪研究で一線を画するものは、川西宏幸の研究である（川西1978・1979・1988）。古墳の築造年代をある程度明確にした稀有な研究といえる。円筒埴輪の製作技法をベースとした汎日本的な編年研究であり、その細かな部分での再検討および追補はされるべきであるが、大枠は変わることがないだろう。

　昭和46年（1971）、水野正好がその後の形象埴輪研究の方向性を決定付けた論文を、『古代の日本』に発表する（水野1971）。すなわち「埴輪芸能論」である。水野は形象埴輪に表された世界について、まず形象埴輪が並んでいる様を連想する。そこから、「何を、なぜ目に付きやすくするのか。何を、なぜ衆人に見せようとするのか」という基本的な問いかけを出発点として、「埴輪世界の構造」的把握を試みた。すなわち、人物埴輪は豪族の職業集団であり、朝廷でいうならば「部」の一部にあたる性質をもつと考え、馬飼部を始めとしてそれぞれに職掌を与えた。そして、総体として人物埴輪のもつ意義は、葬られた死せる族長の霊を、新たな族長が墳墓の地で引きつぐ祭式が埴輪祭式であると結論付けた。また、葬列として滝口が述べた千葉県姫塚古墳の配列状態も、そこに加わる人物の状態からは、列であっても葬列と言い切るのは難しいと述べた。さらに、これらの形象埴輪群はその前代の祭式（実際に人がおこなっていた）を人物埴輪でもって形象化したもので、その出現の背景を5世紀中葉以後の渡来系の文物・人との関わりの中で理解しようとした。埴輪芸能論はともかくとして、時代背景に関しては聞くべき意見である。水野は昭和49年（1974）、上述の人物埴輪論に加えて円筒埴輪、人物以外の形象埴輪を含めた形象埴輪論を展開させる（水野1974）。すなわち「埴輪体系の把握」

である。その具体的な構造については述べないが、ここで強調したいことは「政治の表示」として人物埴輪・動物埴輪をとらえたことである。政治として人物埴輪・動物埴輪を把握したため、当然の帰結として、その埴輪祭式を「各地の首長を容認する手段として各地に埴輪祭式を拡げ配布していくのであって、政治色のきわめて強いもの」と述べることになった。前説では政治という言葉こそ使ってはいたが、具体的復元はおこなっていなかったことからすれば、かなり進んだ意見である。

　一連の水野の論は、践祚大嘗祭との関連を根拠にそこから発展したものとして、古墳時代の即位儀礼を復元しようとしている。しかし、このことに関しては、文献史学の岡田精司が詳細な文献批判をおこなった上で、大嘗祭が律令以前からの就任儀礼であった証拠はまったく認められないと説き、さらに考古学者の間では、大嘗祭を古墳祭祀や人物埴輪と結びつけて論じる傾向があるが、古代の葬制と神祇祭祀は別個のものであり、古代首長の儀礼は地域ごとに個性に富んだ儀礼がおこなわれていた可能性が大きいと述べた（岡田1983）。極めて重要な指摘であり、考古学者が文献を用いるときに注視すべき点を示したものである。形象埴輪の意義を語る場合、聞くべき意見と考える。

　昭和49年（1974）、小林行雄は『埴輪』を著す（小林1974）。これは、それ以前に刊行された『埴輪』（小林1960）を下敷きにしたものであるが、新著に近いものである。極めて重要なことは、人物埴輪における作者の違いを見出だしたことである。すなわち、「作風」と小林が呼んだ違いである。一古墳の中での埴輪の違い、また一古墳の中での共通性を抽出した。この研究の進展は、その当時関東地方（主として千葉県）での古墳の発掘が盛んになり、形象埴輪の様相が判明してきたことにある。

　増田精一は全身立像を誅に、半身像の女子埴輪を殯にあて、その違いを指摘した。すなわち殯は生を求める行動であり、誅は死者を死と認めて葬る儀式であるとした。『日本書紀』に記されている殯の儀礼の一環で、女子と男子の役割分担の存在があり、このことに意義を見出だし、女子を中心に執りおこなう儀礼がすなわち殯であり、「氏族を代表する」男子による奏上を中心とした儀礼を誅とした。つまり、人物埴輪の半身像（琴弾き、歌舞、裸像など）が殯の光景を表しており、最後に執りおこなう儀礼を全身像の男子にあてたのである（増田1976）。天皇崩御の際、この両者が存在していたであろうことは十分に考えられることであるが、それを遡らせて人物埴輪に当てはめることができるのかどうかは不明であると言わざるを得ない。

　今日まで、一貫して人物埴輪の研究を進めているのが市毛勲である。市毛は人物埴輪の顔面赤彩を詳細に分析し、目を中心とした赤彩、頬を中心とした赤彩、線刻によるものなどに分け、地域性とともにその系譜を述べた。さらに、朱という問題からその生産地をも含めた総合的

研究をおこなった（市毛 1964・1968・1969・1976a・1984）。また、製作技法の問題として目と口の形態に着目し変遷を論じたが（市毛 1980）、その相関関係にやや感覚的な部分もある。市毛の一連の研究で異彩を放つのが、論文「人物埴輪における隊と列の形成」である（市毛 1985）。市毛は人物埴輪の配列状況を検討し、そこに隊（一定の範囲内に立て並べられるもの）と列（墳丘中段などに一列に立て並べられるもの）の2種を指摘した（この見解は市毛 1964 においてすでに指摘しているが、まとまって論じたものはこの論文である）。さらにこの2種を 10 類型に分割し、それぞれに当てはまる配置の古墳をあげ、考察を加えた。すなわち隊から列へ（墳丘外から墳丘内へ）、そして近畿地方における列配置には東国の影響が読み取れることを指摘した。さらに、東国におけると但し書きをつけながらも、隊を「殯葬の儀礼」に、列を「葬列」に考えた。

　市毛自身も述べていることだが、人物埴輪を中心とする古墳造営に際して、どのような人々の関与があるのか、このことを明確にし得ない限り、この後述べる各研究者の所見は検証のできない議論と言わざるを得ない。市毛は、人物埴輪に表された服飾についても論じている（市毛 1991a）。しかし、その分類の中で、特に佩刀の人・平装の人という概念には、かなりの問題を孕んでいる。それは、天冠を被るかどうか、刀を佩いているかどうかということに力点を置くあまり、椅子に座った人物を馬子と考えられる人物と同様に扱っている。天冠そのものがどのようなものを指すのかを明確にせずには論じられないところである。また、この論文では職掌という言葉が頻繁に使われている。人物埴輪を分類する際、水野正好を始めとしてこの職掌という言葉を多用する傾向がある。しかし、この言葉を使うことによって、逆にその性格自体が不明確になるとともに、一括して論じられてしまい、先にみたような疑問が露呈してくるのである。

　昭和 55 年（1980）に、群馬県太田市塚廻り古墳群の報告書が刊行された（石塚ほか 1980）。この中で橋本博文は「埴輪祭式論」を著した（橋本 1980）。基本的に水野正好の意見に連なるものであるが、この他に殯、誄をも含めた総合的な解釈を述べた。橋本の研究は、埴輪の配列とその構成要素である人物埴輪の姿態を結び付け、地域ごとの変遷と個性を抽出した点で特筆されるものである。さらに、埴輪のそれぞれに意味をもたせ、総体として首長権継承儀礼を復元した（ちなみに、4号墳の女子埴輪の解釈は橋本 1981a で変更している）。

　杉山晋作はやや異なる見地から人物埴輪の意義を論じている（杉山 1986・1991）。それは群馬県高崎市観音山古墳出土の胡座男子の腰帯に鈴が付いており、副葬品にも同様な鈴付大帯が存在していたことを主たる論拠にして、その人物埴輪が被葬者自身であると述べた。つまり、人物埴輪に表された世界とは、古墳の被葬者の活動のうち最も記念すべき業績を場面として残す顕彰碑的意図をもってたて並べられたものであるとした（杉山 1986）。ここには関東地方に

おける形象埴輪の出土が、大前方後円墳から極めて小さな円墳まで、数の多少はあっても存在することに意義を見出そうとしたことに由来する。すなわち、その当時の首長というべきものが、前方後円墳ではなく小型の円墳に葬られたとは考えられないという立場から、首長権継承儀礼としては把握しきれないと考えたのである。小型円墳の埴輪群像に一定の解釈を加えた点で、特筆される。これより前に、杉山は千葉県山武郡域の各古墳出土の人物埴輪を、詳細に分類・分析した（杉山1976）。基本的に小林行雄の述べた作風（小林1974）に通じるものであり、小林の述べた千葉県木戸前1号墳例と同姫塚古墳例をさらに検討し、その相関関係を論じたものである。さらに各部位における他要素の流入などを示唆しており、聞くべき意見が多い。杉山はこれらの詳細な検討によって、製作時期の近接する埴輪の前後関係を見出だすことができるのではないか、という重要な指摘をおこなっている。私の研究方向もこの延長線上のものである。

若松良一は埼玉県行田市瓦塚古墳の報告書において、その埴輪群像を積極的に配置復元し、その意義を説いた。そこには、高床式吹き抜け建物と寄棟の建物との解釈に意義を見出だそうとしている。さらに人物埴輪をA群、B群に分け、B群が亡き首長の霊をゆさぶり、再生を願うたまふりの歌舞をおこなったとしたのである（若松1986a）。この見解はすなわち殯であり、その後の若松の一貫して述べるところである（若松1992b など）。

さらに若松は人物埴輪の編年研究を積極的に進める（若松1986b・1987・1992a）。人物埴輪の腕の製作技法は、埼玉古墳群における詳細な検討結果を元に述べられており（若松1986a）、首肯されるものである。しかし、その後の編年的検討には難点もある。例えば「オタマジャクシ理論」とされる人物埴輪の発展形態（若松1987）は、腕のない武装男子については甲冑形埴輪の一形態と考えることもでき、女子埴輪で腕のないものはむしろ特異なものととらえたほうがいいと思われるので、発展していった結果として腕の表現が出てきたのか、なお検討を要する。

川那辺隆徳は近畿と関東の埴輪配列を比較検討し、その共通性を見出だした。そして、関東の埴輪配列がいずれも近畿のそれに起源があるものと解釈した（川那辺1987）。小畑三秋は日本各地の埴輪配列の分かる資料を網羅的に集成し、その変遷を考えた（小畑1990）。さらに、これまで見てきたような幾多の研究の上に立ち、その配列状況と構成される形象埴輪の種類から、それぞれの古墳を殯、首長権継承儀礼、葬列の3種に分けた。この見解は一見合理的に思われるが、その設定の際に、資料批判を経ずして人物埴輪を分類しており（分類は水野正好のものを全面的に採用している）、かつ市毛勲の研究のところでも述べたが天冠などの細かな設定に疑問点が多い。

4　近年の研究動向―意味論から埴輪それ自身の研究へ―

　川西宏幸はかつて、工具（ハケメ）とくせとが同じであることをもって、同じ工人の製作品を見出す必要性を説いた（川西1977）。これより以前、ハケメの粗密（あるいはそれの数値化）に関して、計測点の違いや工具の当て方の角度による違いに注意を促している（川西1973）。

　平成7年（1995）、犬木努が円筒埴輪研究に新たな視点を提示した（犬木1995）。埴輪同工品論である。埴輪は当然ながらそれを製作した個人（工人・製作者）がおり、それらが集まって埴輪製作工人集団を形成し、さまざまな工人集団の製品が古墳という墓に供給され樹立されるわけである。

　生産と流通を考えていくならば、あるいはその組織体制を考えていくならば、最小基準であるところの個人に行き着き、同工品の認識と各古墳に供給された埴輪との関係を論じることは当然の帰結といえる。犬木の諸研究は（犬木1996・1997a・2005など）、川西の重要な指摘を具現化し、下総型埴輪というまとまりの中に個人（工人）の具体像を示した点で極めて大きな成果であるといえる。同工品論はその後、大きな研究の流れとなっており、続々と各地で研究成果が示されている（小橋2004・2005、城倉2004・2005a・2005b・2005c・2007a・2008・2009・2011、廣瀬2003など）。今日の埴輪研究の中心に躍り出た感が強い。

第2節　埴輪の意義に関する研究の方向性

　現在の形象埴輪の意義に関する研究は、埴輪配列から何を見出すのかという点に集約されるであろう。埴輪配列とその構成要素の検討から、人物埴輪出現以降の形象埴輪群像の意味するところには、おおむね以下の諸説が存在する。

　　① 葬列……………………………………… 後藤守一、滝口　宏、市毛　勲（殯を含む）
　　② 殯………………………………………… 和歌森太郎、増田精一、若松良一、橋本博文
　　③ 殯宮儀礼………………………………… 森田克行
　　④ 首長権（霊）継承儀礼………………… 水野正好、橋本博文、須藤　宏
　　⑤ ①②④の存在…………………………… 小畑三秋
　　⑥ 被葬者の顕彰碑的性格のもの………… 杉山晋作、和田　萃
　　⑦ 供養・墓前祭祀………………………… 高橋克壽、車崎正彦、梅沢重昭
　　⑧ 他界における王権祭儀………………… 辰巳和弘
　　⑨ 集落や居館での祭祀・墓前祭祀・生前の儀礼…………… 坂　靖

⑩　神宴儀礼……………………………　小林行雄、森田　悌、日高　慎
　⑪　殉死の代用から来世生活……………　増田美子
　⑫　死後の世界における近習……………　塚田良道

　このなかで橋本博文は、上記④の妥当性と①②⑤⑥の所見についてその疑問点を提示しているが（橋本1992）、それは同一遺物に対する解釈の違いによっており、結論的には「やや説得力にかける」という抽象的な表現にとどまっている（橋本1992：p.82）。また、階層性という言葉を用いて、古墳の規模と人物埴輪の数を論じている。第9章で再検討を試みているので、その問題点を含めた私の見解は後で述べることにする。

　これらの研究には主張する意見の違い、または解釈の違いによっているところが極めて大きい。つまり、文献をも駆使して積極的な解釈をおこなおうとしたために、かえって埴輪それ自体の分析が、なおざりにされていると考えられる。仮に上記①～⑫までのいずれかに妥当性が存在するとしても、手順として埴輪そのものの研究をまずおこなうべきではないのか。

　それは、政治性とは何かという根本的な問題にも関わってくるし、埴輪の生産と流通という問題にも関わってくる。つまり、どのような生産体制で埴輪が供給されていたのか、もっと具体的にいえば、注文製作なのかつくり置き製作なのかという問題である。そのことがなぜ重要なのかと言えば、埴輪に表された「儀礼」がすべての古墳に共通していたのかという素朴な疑問にもつながるからである。

　埴輪儀礼を復元するためには、まずどのようなことをすべきなのか。地味な検討ではあるが、各地の埴輪を詳細に分析することが不可欠であろう。それは、市毛がおこなったような「平装の人」という分類（市毛1991a）だけでは、解明することができない。また、設定の根拠なくして「職掌」という言葉の範疇で論じるのは、躊躇せざるを得ない。それでは、どのような分析方法でその問題を解くことができるのであろうか。それは、製作技法を中心とした人物埴輪の総体的検討が最も有効な手段であろう。しかし、現状はそれ程甘くない。人物埴輪は考古学的な価値と同様に、美術史的価値も高いものである。よって個人で所蔵している資料がかなりある。また、復元をおこなった結果、技法の観察をおこなえないもの、破片になってしまって全体像が不明となっているものもある。実見できればある程度判明してくるであろうが、見ることのできない資料のほうが多いことは否めない。

　よって、第1章以下で人物埴輪の各部位を分類し、その中で地域性、共通性を見出だしたい。さらに、第6章および第7章で古墳造りと埴輪づくりの関係を墳丘企画等から論じてみたい。また、第8章では埴輪生産遺跡の全体像を把握するために、全国的な集成と埴輪生産遺跡の特徴について概観し、生産組織の変革期を考えたい。この基礎的検討をおこなうことにより、人

物埴輪の様相が判明してくると考えられる。

　私の考える埴輪の意義については、別稿で改めて述べることにしたい。それは、上記のようにまずは埴輪を詳細に分析することが不可欠であろうとの考えに基づくからである。また、今後の埴輪研究には東アジア的視野からの検討が必要と考えているので、その一端についても別稿にて明らかにすることとしたい。

第1章　人物埴輪の共通表現検討とその有効性
―頭巾状被りものをつける人物埴輪をもとにして―

第1節　問題の所在

　人物埴輪は、表現された各部位の分類とともに共通表現をもつ埴輪の分布から、埴輪製作工人集団の動向を探ることができると考えている（第2・3章参照）。人物埴輪表現には特定の埴輪製作工人集団だけに認められる共通表現が存在し、その分布域を抽出することで埴輪の生産と供給の具体像を描けると考える。ただし、特定部位の共通表現を扱う場合、その表現が果たして工人集団を特定する独特のものであるのか、それとも古墳時代社会（ここでは関東地域）において同時代的に共通する要素（習俗・風俗）であるのか、ということが常に問題となる。つまり、設定された「共通表現」が、他人のそら似であるのか否かを明確に説明できなければならないわけである。また、犬木努が拙論（日高1995）に対して、「部位毎に設定された類型の分類単位としての等価性についての吟味、あるいは各類型の個体内での共伴関係について概念化する作業」の必要性を指摘しているが（犬木1997b：p.28）、筆者もまったく同意見である（日高1997a：p.73）。

　そこで、本章では人物埴輪表現の分類をおこなう上での留意点と共に、主として「他人のそら似」の排除基準・手段を具体的な資料に基づいて論じ、共通表現検討の有効性について述べていきたい。

　人物埴輪表現の検討に際して、まず人物埴輪分類に対して若干の説明をしておきたい。人物埴輪の分類は、後藤守一が基本的な分類を提示（後藤1942）して以降、研究が深化されてこなかった。しかし、市毛勲によって人物埴輪の名称（農夫・武人・貴人など）への評価に対する疑問から、形態と姿態をもとにした分類案が提示され（市毛1991a）、さらに塚田良道が①性差、②全身と省略（半身）、③立像と坐像、④服装（および立坐の細分）をもって分類案を提示するに至っている（塚田1992・1996）。塚田の諸論は、今後の人物埴輪研究の基本的な視点・姿勢を示した点で極めて重要である。さて、筆者のいう人物埴輪表現とは、塚田の④服装に内包さ

れる検討項目といえ、塚田も独自の観点から服装の分類をおこなっている。しかし、筆者は埴輪の生産と供給先を具体的に描くという立場から、服装の部位（髪形、首飾りなどを含む）ごとの分類をおこなっており、人物埴輪表現の検討とは、地域性つまり埴輪製作工人集団ごとの表現様式を抽出することを目的としている[1]。そのため、人物埴輪の分類としては、男子、武装男子、盾持ち人、女子の4種類に大別している。

第2節　共通表現を認定するための前提

　具体的な検討に移る前に、作業の前提を説明しておこう。埴輪製作工人集団独特の表現様式を抽出するためには、生産地である埴輪窯跡および工房跡などを包括した埴輪製作遺跡の把握が必須である。まず、埴輪製作遺跡出土の製品を検討の俎上にあげ、埴輪表現のなかに特徴的といえる要素を抽出する。その際必要なのは、埴輪表現の組み合わせの総体として共通表現を設定することである。

　埴輪に表現された各部位は、古墳時代に実際に存在したものであり、けっして古墳時代人の想像力によって創出された存在ではない。それは、同時代の中国大陸における鎮墓獣のごとき人と獣を合体させたような形象埴輪が存在しないことや、銅鏡にみられる聖獣や神仙などを形象化した例がないことなどからも首肯されるであろう[2]。また、埼玉県行田市酒巻14号墳出土の馬形埴輪における蛇行状鉄器・旗の形象化は、同市埼玉将軍山古墳出土蛇行状鉄器の存在に呼応するのか否かということもあるが、埴輪製作工人の知識（情報）の正確さを示す例といえる。

　このように考えてくると、人物埴輪の服飾なども基本的には実際のそれを形象化しているはずである、との結論に至る。しかしながら、形象埴輪に表現された各部位は少なからず変形されており、例えば、馬形埴輪の杏葉などの複雑な馬具表現は、実際にどのような種類を形象化しているのか不明なものもある（比佐1992）。この変形は、埴輪製作工人（集団）の主体的な造形作業の結果を示すものと考える。それは、埴輪製作が馬具や武具などを保有する階層の人々からの発注によってなされていたならば、あるいは実物を目の前にして形象化がなされていたならば、実物を忠実に再現したものとなってよいはずだからである。ここに、埴輪製作工人集団の特徴（共通表現）を抽出する鍵があると考える。情報の不正確さによってできあがった共通表現は、別の工人集団の製品に偶然でもない限り現れることがない、としてよかろう。同一埴輪製作工人集団の製品には、同じ変形を受けているものが存在するというわけである。

　しかし、実物の現存していないものが形象化された場合、どれほどの変形がなされているの

かという判断が甚だ困難なことも事実である。また、同時代的に共通する習俗・風俗的な要素は、当然同一の表現となることも予想される。それらを、他人のそら似であるのか、同一埴輪製作工人集団の製作品であるのか判断するには、部位毎に分類された各表現が合致しているか否かで検証すればよいと考える。なぜならば、前述したように同じ習俗・風俗的要素が、別々の埴輪製作工人集団において同じ変形を受けて表現されるということは考えにくいからである。つまり男子埴輪の場合でいうと、被りもの・美豆良（髪形表現を含む）・首飾り・籠手（手甲）・足結・台部（履（靴）・裸足などの表現を含む）などに同一の変形を受けて成立した共通表現が相互に見出せれば、それは同一埴輪製作工人集団の製作品としてよいと考えるわけである。さらに、同一埴輪製作工人集団独特の製作技法（例えば透孔配置の共通性など）で追検証すれば、より補強されるであろう。また、市毛勲によって追究されてきた人物埴輪の彩色方法の違い（市毛1984など）も有効な手段となり得るはずである。

　本章の冒頭で述べたように、まず埴輪製作遺跡出土の埴輪で検討しその埴輪製作工人集団固有の共通表現を確定させる。そして、古墳出土埴輪のなかに共通表現を探し、その面的な広がりを抑えていくわけである。しかし、埴輪製作遺跡出土埴輪がはっきりと判明しているのは、残念ながら埼玉県鴻巣市生出塚遺跡のみといっても過言ではない。他の埴輪製作遺跡（窯跡）は、その存在とごく一部の資料が判明しているにとどまっており、埴輪製作遺跡からのアプローチは現状では不可能である。しかし、供給先である各々の古墳出土資料中に共通表現を見出し、その面的な分布を抑えていくことでおのずと製作遺跡の特定もできるはずである。もちろん、胎土・重鉱物分析などの成果を組み合わせていかなければならないことはいうまでもない。

第3節　人物埴輪表現における他人のそら似と共通表現の検証

1　生出塚埴輪窯跡出土の頭巾状被りものをつけた人物埴輪

　生出塚埴輪製作工人集団を特徴付ける共通表現の一つとして、人物埴輪の頭巾状被りものがあげられる。第3章において詳述するが、その大きな特徴として頭巾状被りものをつける人物埴輪には、美豆良（上げ・下げを問わず）が伴わないことがあげられる。以下、共通表現と考えられる人物埴輪について、他人のそら似であるのか、それとも共通表現として同一埴輪製作工人集団の製作品であるのか、それらをどのようにして認識するのか説明したい。

　実際に、頭巾状被りものが古墳時代においてどれだけ一般的であったかは知る由もないが、関東地域において、頭巾状被りものをつけた男子埴輪は27遺跡32例を数える。出土地は茨城

第1章　人物埴輪の共通表現検討とその有効性―頭巾状被りものをつける人物埴輪をもとにして―

県、埼玉県、群馬県、千葉県、栃木県、東京都に及ぶ。これらの人物埴輪資料の頭巾状被りもの以外の諸要素を分類すると以下のようになる。

美豆良の形状をもとにした分類

　　A類：ボリュームのある左右方向のL字形
　　A'類：板状で左右方向のL字形
　　B類：ボリュームのある前後方向のL字形
　　B'類：板状で前後方向のL字形
　　C類：丸棒先端肥大
　　D類：頭部側面の孔から出す丸棒先端肥大
　　E類：細丸棒
　　E'類：先端が分かれた細丸棒
　　F類：垂下帯あり
　　G類：上げ美豆良
　　H類：逆T字形
　　I類：美豆良なし

首飾りの分類

　　A類：突帯に円形浮文のみ
　　A'類：円形浮文のみ
　　B類：突帯に勾玉あり
　　B'類：突帯なしで勾玉あり
　　C類：突帯のみ
　　D類：竹管文
　　E類：数珠状
　　F類：なし
　　その他にAA、AA'、A'A'の組み合わせ

　この他、後頭部小孔の有無、垂髪の有無、鉢巻状表現の有無についての結果をまとめたものが、表1である。

　これらのうち、生出塚埴輪製作工人集団の製作品として認識したのは、7・8・10・12〜19・25〜27・31・32である。まず、生出塚埴輪窯跡出土の5点（山崎1987a・1987b・1994）の特徴としては、美豆良はなく、首飾りは円形浮文のみか、首飾りなしであり、後頭部の小孔はあるものとないものがある。垂髪は双脚の人物になく、半身像にはあるようである。ただし、残存

第3節　人物埴輪表現における他人のそら似と共通表現の検証

表1　頭巾状被りものの人物埴輪類例一覧

		古墳		美豆良	首飾り	後頭部小孔	垂髪	鉢巻	文献
1	茨城県	取手市	大日仏島	あり	C	×	×	×	東京国立博物館 1980
2		行方市	三昧塚古墳	I	?	×	×	×	斎藤ほか 1960
3		那珂市	畑中古墳群	あり	?	×	×	○	那珂町史編纂委員会 1988
4		那珂郡東海村	石神小学校例（前二股）	I	?	×	×	○	大塚 1974
5	埼玉県	大里郡寄居町	小前田9号墳	E	A'	×	×	×	瀧瀬 1986
6		比企郡嵐山町	古里古墳群	E	A'	×	×	×	若松 1988
7		東松山市	弁天塚古墳	I	A'	?	?	×	金井塚 1984
8			三千塚古墳群	I	A'	?	?	×	金井塚 1994a
9		本庄市	風洞	E	A'	?	?	×	金井塚 1994a
10		川越市	南大塚4号墳	I	?	○	○	×	田中ほか 1988
11		行田市	酒巻14号墳（両端突出）	I	F	×	×	×	中島ほか 1988
12			白山2号墳	I	A'	○	○	×	門脇ほか 1994
13			白山2号墳	I	A'	○	○	×	
14			南河原町	I	A'	○	○	×	東京国立博物館 1986
15		鴻巣市	生出塚14・15号窯（双脚人物）	I	A'	○	×	×	山崎 1987a
16			19号窯	I	F	×	○	×	山崎 1987b
17			埴輪捨場	I	?	?	?	×	山崎 1987b
18			24号窯	I	A'	?	?	×	山崎 1987b
19			グリッド出土（五角形状）	I	?	○	×	×	山崎 1987b
20		桶川市	若宮	E	F	×	×	×	東京国立博物館 1986
21	群馬県	高崎市	観音山古墳（線刻あり）	I	?	×	×	○	梅沢ほか 1979・1998
22		藤岡市	三本木	I	A'	×	×	○	梅沢ほか 1979
23		前橋市	今井神社2号墳（線刻あり）	I	A'	×	×	○	石坂ほか 1986
24		太田市	オクマン山古墳（両端突出）	G	F	×	×	×	梅沢ほか 1979
25	千葉県	市原市	山倉1号墳（双脚人物）	I	A'	○	×	○	米田 1976、小橋ほか 2004
26			山倉1号墳	I	A'	○	×	×	
27			山倉1号墳	I	A'	○	×	×	
28		流山市	東深井7号墳	I	A	×	×	×	流山市立博物館 1985、城倉 2006a
29			東深井7号墳	E'	A	×	×	×	轟 1973、塚田 1995、城倉 2006a

		古墳	美豆良	首飾り	後頭部孔	垂髪	鉢巻	文献
30	栃木県 足利市	丸木古墳群	I	?	×	×	×	足利市文化財総合調査団 1982
31	東京都 北区	赤羽台4号墳	I	A'	○	○	×	谷口ほか 1997、中島・安武 2013
32		赤羽台4号墳	I	?	○	○	×	

　状況によって不明のものもあることから、半身像でも後頭部の小孔や垂髪がない個体がある可能性もある。鉢巻の表現をもつものは出土していない（図1-1～5）。
　以上が、生出塚埴輪窯跡出土資料の特徴であるが、その他の古墳出土品が他人のそら似ではなく、共通表現をもつ生出塚埴輪製作工人集団の製作品であることを順次検証していこう。

2　古墳出土資料にみる共通表現の認識

　埼玉県行田市南河原町出土資料（表1-14、図1-6）　本例は左肩より上のみの資料である。美豆良はなく、首飾りは円形浮文を貼りつけるものである。後頭部の小孔と垂髪があり、いずれも生出塚埴輪窯跡出土資料と共通した特徴を有する。出土した古墳などの状況は不明であるが、生出塚から出土している頭巾状被りものをつけた人物埴輪と異なるところはなく、共通表現として認識できるであろう。

　埼玉県東松山市弁天塚古墳出土資料（表1-7、図1-9）　本例は右肩より上のみの資料である。美豆良はなく、首飾りは円形浮文を貼りつけるものである。未見であり、後頭部の状況は不明だが、何よりも両目の形に特徴がある。やや垂れ目になっており、生出塚埴輪窯跡出土の資料に類例が数多く認められる。生出塚から出土している頭巾状被りものをつけた人物埴輪と異なる表現はなく、共通表現として認識できる資料と考える。

　埼玉県東松山市三千塚古墳群出土資料（表1-8）　本例は写真のみ現存するもので、現在所在不明の資料である。美豆良はなく、首飾りは円形浮文を貼りつけるものである。後頭部の状況は不明であるが、生出塚から出土している頭巾状被りものをつけた人物埴輪と異なるところはなく、共通表現として認識できるであろう。弁天塚古墳も三千塚古墳群中の古墳であり、その他にも双脚人物像で生出塚工人集団の製作品と思われる資料も存在したようである（金井塚1994a：pp.55-26）。

　埼玉県川越市南大塚4号墳出土資料（表1-10、図1-7）　本例は頭部のみの資料である。美豆良はなく、後頭部の小孔と垂髪が存在する。いずれも生出塚埴輪窯跡出土資料と共通した特徴を有する。また、本古墳から出土している円筒埴輪についても、底部調整や最下段突帯が高さの約2分の1の位置にくる点、内面のハケメ調整など生出塚埴輪窯跡出土資料と共通する特

第3節 人物埴輪表現における他人のそら似と共通表現の検証

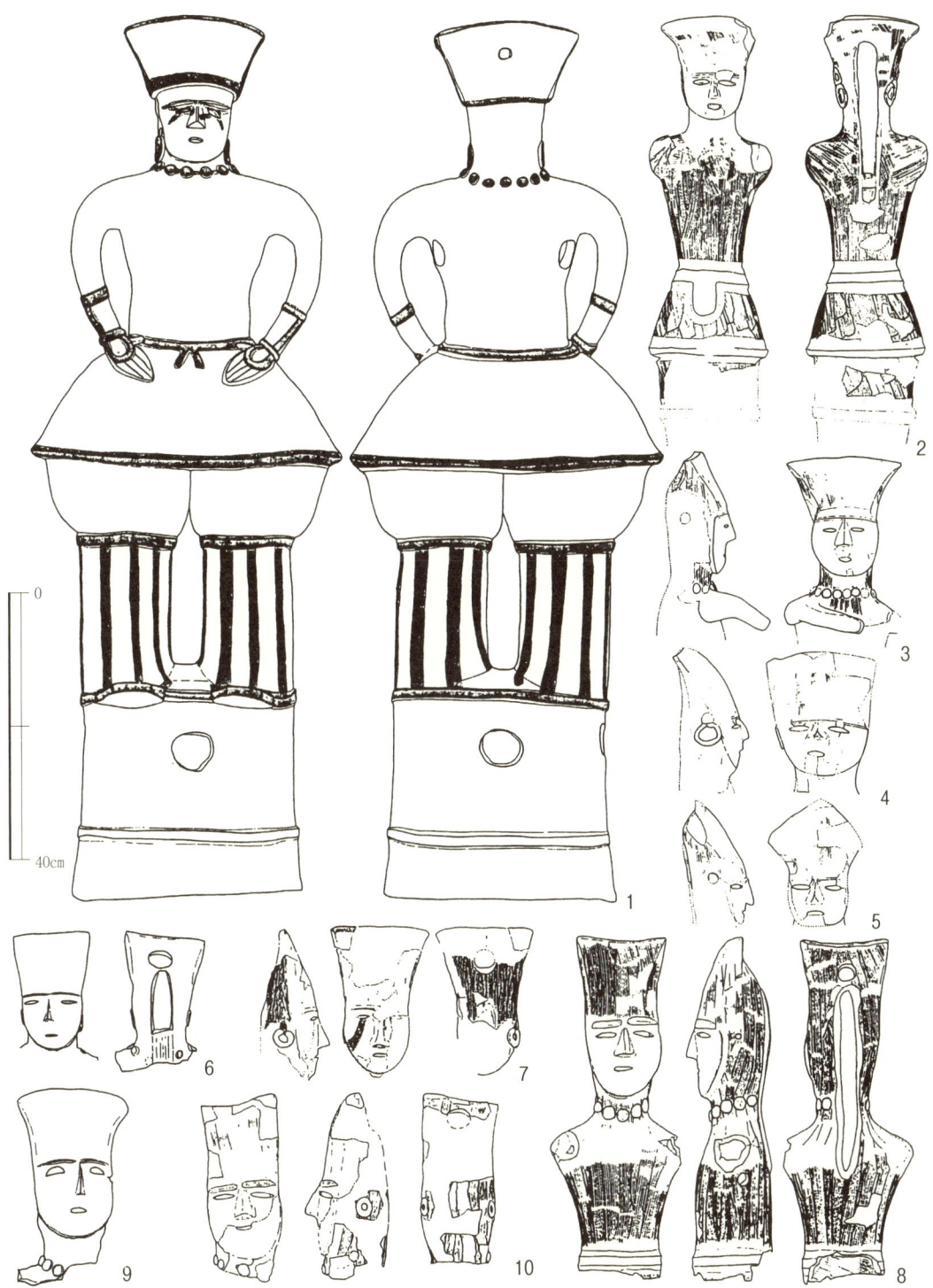

図1 共通表現の人物埴輪1
1.生出塚14・15号窯 2.生出塚19号窯 3.生出塚24号窯 4.生出塚埴輪捨場
5.生出塚グリッド出土 6.南河原町 7.南大塚4号墳 8・10.白山2号墳 9.弁天塚古墳

第1章 人物埴輪の共通表現検討とその有効性―頭巾状被りものをつける人物埴輪をもとにして―

徴を有することからも補強されよう。

埼玉県行田市白山2号墳出土資料（表1-12・13、図1-8・10） 両例ともに同一の表現であり、美豆良はなく、首飾りは円形浮文を貼りつけるものである。後頭部には小孔があり、その直下から垂髪が表現されている。生出塚から出土している頭巾状被りものをつけた人物埴輪と異なる表現はなく、共通表現として認識できる資料と考える。また、本古墳から出土している円筒埴輪についても、南大塚4号墳例と同様の特徴を有しており、生出塚から供給されたものと考えられる。

千葉県市原市山倉1号墳出土資料（表1-25～27、図2-1・2） 双脚像の人物埴輪（図2-1）は、美豆良がなく、首飾りは円形浮文を貼りつけるものである。後頭部に小孔はあるが、垂髪がなく、なおかつ鉢巻状の突帯が表現されている。以上の特徴のうち、鉢巻状の突帯は生出塚埴輪窯跡からは出土していない。しかし、生出塚出土の双脚人物像には山倉例と同様の位置に赤彩を施している。なおかつ、生出塚の双脚人物像も後頭部に小孔はあるが、垂髪がない。つまり、山倉1号墳例が生出塚例と極めて近似すると考えてよく、共通表現として認識できる資料である。

半身像の2体はほぼ同形態で、両例とも美豆良がなく、首飾りは円形浮文を貼りつけるものである（図2-2）。後頭部に小孔はあるが、垂髪がない。半身像で垂髪がないという特徴は、今のところ生出塚埴輪窯跡では明確に確認できないが、後頭部を欠損している資料に同様のものがある可能性もあろう。しかし、垂髪以外の特徴は生出塚例と共通することから、共通表現として認識した。また、本古墳から出土している円筒埴輪についても、南大塚4号墳例と同様の特徴を有しており、生出塚から供給されたものと考えられる。

東京都北区赤羽台4号墳出土資料（表1-31・32、図2-3・4） 左手を欠損しているほかは完存している資料である（図2-3）。美豆良はなく、首飾りは円形浮文を貼りつけるものである。後頭部に小孔があり、その直下から垂髪が表現されている。生出塚から出土している頭巾状被りものをつけた人物埴輪と異なる表現はなく、共通表現として認識できる資料と考える。また、本古墳から出土している円筒埴輪についても、生出塚埴輪窯跡から出土しているものと調整技法など共通しており、生出塚から供給されたものと考えられる。

頭部のみの資料である（図2-4）。美豆良はなく、首飾りは不明、後頭部には小孔があり、その直下から垂髪が表現されている。口が笑っているような切り方であり、生出塚から出土している頭巾状被りものをつけた人物埴輪とはやや異なる表情ではあるが、もう一個体と胎土なども共通しており、共通表現として認識できる資料と考える[3]。

以上、筆者が生出塚埴輪製作工人集団の共通表現をもつ頭巾状被りものをつける人物埴輪と

第3節　人物埴輪表現における他人のそら似と共通表現の検証

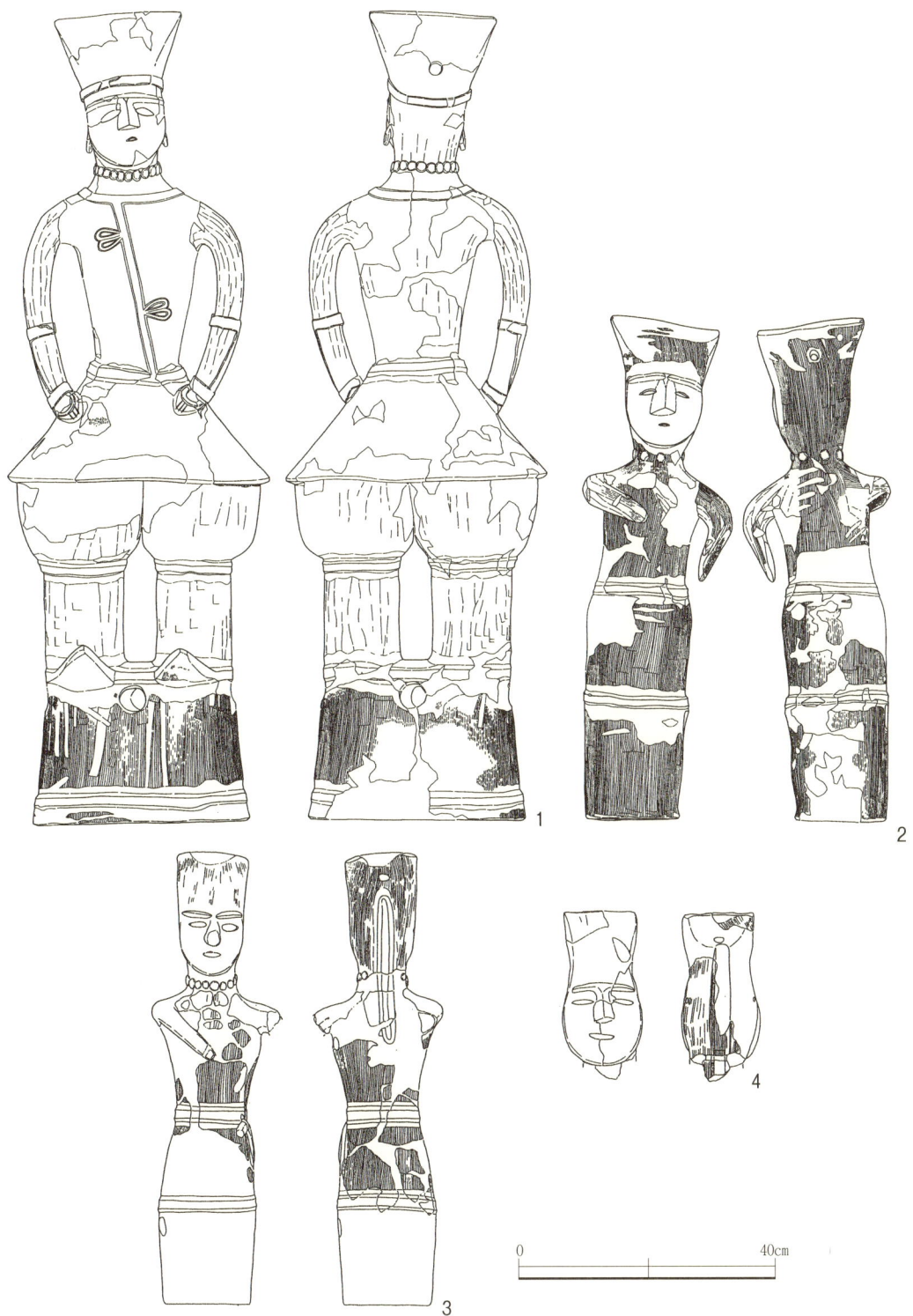

図2　共通表現の人物埴輪2
1・2.山倉1号墳　3・4.赤羽台4号墳

して認識した資料を検証した。頭巾状被りものをつける人物埴輪としては、他に16例が存在する。筆者は、一部を除いて生出塚埴輪製作工人による製作品ではなく、他人のそら似であると考えている。次にはその根拠を具体的に示していこうと思う。

3　他人のそら似の諸例

茨城県取手市大日仏島出土資料（表1-1、図3-1）　本例は胸部から顔面部までの資料である。被りものの上端は欠失しているが、頭巾状被りものをつける人物埴輪となることは疑う余地がない。美豆良の剥離痕があり、首飾りは突帯のみを巡らすものである。本例が他人のそら似であると認識した理由は、まず、頭巾状被りものがかなり幅広のものとなる可能性が高いこと、美豆良をもつこと、首飾りが突帯として表現されていることなどである。いずれも生出塚埴輪窯跡出土資料にはない表現であり、共通表現として認識すべきものではないと判断した。

茨城県行方市三昧塚古墳出土資料（表1-2、図3-2）　本例は首から顔面部にかけての資料である。部分的に欠失しているところもあるが、頭巾状被りものをつける人物埴輪である。美豆良はなく、首飾りは不明、後頭部小孔・垂髪・鉢巻はない。本例が他人のそら似であると認識した理由は、後頭部小孔と垂髪の両方がないという特徴と、同時に出土している腕が中空となっている点である。生出塚埴輪窯跡から出土している各種人物埴輪の腕のつくりはすべて中実であり、積極的な要素ではないが、総合すると共通表現として認識すべきものではないと判断した。

茨城県那珂市畑中古墳群出土資料（表1-3、図3-3）　本例は頭部のみの資料である。美豆良は欠失しているが、剥離痕からその存在が確認できる。首飾りは不明であり、後頭部小孔・垂髪はなく、後頭部で交差する鉢巻の表現がある。本例が他人のそら似であると認識した理由は、まず、美豆良の表現があること、生出塚埴輪窯跡出土資料には鉢巻の表現が伴わないこと、さらに後頭部小孔・垂髪の表現がないこと、である。つまり、どれをとっても生出塚埴輪窯跡出土資料と共通する表現がないわけである。類似するのは、ただ一点頭巾状被りものということだけである。よって、他人のそら似であると判断される。

茨城県那珂郡東海村石神小学校出土資料（表1-4、図3-5）　本例は頭部のみの資料である。美豆良はなく、首飾りは不明、後頭部小孔・垂髪はなく、鉢巻の表現がある。本例が他人のそら似であると認識した理由は、まず、生出塚埴輪窯跡出土資料には鉢巻の表現が伴わないこと、さらに後頭部小孔・垂髪の表現がないこと、である。さらに、頭巾状被りものを表現していると考えられるが、その表現の前面が二股（V字状）を呈している。これは、生出塚埴輪窯跡出土資料にまったく認められない特徴であり、総合すると他人のそら似であると判断される。

第3節　人物埴輪表現における他人のそら似と共通表現の検証

図3　他人のそら似の人物埴輪
1.大日仏島　2.三昧塚古墳　3.畑中古墳群　4.古里古墳群　5.石神小学校　6.観音山古墳
7.オクマン山古墳　8.若宮　9.小前田9号墳　10・13.東深井7号墳　11.今井神社2号墳　12.三本木

埼玉県大里郡寄居町小前田9号墳出土資料（表1-5、図3-9）　本例は台部を欠失しているほかは完存している資料である。美豆良は細い丸棒であり、首飾りは円形浮文を貼りつけるもので、後頭部小孔・垂髪・鉢巻はない。本例が他人のそら似であると認識した理由は、まず、美豆良の表現があること、後頭部小孔・垂髪の表現がないこと、である。また、同古墳から出土している女子埴輪の島田髷における中空技法は、群馬県域の埴輪製作工人集団との関係が想定される（第3章参照）。よって、本例は他人のそら似であると判断される。

埼玉県比企郡嵐山町古里古墳群出土資料（表1-6、図3-4）　本例は胸部より上のみの資料である。美豆良は欠失しているが、おそらく細い丸棒となろう。首飾りは円形浮文を貼りつけるもので、後頭部小孔・垂髪・鉢巻はない。本例が他人のそら似であると認識した理由は、美豆良の表現があることである。生出塚埴輪窯跡出土資料では、美豆良は頭巾状被りものの人物埴輪には伴わないことから、他人のそら似であると判断される。

埼玉県本庄市風洞出土資料（表1-9）　本例は復元部分も多いが、完存している資料である。高田儀三郎が復元作業をおこなったものであり、細い丸棒の美豆良をつけ、首飾りは円形浮文を貼りつけている。後頭部の状況は未見のため未詳であるが、鉢巻の表現がある。本例が他人のそら似であると認識した理由は、美豆良の表現があること、鉢巻があること、である。生出塚埴輪窯跡出土資料では、美豆良は頭巾状被りものの人物埴輪には伴わず、鉢巻の表現もないことから、他人のそら似であると判断される。

埼玉県桶川市若宮出土資料（表1-20、図3-8）　本例は両腕を欠失しているほかは完存している資料である。美豆良は欠損しているが、おそらく細い丸棒となろう。首飾りはなく、後頭部小孔・垂髪・鉢巻はない。本例が他人のそら似であると認識した理由は、美豆良の表現があること、後頭部小孔・垂髪の表現がないこと、である。腰帯は、生出塚埴輪窯跡出土資料には存在しない特徴であることからも、他人のそら似であると判断される。

群馬県高崎市観音山古墳出土資料（表1-21、図3-6）　本例は頭部のみの資料である。美豆良はなく、首飾りは不明である。後頭部小孔・垂髪は存在せず、斜行する線刻を施した鉢巻がある。本例が他人のそら似であると認識した理由は、後頭部小孔・垂髪の表現がないこと、鉢巻があること、そして、頭巾状被りものに模様として線刻が施されていることである。頭巾状被りものに線刻が施されている点は、生出塚埴輪窯跡出土資料には存在しない特徴であることや、背負いの靫が本例に伴うことなどからも、他人のそら似であると判断される。なお、本例と後述の今井神社2号墳出土資料は同一埴輪製作工人集団の製作品と考えられる。

群馬県藤岡市三本木出土資料（表1-22、図3-12）　本例は足結より下および右腕を欠失しているほかは、ほぼ完存する資料である。美豆良はなく、首飾りは円形浮文を貼りつけている。

後頭部小孔・垂髪はなく、幅広の鉢巻がある。本例が他人のそら似であると認識した理由は、後頭部小孔・垂髪の表現がないこと、鉢巻があること、である。また、頭巾状被りものも、両側が開口する形状であることなどからも、他人のそら似であると判断される。

群馬県前橋市今井神社 2 号墳出土資料（表 1-23、図 3-11）　本例は欠失している部分も多いが、ほぼ完形に復元された資料である。美豆良はなく、首飾りは円形浮文を貼りつけている。後頭部小孔・垂髪は存在せず、斜行する線刻を施した鉢巻がある。本例が他人のそら似であると認識した理由は、後頭部小孔・垂髪の表現がないこと、鉢巻があること、そして、頭巾状被りものに模様として線刻が施されていることである。これらの諸特徴は前述の通り、観音山古墳出土資料とほとんど同一の表現であり、本例も靫を背負っている。これらのことから、生出塚埴輪製作工人集団の製作品ではなく、他人のそら似であると判断される。

群馬県太田市オクマン山古墳出土資料（表 1-24、図 3-7）　本例は欠失している部分のまったくない完形品である。美豆良は上げ美豆良、首飾りはない。後頭部小孔・垂髪は存在せず、鍬を右肩に担ぐ姿態をとる。本例が他人のそら似であると認識した理由は、まず、上げ美豆良があること、後頭部小孔・垂髪の表現がないこと、である。生出塚埴輪窯跡出土資料では、上げ美豆良は頭巾状被りものの人物埴輪には伴わないことや、頭巾状被りものの形態も両端が上方にやや突出する形態をもつことから、他人のそら似であると判断される。

千葉県流山市東深井 7 号墳出土資料（表 1-28、図 3-10）　頭部のみの資料である。美豆良はなく、首飾りは突帯にやや垂れた円形浮文を貼りつけている。後頭部小孔・垂髪・鉢巻は存在しない。本例が他人のそら似であると認識した理由は、首飾りの表現で突帯と円形浮文を併用していること、そして、頭巾状被りものの上端が非常に大きく開いていること、である。両方の特徴は生出塚埴輪窯跡出土資料には認められないものであり、他人のそら似であると判断される。

同東深井 7 号墳出土資料（表 1-29、図 3-13）　復元部分もあるが、ほぼ完形に復元されている双脚人物像である。美豆良は下端が二股になった細い丸棒であり、首飾りは突帯に円形浮文を貼りつけている。後頭部孔・垂髪・鉢巻はない。本例が他人のそら似であると認識した理由は、まず、美豆良があること、後頭部孔・垂髪の表現がないこと、頭巾状被りものの形態の後ろ側までなく前側だけとなっていること、である。筆者のいう頭巾状被りものとはならない可能性もあるので、比較対象外としたほうがよいかもしれない。ちなみに、塚田良道は本例の右手に塵尾を持つという可能性を指摘している（塚田 1995）。

以上、他人のそら似として認識すべき資料の特徴を述べてきたが、その他に他人のそら似とすべきか否か態度を保留している資料を述べることにする。

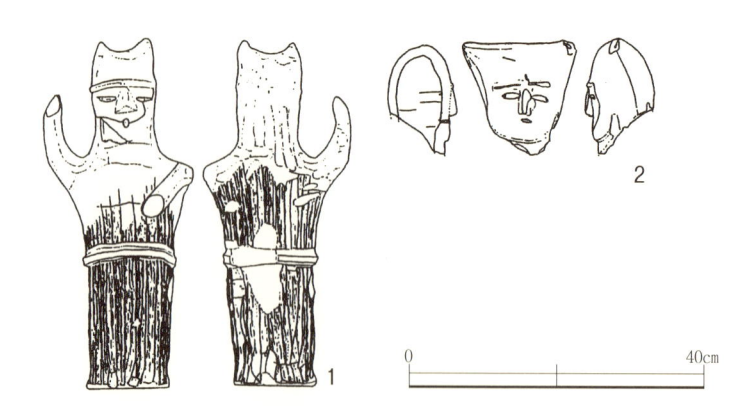

図4 共通表現の可能性がある人物埴輪
1.酒巻14号墳　2.丸木古墳群

4　共通表現の可能性がある例

埼玉県行田市酒巻 14 号墳出土資料（表 1-11、図 4-1）　馬形埴輪の側に立つ馬曳きの人物埴輪である。美豆良、首飾り、後頭部小孔、垂髪、鉢巻のいずれもなく、極めて簡素なつくりである。本例を共通表現であるのか、他人のそら似であるのか保留した理由は、頭巾状被りものの両端が突出するもので、後頭部小孔・垂髪などがないという他人のそら似とすべき表現であるのだが、一方で本古墳から出土している筒袖の人物埴輪と山倉 1 号墳出土の筒袖の人物埴輪が共通しており、生出塚埴輪製作工人集団との関係がある製作品と考えることが素直な見解である。生出塚埴輪窯跡で本例のような埴輪は出土していないが、ここでは共通表現である可能性を指摘しておきたい[4]。

栃木県足利市丸木古墳群出土資料（表 1-30、図 4-2）　頭部のみの資料である。美豆良はなく、首飾りは不明、後頭部小孔、垂髪、鉢巻の表現はない。本例を共通表現であるのか、他人のそら似であるのか保留した理由は、後頭部小孔・垂髪の表現が存在しないということ、頭巾状被りものから顎部までの長さが極めて寸詰まりのつくりであること、である。生出塚埴輪窯跡出土資料に、これほどまで寸詰まりのものはなく、他人のそら似である可能性がある。しかし、前述したとおり生出塚埴輪製作工人集団の製作品でも後頭部小孔がないもの、垂髪がないものもあり、他人のそら似とする積極的根拠も提示できない。橋本博文は色調や焼成などの特徴から、生出塚埴輪製作工人集団の製作品である可能性を想定しているが（橋本 1996：p.3）、ひとまず他人のそら似である可能性を指摘しておくことにする。

第4節　共通表現検討の有効性とその応用

　ここまで、共通表現の認定（他人のそら似の排除基準・手段）方法を、具体的な資料を用いて検討してきた。どちらにすべきか態度を保留した資料も存在したが、それ以外の資料の基準は理解して頂けたと思う。それでは、これらの結果をもとにして、埴輪の生産と供給の関係をどのように描けるのか、考察していきたい。

　筆者は関東地方における古墳時代後期（6世紀）の埴輪の生産と供給について、生出塚埴輪製作工人集団の製作品や茨城県東茨城郡茨城町小幡北山埴輪製作工人集団の製作品などの分布域をもとに、おおよそ50km内外が安定供給範囲であると考えている（第5章参照）。そして、大量供給先である大規模古墳（群）の存在が、安定供給を支えていたと考えている。つまり、そのような大規模古墳（群）の被葬者が後ろ盾となって、埴輪製作工人集団の製作活動が成り立っていたのである。また、その範囲を超えて点的に分布する共通表現の埴輪の存在もある。

　筆者は、埴輪生産が埴輪製作工人集団の完全独立のもとになされていたとは考えていない。埴輪製作そのものは、生産量とそれにみあう大量供給先という関係があって、はじめて成り立つもので、けっして埴輪製作工人集団の独断での生産はあり得ないと考えている。つまり、埴輪製作工人集団を統轄する首長（大規模古墳の被葬者）の存在が不可欠なのである。生出塚埴輪製作工人集団の場合は埼玉古墳群の被葬者達であり、小幡北山埴輪製作工人集団の場合は玉里古墳群の被葬者達であり、群馬県藤岡市本郷埴輪製作工人集団の場合は前橋市大室古墳群や高崎市観音山古墳の被葬者達である。もちろん、比較的短期間のうちに埴輪の生産をごく小規模におこなっている埴輪製作工人集団の存在を否定するものではない。例えば、群馬県太田市成塚住宅団地遺跡B工区における3基の埴輪窯（木暮ほか1990）や富岡市下高瀬上之原埴輪窯における2基の埴輪窯（新井ほか1994）などについては、周辺の後期群集墳に供給するために操業がおこなわれていたと考えることができるし、千葉県成田市公津原埴輪窯（1～3基）は、同市船塚古墳に樹立する埴輪を生産していたことが判明している（高梨1994）。特に前二者は、その存在基盤が中小首長（群集墳の被葬者）にあるわけだが、これとてもより上位の首長（大規模古墳の造営者）の傘下に組み込まれていたと考えたいのである。例えば、埼玉県鴻巣市馬室埴輪窯（埼玉県教育委員会1978）、東松山市桜山埴輪窯（水村ほか1982）、深谷市割山埴輪窯跡（深谷市割山遺跡調査会1981）はいずれも八つ手状の窯配置をとっており[5]、これは生出塚埴輪窯跡との密接な関係を示していると想定され（第2章参照）、ひいては埼玉古墳群を後ろ盾とする埴輪製作工人集団間の構図として理解できるのではなかろうか。今のところ、馬室埴輪窯と

第1章　人物埴輪の共通表現検討とその有効性―頭巾状被りものをつける人物埴輪をもとにして―

　生出塚埴輪窯跡の円筒埴輪にのみ技法上の特徴が共通すると判明しているが（山崎1993）、今後各種形象埴輪の共通表現検討をおこなっていけば、他の埴輪窯の製作品と生出塚埴輪製作工人集団による製作品の間に共通点が見出せる可能性は高いと考える。

　共通表現とは、上述の首長達の要請と、埴輪製作工人集団の主体性が生み出した結果である。埴輪製作工人集団は共通表現をもつ人物埴輪をいくつも製作しておき、各地の首長達へと供給していた、つまり、つくり置きがなされていた可能性もあるのでなかろうか。例えば、馬形埴輪における方形の粘土を胸繋・尻繋に連結させただけの杏葉表現を検討した田中正夫の研究（田中1991）は極めて示唆的である。これなどは、同一の表現をもつ馬形埴輪が複数あり、その中の2体が別々の古墳に供給されたことを示しているのであり、それは各中小首長が同一の表現の馬形埴輪を要請したのではなく、もともとつくり置きされていた馬形埴輪を選択した結果と理解するのが、穏当な意見と考えられるのではなかろうか。

　その他の形象埴輪についても、同様に共通表現を応用して検討する余地はある。例えば家形埴輪や靫形埴輪などの器財埴輪は、その表現を分類し共通表現を見出すことが可能であると考えている。

　註
1)　本章の内容の一部は、平成7年（1995）10月28日の土曜考古学研究会例会、平成6年（1997）12月7日の葛飾区郷土と天文の博物館：地域史フォーラム「6世紀における房総と武蔵の交流と地域性」において口頭発表している。発表会場で、的確なご意見を頂いた方々に深く感謝したい。
2)　近年、和歌山県和歌山市大日山35号墳から前後に顔の表現がある両面人物埴輪が出土した（和歌山県立紀伊風土記の丘2011）。全国各地で出土した埴輪の中で同様の資料は皆無であり、どのように理解すべきか判断に苦しむものである。
3)　赤羽台4号墳出土資料の実見に際しては、葛飾区郷土と天文の博物館での特別展において谷口榮氏に便宜をはかっていただいた。その後、北区飛鳥山博物館において鈴木直人氏に便宜をはかっていただき、再度実見した。
4)　酒巻14号墳の力士埴輪に関連して、太田博之は同古墳の生産地を埼玉県比企郡吉見町和名埴輪窯で生産された可能性を指摘している（太田2010）。胎土の特徴なども共通していることから、その可能性は高いと思われる。生出塚埴輪製作工人集団と和名埴輪製作工人集団とは、情報を共有していた可能性もある。
5)　八つ手状の窯配置については、山崎武も相互の類似性をすでに指摘している。ただし、森田克行の質問に答えて、その類似性が積極的に地域性としてとらえられるか否かは、はっきり分からないと述べている（山崎1993：pp.61-62）。

第2章　人物埴輪表現の地域性
―双脚人物像の脚部の検討―

第1節　問題の所在

　前章で人物埴輪の共通表現検討の有効性を論じ、埼玉県鴻巣市生出塚産埴輪の特徴の抽出を試みた。本章では、関東地方の人物埴輪について地域性の抽出をおこない、埴輪製作工人集団の動向に迫りたい。具体的には、双脚人物埴輪の脚部と台部との接合方法をとりあげ、その分類と変遷過程を明らかにしたい。人物埴輪はその一つ一つが極めて特色のあるものであり、着衣の表現や冠帽などでは地域色を抽出しにくく、さながら一古墳一型式の様相を呈する。しかし、双脚人物埴輪[1]の脚部と台部との接合方法は、比較的変差の少ない部位であり、着衣や冠帽などのような後からの付加要素がなく、仕上がりの様相から製作技術を検討するには適していると考えられる。なお、場合によってはその他の要素も考慮しながら論を進めていきたい。

第2節　脚部の属性抽出と分類

　双脚人物埴輪の脚部には、人物像を乗せる台部も存在する。よって、属性抽出をする場合、a. 脚部の足結、b. 履（靴）、c. 台部の3点に的を絞り小論を進めていく。
　足結と履（靴）と台部を検討するということは、その資料が全身像（双脚）でなくてはならない。半身像のものは検討資料からは除外されることになる。また、弾琴像のような倚座像やあぐらをかく胡座像のような全身像も存在する。足結の検討には、倚座像・胡座像も含むことができるが、履（靴）や台部の形状の検討には不都合が生じるため除外した。

1　足結の分類（図1）

　足結とは、裾丈の調節や足を動きやすくする目的でズボン状の着衣を膝上で縛りあげたものであり、双脚人物像の多くにみられる表現である。さらに、上半身が多くの場合体に密着した

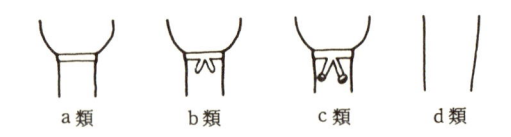

第2章 人物埴輪表現の地域性―双脚人物像の脚部の検討―

　　　　　　　　a類　　　b類　　　c類　　　d類
　　　　　　　　　図1　足結の分類

ものになっているのに対して、このズボン状の着衣は極めてゆったりと表現されており、足結で結んでいたとしても歩きやすいものではなく、むしろ「ゆったりと仕立てられた形は、乗馬のために配慮されている」とした亀井正道の見解は極めて的確なものといえよう（亀井1966）。古墳の埋葬施設などからの実物としては、出土例が存在しないことから、有機質製品であったことが予想される。

　足結の分類は以下の通りで、足結を粘土紐によってどのように表現しているかを考慮した。
　　a類：突帯のみ
　　b類：結び紐あり
　　c類：鈴付き
　　d類：なし

　a類の突帯のみとは、粘土紐を脚周りに一周させたものである。b類の結び紐ありとは、a類の突帯に結び紐が垂れている表現を付加させたものである。c類の鈴付きとは、b類の垂れている結び紐の先端に鈴の表現を付加させたものである。d類のなしとは、足結の表現をもたないものである。以上の分類を各県ごとにまとめたのが表1である。

表1　足結の県別累計

	茨城	埼玉	群馬	千葉	栃木	神奈川
a類	1	10	14	9	3	1
b類	10	7	9	4	1	1
c類	0	0	4	1	0	1
d類	6	5	1	7	1	1

　表1の結果から、おおむねa類とb類に集中することが分かる。県別にみてみると、埼玉県・千葉県はa類が多い。また、群馬県もa類が多いがb類も相当数存在する。しかし、これらはすべて僅差であり今後の出土資料数の増加によっては逆転することもあるだろう。それに対して茨城県はb類が多くa類が少ない。これらのことから、ある程度の地域的偏りは存在しそうである。他地域に関しては、資料の制約上数量的な特徴を抽出するまでには至らない。

2　履（靴）の分類（図2）

　履（靴）はその表現方法に、最も埴輪製作工人集団の特色が表れるものと考えられる。なぜ

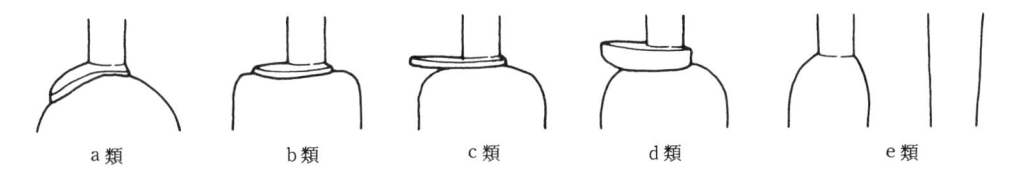

図2 履（靴）の分類

なら、後述の分類要素にみられるように、台部の形状特にその天井の構造に左右されるものだからである。また、古墳の埋葬施設などから出土するものとして、飾履や下駄、木沓などが存在するが、人物埴輪の履（靴）表現からそれらを判別することは極めて難しい。よって、履（靴）の分類基準は天井構造をも含めた真横からみたときの形態からおこなった。

　　a類：台部に貼りつける（前のめり）
　　b類：ほぼ水平の台部に貼りつける
　　c類：台部から突出（履（靴）は平ら）
　　d類：台部から突出（履（靴）は厚い）
　　e類：なし（台部なしを含む）

　a類の台部に貼りつけるものとは、ドーム状の台部の天井部分に履（靴）を貼りつけ、履（靴）先が下方を向いているものである。a類には裸足表現のものも存在する。b類のほぼ水平の台部に貼りつけるものとは、台部の天井が平らでその上に履（靴）を乗せており、若干履（靴）先が突出するものも含まれる。c類の台部から突出し履（靴）が平らなものとは、b類と同様のほぼ平らな天井をつくり、その天井から前方に張り出す形で板状を呈する履（靴）を表現しているものである。d類の台部から突出し履（靴）が厚いものとは、c類と同様な天井構造をもち、その履（靴）表現に板状ではなく、粘土塊を用いているものである。d類には裸足表現のものも存在する。以上の分類を各県ごとにまとめたのが表2である。

表2　履（靴）の県別累計

	茨城	埼玉	群馬	千葉	栃木	神奈川
a類	13	6	13	2	3	4
b類	5	2	7	3	0	0
c類	1	12	10	4	2	0
d類	0	2	1	4	0	0
e類	0	0	0	8	0	0

　表2の結果から、おおむねa類とc類に集中することが分かる。県別にみてみると、茨城県は圧倒的にa類が多く、それに対して埼玉県ではc類が多い。群馬県ではa類とc類の両方が相当数存在する。神奈川県では4例すべてがa類である。その他に千葉県ではe類が8例存在しており、山武郡横芝光町小川台5号墳のものは男子・武装男子ともに台部すら存在しない。

他地域ではまったく類例のないものであり、唯一福島県西白河郡泉崎村原山1号墳（福島県教育委員会1982）に認められるが、両者をつなぐ積極的な共通要素は他に存在しないので共通性のみを指摘しておく。以上のように履（靴）の表現方法にもある程度の地域的偏りは存在しそうである。

3 台部の分類（図3）

台部は前述した履（靴）の表現方法と密接に関連したものであり、特にその天井の構造は履（靴）の分類の主たる要素の一つである。よって、ここでは台部の断面形をその分類基準とした。

a類：円形
b類：楕円形
c類：方形
d類：なし

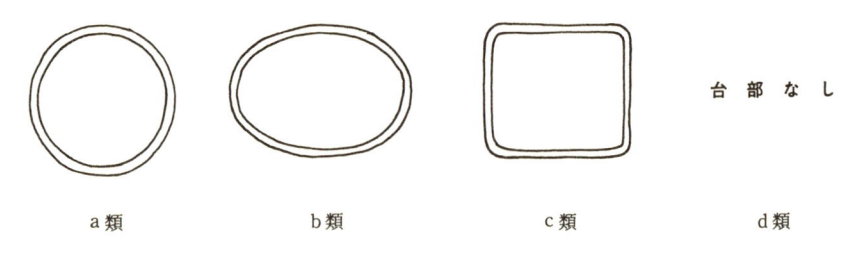

図3 台部の分類

以上の分類を各県ごとにまとめたものが表3である。その結果から、おおむねa類とb類に集中することが分かる。県別にみてみると、茨城県では圧倒的にa類に集中し、僅かにb類が1例、c類が2例である。埼玉県ではb類が最も多く、次いでa類となる。群馬県ではa類が最も多く、次いでc類、b類と続く。千葉県ではa類とb類がほぼ同数存在し、他に前述した台部をもたないd類がある。以上のように台部にもある程度の地域的偏りは存在しそうである。

表3 台部の県別累計

	茨城	埼玉	群馬	千葉	栃木	神奈川
a類	16	7	15	8	1	2
b類	1	11	5	7	0	1
c類	2	1	9	1	3	0
d類	0	0	0	4	0	0

第3節　各種要素の分布

　以上みてきたように、要素ごとに数量的な地域的偏差の存在が判明した。これらの諸要素を資料ごとの一覧表にまとめたものが表4である。一覧表をまとめるにあたっては、男子と武装男子にわけて記載した。それでは、それらの地域的偏差が、小地域のなかでどのように分布するのだろうか。さらに、その分布状況から地域性を求めてみたい。

1　足結表現の分布

　a類からd類はどのように分布するのだろうか。それを示したものが図4である。各県ごとにその様相をみてみると、茨城県ではまんべんなくb類が分布することが分かる。また、上半身と下半身が分割された別造り技法をもつ人物埴輪に関しては、b類とd類がその特徴としてあげられる。栃木県真岡市鶏塚古墳の武装男子もd類であり、両者の関係は以前から指摘されているが、さらにその意を強くするものであろう。しかし、水戸市北屋敷2号墳出土の別造り技法をもつ人物埴輪にはa類とb類、d類が混在することから、a類の存在も看過できないが、その他に関してはほとんどがb・d類であり、この技法をもつ人物埴輪のスタイルと言えよう。また、笠間市高寺2号墳出土の人物埴輪は足結部分に赤彩で帯を表現しており、県内を見渡してみても類例が存在せず、稀有な資料である。

　埼玉県では埴輪生産遺跡の鴻巣市生出塚遺跡からa類のみが出土している。つまり、a類が同遺跡における特徴であり、同遺跡から供給された埴輪かどうかを判別する材料となろう。このことから、行田市埼玉瓦塚古墳出土の人物埴輪（足結部分のみ）はいずれもb類（d類？を含む）であり、白色がかった色調であることからも生出塚遺跡での製作品ではなかろう。また、行田市酒巻14号墳出土の人物埴輪は、いずれもd類である。上述の特徴からすれば、生出塚埴輪製作工人集団の製作品でないことになるが、現在のところ生出塚遺跡から筒袖でスリムズボン状着衣の人物埴輪が確認されていないことにその原因があげられよう。同遺跡の埴輪製作工人集団が製作したと考えられる千葉県市原市山倉1号墳出土の男子像にa・d類の両者が存在することは、筒袖でスリムズボン状着衣の双脚人物像をつくる際だけ（酒巻14号墳の場合は力士も同様）にd類を採用したと考えられる。

　群馬県ではa類はまんべんなく分布しているが、b類は伊勢崎市より東部の地域にその分布は集中することが分かる。この地域に一つのまとまりを考えることができよう。c類は高崎市保渡田八幡塚古墳からのものと、藤岡市滝のものに限定される。後者は結び紐の表現がなく、

第 2 章　人物埴輪表現の地域性―双脚人物像の脚部の検討―

表 4　人物埴輪の脚部分類結果一覧

	所在地・資料名	墳形・規模	内部主体	円筒・土器	足結	履(靴)	台部	別造り	文献
男子	茨城県　筑西市 西保末			V（新）		a	a		東博 1980
	八千代町 城山古墳群				b	b	a		保坂 1961、八千代町 1987・1988
	笠間市 高寺 2 号墳・1			V（新）TK217	d	a	a		友部町 1976
	・2	円（25）	横室		d	a	a		
	・3					a	a		
	水戸市 北屋敷 2 号墳・1				b			○	井上 1995
	・2				d？			○	
	・3	円（20）		V（新）	a			○	
	・4					a	c	○	
	・5					a	c	○	
	ひたちなか市 馬渡 A 1 号粘土採掘坑				b	a	a		大塚・小林 1976
	那珂市 天神小屋古墳群				b				那珂町 1988
	東海村 舟塚 1 号墳	前方後円(32)	横室（切石）	V（新）TK43		b	b	○	大森 1955
	伝茨城県内・1				b	c	a		茨城県立歴史館 1990
	伝茨城県内・2				b	b	a		茨城県立歴史館 1990
武装男子	小美玉市 舟塚古墳・1				b	a	a	○	大塚・小林 1968、1971
	・2				d	a	a	○	
	・3	前方後円(88)	箱棺（複式）	V（中）		a	a	○	
	・4					a	a	○	
	・5				d	a	a	○	
	行方市 小幡				d	a	a	○	東博 1980
	鉾田市 不二内古墳				b			○	東博 1980、八木 1897
	伝東海村・1				b	b	a	○	茨城県立歴史館 1990
	伝東海村・2				b	b	a	○	茨城県立歴史館 1990
男子	埼玉県　美里町 十条				b	c	b		若松 1988
	寄居町 小前田 10 号墳	円（22）	横室	V（新）	a				瀧瀬 1986
	熊谷市 野原古墳	前方後円(40)	横室（切石）	V（新）		d	b		亀井 1977b、東博 1986、江南町 1995
	東松山市 三千塚古墳群・1				b	c			金井塚 1984
	三千塚古墳群・2				a	c	b		金井塚 1984
	諏訪山古墳群				d	c	b		金井塚 1984
	大谷字大谷・1				a	d	a		東博 1986、金井塚 1984、大野・柴田 1903
	大谷字大谷・2				a	a	a		東博 1986、金井塚 1984、大野・柴田 1903
	大谷字花ノ木				b	c			東博 1986、金井塚 1984、大野・柴田 1903
	坂戸市 塚の越 1 号墳	前方後円(30)		V（新）	a	b			昼間 1991
	埼玉稲荷山古墳	前方後円(120)		V（古）TK47	b				斉藤ほか 1980
	埼玉愛宕山古墳	前方後円(53)		V（新）	b	a	a		杉崎ほか 1985b、斎藤 1994
	酒巻 14 号墳・1	円（42）		V（新）	d	c	b		中島ほか 1988
	・2				d	c	b		
	・3				d	c	b		
	鴻巣市 生出塚 14・15 号窯・1			V（新）	a	c	b		山崎 1986
	・2				a	c	b		
	・3				a	c	b		
	寄居町 小前田 10 号墳				a	b	c		瀧瀬 1986

第3節 各種要素の分布

	所在地・資料名	墳形・規模	内部主体	円筒・土器	足結	履(靴)	台部	別造り	文献
武装男子	行田市 埼玉瓦塚古墳・1	前方後円(67)		V(中)TK10	b	a	a		杉崎ほか1986、若松ほか1992、若松・日高1992-1994
	・2					a	a		
	・3					a	a		
	・4				b				
	・5				d?	a	a		
	鴻巣市 生出塚3・4・8号窯			V(新)	a	c	b		山崎1986、山崎ほか1981
男子	群馬県 高崎市 観音山古墳	前方後円(97)	横室	V(新)TK43	a	c?	b		石塚ほか1980、梅沢1990、梅沢ほか1979・1998
	藤岡市 滝				c	c	b		東博1983
	藤岡市 七輿山古墳	前方後円(145)		V(中)TK10		c			志村1990-1992
	本郷				a	b	c?		梅沢ほか1979
	富岡市 芝宮79号墳・1	円(17)	横室	V(新)TK43		c	a		篠原1992
	・2					c	b		
	高崎市 保渡田Ⅶ遺跡	別区		V(古)		c			若狭1990
	前橋市 朝倉			V(中)	a		c		東博1983
	伊勢崎市 波志江				b	c	a		梅沢ほか1979
	権現山				b	b	b		東博1983
	赤堀町				b	a	a		梅沢ほか1979
	境町				a				梅沢ほか1979
	下武士				a	a	c		東博1983
	天神山古墳	前方後円(124)	竪室3?	V(中)	b	c	a		梅沢ほか1979、東博1983、群馬県立歴史博物館1993
	太田市 オクマン山古墳	円(36)	横室	V(新)	a	d	a		梅沢ほか1979、小暮1981
	四ツ塚			V(新)	b				東博1983
	大泉町				b	a	a		梅沢ほか1979
武装男子	高崎市 観音山古墳				a	c	b		石塚ほか1980、梅沢1990、梅沢ほか1979・1998
	保渡田八幡塚古墳・1	前方後円(102)	竪室・石棺	V(古)	c	a	a		福島ほか1932、若狭ほか2000
	・2				a	a	a		
	・3				c	a	a		
	・4				c	a	a		
	・5				a	a	a		
	・6				d				
	上芝古墳・1	帆立貝(18)	竪室?	V(中)	a	a	a		東博1983、福島ほか1932、稲村1986
	・2				a	a	a		
	・3				a	a	a		
	榛東村 高塚古墳	前方後円(60)	横室	TK10	b	a	c		尾崎1964、石川1981
	伊勢崎市 横塚			V(新)		b	c		東博1983
	安堀町				b	b	c		梅沢ほか1979
	太田市 長柄神社境内				a	b	c		梅沢ほか1979、東博1983
	成塚				b	b	c		梅沢ほか1979
	尾島町				a	b	c?		梅沢ほか1979

第2章 人物埴輪表現の地域性―双脚人物像の脚部の検討―

	所在地・資料名	墳形・規模	内部主体	円筒・土器	足結	履(靴)	台部	別造り	文献
男子	千葉県 木更津市 祇園				c	a	a		東博 1986
	市原市 山倉1号墳・1	前方後円 (45)	横室	V（新）	d	c	b		米田 1976、小橋ほか 2004
	・2				a	c	b		
	・3				a	c	b		
	千葉市 人形塚古墳	前方後円 (50)	横室・箱棺	V（新）	a	c	a		高橋 1920、千葉県 2006
	山武市 経僧塚古墳	円 (45)	横室・箱棺	V（新）	b	d	a		市毛 1971、滝口ほか 1988
	山武市 朝日ノ岡古墳	前方後円 (76)	横室	V（新）	b	b ?			軽部 1957a、城倉 2006a
	芝山町 高田木戸前1号墳	前方後円 (47)	箱棺（切石）	V（新）	a	e	b		坂井 1966、浜名ほか 1975
	横芝光町 殿塚古墳	前方後円 (88)	横室（切石）	V（新）	a				滝口ほか 1988、滝口 1956・1963
	姫塚古墳・1	前方後円 (58)	横室（切石）	V（新） TK43	a	d	a		滝口ほか 1988、滝口 1956・1963
	・2				b	d	b		
	・3				a	d	b		
	・4				b	b	b		
	横芝光町 小川台5号墳	前方後円 (30)	木直	V（中）	a	e	d		滝口ほか 1988、浜名ほか 1975
	香取市 城山5号墳	前方後円 (51)	木直	V（新） TK43	a	a	a		丸子ほか 1978、千葉県 1982、城倉 2007b
武装男子	芝山町 殿部田1号墳・1	前方後円 (33)		V（中）	d	e	a		滝口ほか 1988、浜名ほか 1980
	・2				d	e	a		
	横芝光町 小川台5号墳・1				d	e	d		滝口ほか 1988、浜名ほか 1975
	・2				d	e	d		
	・3				d	e	d		
	・4				d	e	a		
	香取市 城山1号墳	前方後円 (68)	横室	V（新） TK43		b	c		丸子ほか 1978
男子	栃木県 足利 葉鹿熊野古墳	円 (15)	横室			c	c		東博 1980、石塚ほか 1980、島田 1929
	壬生町 安塚・1				a	c	c		東博 1980、壬生町 1989
	・2				a				
武装男子	佐野市 車塚				a			○？	東博 1980
	中山8号墳			V（中）	b	a	c		壬生町 1989、北武蔵ほか 1985
	壬生町 安塚				a				東博 1980、壬生町 1989
	真岡市 鶏塚古墳	円 (22)	横室	V（新）	d	a	a	○	東博 1980、後藤ほか 1931
男子	神奈川県 川崎市 久保台・1			V（中〜新）	c				鈴木 1990
	・2				a	a			
	・3				a	b			
	天神塚古墳	円 (18)		V（新）	a				浜田 1992
	厚木市 登山1号墳	円 (18)		V（新）	d	a	a		赤星 1967、今津ほか 1992
武装	登山1号墳	円 (18)		V（新）	b	a			赤星 1967、今津ほか 1992

凡例：堅室…堅穴式石室　横室…横穴式石室　箱棺…箱式石棺　木直…木棺直葬
円筒埴輪…川西編年第V期を古・中・新に分割

図4　足結各種の分布

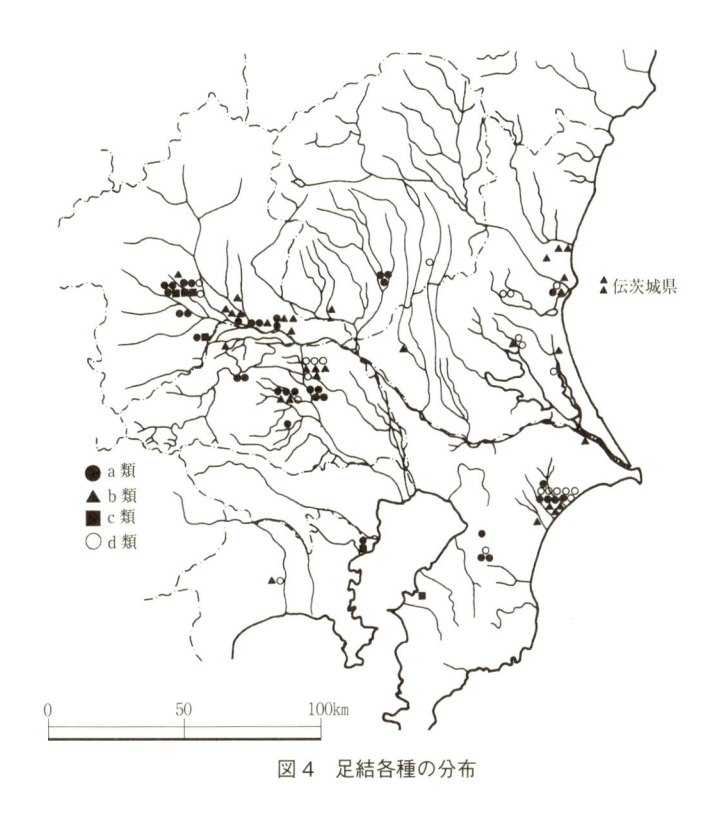

足結の突帯の直下に貼りつけられていることから、前者と同一埴輪製作工人集団のものとは考えにくい。

　千葉県ではまず特徴的なd類が目につく。すなわち山武郡域周辺に認められる双脚人物像で、山武郡芝山町殿部田1号墳の武装男子像、山武郡横芝光町小川台5号墳の武装男子像がそれである。これらは脚部が直線的に表現され、履（靴）の表現を欠くという点でも共通する。また、小川台5号墳の男子像にはa類の足結をつけている。しかし、他地域における足結は上述したようにゆったりとしたズボン状着衣を絞るという表現をもっていたのに対して、本資料は武装男子像と同様の脚部であることから他とは同列に扱えない。その意味で山武郡芝山町高田木戸前1号墳出土の男子像もa類ではあるが、小川台5号墳の男子像と同様に考えることができよう。

2　履（靴）表現の分布

　a類からe類はどのように分布するのだろうか。それを示したものが図5である。各県ごとにその様相をみてみると、茨城県ではそのほとんどがa類であることが分かる。そして、それ

第2章　人物埴輪表現の地域性—双脚人物像の脚部の検討—

らのほとんどが別造り技法のものである。しかし、那珂郡東海村舟塚1号墳の男子像や伝東海村出土武装男子像はｂ類であり、同じ別造り技法のものでも他とは一線を画するものと思われる。また、笠間市高寺2号墳出土の男子像は一体造りでいずれもａ類であるが、関東地方のどの地域のものとも異なり、極めて内股の履表現となっている。上半身は破片資料のみであるが、三木文雄の著書（三木1958）に収められた出土地不詳の資料（資料番号57）と同一埴輪製作工人集団の製作品であろう。この資料は、舟塚1号墳の男子像と顔面部や姿態など類似する特徴をもっており、茨城県北部地域から出土したものと考えられる。このことから、高寺2号墳出土の男子像は一体造りの技法をもつ埴輪製作工人集団が、舟塚1号墳の人物埴輪を製作した別造り技法をもつ埴輪製作工人集団との協力の元に製作したものと考えられよう。

　埼玉県では鴻巣市生出塚遺跡からｃ類のみが出土している。つまり、ｃ類が同遺跡における特徴である。行田市酒巻14号墳出土の男子像はいずれもｃ類であり、先にみたように生出塚遺跡の特徴と共通する。同市埼玉瓦塚古墳出土の武装男子像はすべてａ類であり、先と同様の結果である。東松山市周辺ではａ・ｂ・ｄ類が出土しているが、主に三千塚古墳群出土の資料である。同古墳群には生出塚遺跡の製品も運ばれているが、基本的にそれらは少数であった

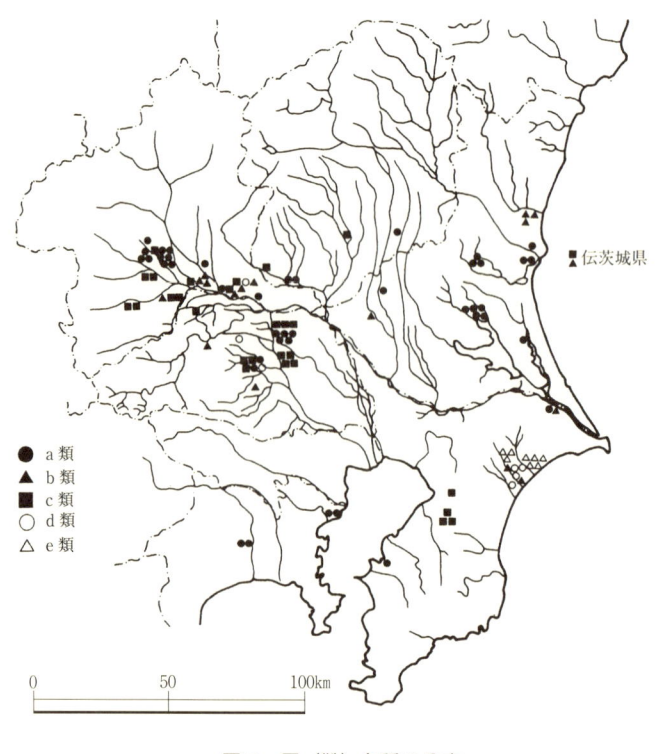

図5　履（靴）各種の分布

考えられる。現在、それらの具体的な様相は検証できないが、最も混在した在り方を呈していたと予想される。

群馬県ではa類は主に旧群馬郡域に分布しており、この地域に一つのまとまりを考えることができよう。東部地域ではa〜d類が雑多な様相を示している。

千葉県ではe類のまとまりが目につく。それは足結の分布で述べたd類に相当する。また、山武郡横芝光町姫塚古墳ではb類とd類の双方が出土しており[2]、小林行雄の指摘した作風の違いである第一・二群に相当する（小林1974：pp.111-113）。また、香取市城山1号墳の武装男子像はb類である。同資料は城山1号墳の他の下総型人物埴輪のなかにあって、報告書（丸子ほか1978）の第55図にあげられた男子埴輪と第57図にあげられた女子埴輪とともに極めて特異な存在である。女子埴輪の島田髷の形態と、男子埴輪の鉢巻きや美豆良の形態はともに栃木県河内郡上三川町西赤堀狐塚古墳出土資料（日本窯業史研究所1987）に酷似する。そこで前述の武装男子像をみてみると、冑は衝角付冑であり、冑の両側面に脇立状粘土板を貼りつけていたと推定されているが、残存部分が極めて少なく詳細は不明である。それを除けば栃木県佐野市中山8号墳や同市車塚、小山市飯塚古墳群出土資料（小山市史編さん委員会1981）に極めて酷似し双方の密接な関係が想定される。また、腕部の造りは城山1号墳の場合太めの短い腕を下に下げる形態をもっており、これは栃木県下都賀郡壬生町安塚に認められる。甲は線刻のみで挂甲を表現しており、前述の中山8号墳や車塚、飯塚古墳群出土資料および安塚出土の武装男子像も同様である。さらに両地域を結ぶ根拠として、小山市飯塚古墳群出土資料に下総型人物埴輪が存在することがあげられる（小山市史編さん委員会1981）。よって、城山1号墳の武装男子像および上述の女子・男子像は、栃木県南部地域の埴輪製作工人集団が関与して成立したものと考えたい。

さらに、同様に下総型埴輪のなかに双脚の人物像が含まれる例として山武市松尾町朝日ノ岡古墳がある（城倉2006a）。本資料の上半身は典型的な下総型人物埴輪の特徴を有しており、脚部は線刻で格子を表現している。脚部に線刻の格子を表現しているものは、埼玉県鴻巣市生出塚遺跡出土の双脚男子像・武装男子像、群馬県高崎市観音山古墳出土の武装男子像、同県太田市長柄神社境内出土武装男子が知られるのみである。これらを結ぶ積極的な根拠は存しないが、線刻に注目すると群馬県例はいずれも細かい長方形の線刻となっているのに対して、生出塚遺跡例は正方形に近い粗い線刻であり、朝日ノ岡古墳例は生出塚遺跡例と酷似する。同古墳の所在する山武郡域には横芝光町殿塚古墳・姫塚古墳という長方形の周溝を有する古墳があり、埼玉県行田市埼玉古墳群との関連が想定される（第3章参照）。このことから、朝日ノ岡古墳の双脚人物埴輪の製作にあたっては、生出塚遺跡の埴輪製作工人集団が関与していた可能性があろう。

栃木県では真岡市鶏塚古墳の武装男子像がa類であり、先にみた茨城県地域の別造り技法のものとの共通性が指摘できる。また、足利市葉鹿熊野古墳の双脚男子像はc類であり、同古墳出土の「二人童女」と群馬県高崎市観音山古墳出土の「三人童女」が同巧であるとの指摘（橋本1980：pp.351-353）と同様に、観音山古墳の双脚男子像との共通性が指摘できる。

3　台部表現の分布

　a類からd類はどのように分布するのだろうか。それを示したものが図6である。各県ごとにその様相をみてみると、茨城県ではそのほとんどがa類であることが分かる。b類は那珂郡東海村舟塚1号墳の男子像のみ、c類は水戸市北屋敷2号墳の台部である。いずれも別造り技法の双脚人物像であるが、前者は履（靴）表現にも他とは異なる特徴があり、分布域が最北端であることも含めて一線を画すものである。後者は足結表現にa類が存在するが、履（靴）表現は通有のa類であることから他と同様に考えることができよう。

　埼玉県では鴻巣市生出塚遺跡からb類のみが出土している。そして、行田市酒巻14号墳の双脚人物像もb類である。履（靴）の分類で述べたのと同様の結果が出ており、生出塚埴輪製

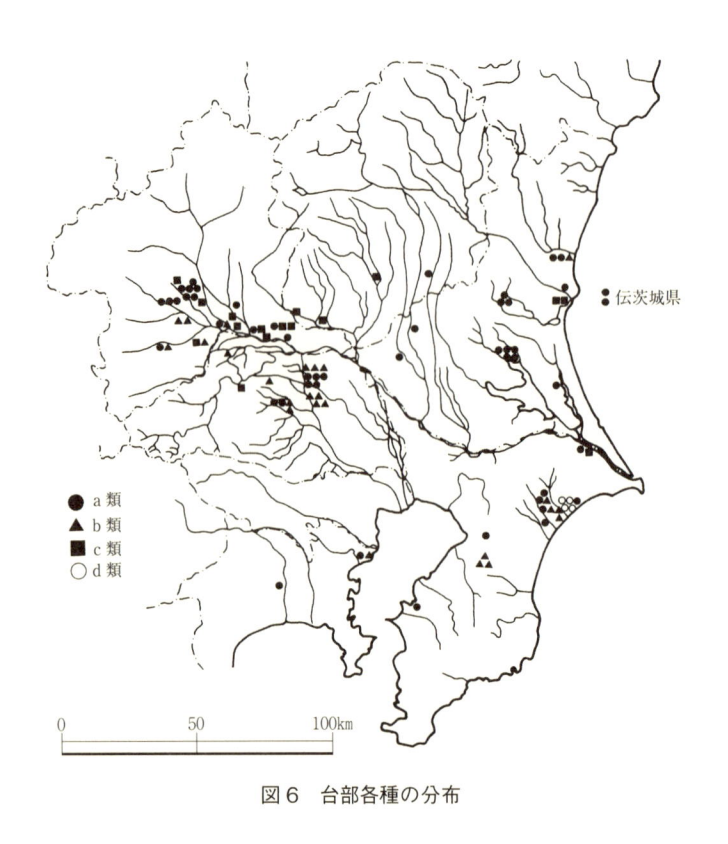

図6　台部各種の分布

作工人集団との関連が考えられる。さらに、行田市埼玉瓦塚古墳の双脚人物像はすべてa類であり、台部表現でも生出塚遺跡との共通性は抽出できないことから、生出塚埴輪製作工人集団とは異なる生産遺跡での製作品と考えられる。東松山市周辺ではa類・b類が出土しており、瓦塚古墳の場合と違い台部の高さも極めて高いものである。履（靴）表現と同様に混在した様子が窺える。

　群馬県ではa類が主に旧群馬郡域に分布しており、履（靴）の分類におけるa類とほぼ重なる。またc類は東部地域にまとまる傾向を示しており、足結の分類におけるb類の分布と同様に考えることができる。

　千葉県ではd類のまとまりが山武郡域に認められる。これらは履（靴）の分類におけるe類の分布にほぼ重なる。また、山武郡横芝光町姫塚古墳ではa類とb類の双方が出土しており、履（靴）表現にみた小林行雄の指摘に相当する。さらに、市原市山倉1号墳ではすべてb類であり、埼玉県鴻巣市生出塚遺跡例と合致する。

　栃木県では真岡市鶏塚古墳の武装男子像がa類であり、先にみた茨城県地域の別造り技法のものとの共通性がここでも指摘できる。

4　分布状況と年代的位置付け

　以上の各分類の年代的位置付けに関しては、若松良一が人物埴輪の台部の変遷を指摘したものがある（若松1987・1992a）。若松は台部の天井の構造をもとに、ドーム状を呈する筆者の履（靴）の分類a類について第4期（6世紀中葉）という位置付けをおこなっている。しかし、そこにあげられた栃木県真岡市鶏塚古墳例は、横穴式石室の形態から6世紀後半頃に位置付けられるものであり（大橋1990）、おなじくa類のなかで茨城県筑西市西保末例、同県笠間市高寺2号墳、千葉県香取市城山5号墳例、神奈川県厚木市登山1号墳例も6世紀後半と考えられ、若松の編年でいうと第5期に位置付けられるものである。つまり、円筒形でドーム状の天井である資料のすべてが若松のいう第4期に該当するわけではない。しかし、第5期に筆者の台部の分類b類（楕円形）が出現するという主張は首肯されるものであり、年代的位置付けの根拠となり得るものであろう。

　その他の履（靴）分類a類の内、6世紀前半から中葉頃に位置付けられる人物埴輪としては、茨城県小美玉市舟塚古墳例、同県水戸市北屋敷2号墳例、埼玉県行田市瓦塚古墳例、群馬県高崎市上芝古墳例、同県北群馬郡榛東村高塚古墳例、栃木県佐野市中山8号墳例、神奈川県川崎市久保台例である。この結果、a類は6世紀前半から6世紀後半まで連綿と続いているものであり、前述した通り必ずしも若松の主張するようにはならないものも存在する。しかし、大

第2章　人物埴輪表現の地域性―双脚人物像の脚部の検討―

枠の流れとしてドーム天井のものから台部の断面が楕円形で履（靴）が突出するものへという変遷は辿れそうである。また、台部が存在しないものや履（靴）表現を欠くものとして、千葉県山武郡周辺に独自のものが分布している。福島県西白河郡泉崎村原山１号墳に台部を欠く人物埴輪が確認されている（福島県教育委員会1982）が、後者は双脚人物像が力士像のみであり、双脚を表現するための偶然の創出である可能性もある。関係性は不明であるが、千葉県の６世紀中葉頃の段階に、まずこの特徴が存在することは注目すべきであろう。

年代的位置付けから、年代の著しく異なるものは同一分類であっても分布の範囲から一応除外できると考えられる。また、足結・履（靴）・台部それぞれで個別に同一分類に含まれていても、他の組み合わせの特徴によって除外することができるであろう。以上の観点から、分類の同一性に同一埴輪製作工人集団の製作品であるとの結論が導き出せると考えられる。

第４節　人物埴輪表現の地域性とその意義

以上の検討で、人物埴輪の脚部表現に地域性のあることが判明した。それは足結、履（靴）、台部の各部位によって顕著に表れるものが異なり、それぞれを比較検討することによって明確に判別することができるのである。つまり、人物埴輪の部位ごとの詳細な検討が有効であることを示すものと考える。それらを総合して小地域を設定し、なおかつ現在までに判明している埴輪の生産遺跡（埴輪窯跡・表５）の分布を対比したものが図７である。

まず一見して千葉県・東京都・神奈川県では、生産遺跡の発見数の少なさが分かる。なかでも千葉県では、埴輪出土遺跡数が東京都・神奈川県に比較して極めて多いのにもかかわらず、２遺跡（２窯）しか判明していない。その内、木更津市畑沢窯からは富津市内裏塚古墳に埴輪を供給していたようであり、成田市公津原窯からは同市船塚古墳に埴輪を供給していたことが分かっている。すなわち判明している２基の窯は特定古墳に供給が限定されるようであり、未知の埴輪生産遺跡が多数存在するはずである。また、市原市山倉１号墳には胎土の面からも埼玉県鴻巣市生出塚遺跡の埴輪製作工人集団が関わっていたことが判明している（千葉県文化財センター1994）。さらに山武郡域に認められる２つの小地域は時期的な差が存在してはいるが、同地域に埴輪製作遺跡が将来確認されるものと考えられる。

東京都では大田区下沼部遺跡・久ケ原遺跡の竪穴式住居から相当数の円筒埴輪が検出されている。前者は焼土や木炭などを伴った窯状遺構も検出されているようであり、埴輪窯跡が近隣に存在していたものと考えられる。神奈川県では川崎市宮前区白井坂窯の製品の一部が、同市高津区西福寺古墳に供給されていたようである（鈴木1990：p.63、浜田1992：p.26、伝田

第 4 節　人物埴輪表現の地域性とその意義

ほか 2009）。いずれも極めて小規模であり、近隣のいくつかの古墳に供給するためのものであろう。

　茨城県では常陸太田市元太田山窯、ひたちなか市馬渡窯、東茨城郡茨城町小幡北山窯が知られている。いずれも茨城県中央部地域に分布しており、それぞれ近隣の古墳へと供給されていたことが分かっている。筆者の設定した小地域においては、馬渡と小幡北山がその中に分布しており、両埴輪製作工人集団の密接な結び付きが窺える。また、那珂郡東海村舟塚 1 号墳や東海村出土資料に関しては、前者と福島県いわき市神谷作 101 号墳との三角文の多用という点で共通性が指摘されており（今津 1988）、笠間市高寺 2 号墳においても三角文の破片が確認されていることから、より北の地域の埴輪製作工人集団との交流によって成立した可能性もある。

　埼玉県ではこれまでに 12 ヶ所の埴輪窯跡が確認されている。その分布は主として荒川流域と利根川右岸の児玉郡地域に二分される。荒川流域には鴻巣市馬室窯、同市生出塚窯、東松山市桜山窯、比企郡吉見町和名窯、熊谷市権現坂窯、同町姥ヶ沢窯、児玉郡域には深谷市割山窯、児玉郡美里町宇佐久保窯・本庄市蛭川窯、同市八幡山窯、同市宥勝寺北裏窯、同市赤坂窯がある。この中で生出塚が最も大規模な埴輪窯跡群ではあるが、割山で 20 基、桜山で 17 基、権現坂で 17 基が確認されており、比較的規模の大きなものである。また、馬室では 10 基、宇佐久保では 12 基が確認されている。また、姥ケ沢（8 基）は権現坂と 800 m しか離れておらず、この地域の大規模な窯跡群であった可能性が高い。また、窯跡の形態をみてみると、馬室・生出塚・桜山・割山は灰原を共有する八ツ手状を呈しており、姥ケ沢の二列を除くと他のすべては並列である。このことから、馬室・生出塚・桜山・割山は埴輪製作工人集団としてのまとまりと考えることができよう。生出塚の埴輪の供給圏を考えた場合、上記のまとまりはさらに首肯されるものと考える。児玉郡域については、双脚の人物埴輪の出土が少なく小地域を設定し得なかったが、窯跡の分布と数からいってもより細かな区分が今後可能となろう。

　群馬県では埴輪出土古墳の数が関東地方随一であるのにもかかわらず、窯跡は 5 ヶ所の確認にとどまる[3]。しかし、伊勢崎市から太田市・旧尾島町周辺に設定された小地域は、太田市駒形神社窯、同市成塚住宅団地 B 区窯などで製作された可能性が高い。また、旧群馬郡域の小地域は時期的にも 6 世紀前半頃にまとまるものである。藤岡市本郷窯、同市猿田窯、富岡市下高瀬上之原窯などの群馬西部地域の様相については、検討でき得る良好な資料を欠いており、小地域は設定できなかった。

　栃木県では佐野市唐沢山窯、小山市飯塚窯が知られるが[4]、前者は下都賀郡壬生町安塚の人物埴輪を製作したと考えられるもので、後者は小山市周辺の古墳に供給していたようである。小地域を設定し得る良好な資料は存在しなかったが、真岡市鶏塚古墳や、足利市葉鹿熊野古墳

表5　関東地方における埴輪窯跡一覧

	遺跡名	構造	基数	文献
1	茨城県常陸太田市元太田山窯	並列	11	斎藤ほか1974
2	茨城県ひたちなか市馬渡窯	並列	19	大塚・小林1976、白石1991
3	茨城県茨城町小幡北山窯	並列	59	白石1991、大塚ほか1989
4	千葉県成田市公津原窯	単独	1	千葉県1975、千葉県センター1994
5	千葉県木更津市畑沢窯	単独	1	千葉県センター1994、安藤1974、田中1981
6	東京都大田区下沼部窯	?	1	森本1928・1930
7	東京都大田区久ケ原遺跡	?	住居	中根・徳富1930
8	神奈川県川崎市白井坂窯	単独	1	坂詰1965、鈴木1990、浜田1992、伝田ほか2009
9	埼玉県鴻巣市馬室窯	八ツ手状・並列	11	埼玉県1978
10	埼玉県鴻巣市生出塚窯	八ツ手状	31	山崎ほか1981、山崎1985～2004a
11	埼玉県東松山市桜山窯	八ツ手状	17	水村ほか1982
12	埼玉県吉見町和名窯	並列	8	吉見町1978
13	埼玉県熊谷市権現坂窯	並列	17	江南1995
14	埼玉県熊谷市姥ケ沢窯	二列	8	江南町1995
15	埼玉県深谷市割山窯	八ツ手状	20	深谷市割山遺跡1981
16	埼玉県美里町宇佐久保窯	並列	12	山崎1985
17	埼玉県本庄市蛭川窯	?	?	山崎1985
18	埼玉県本庄市八幡山窯	並列	2	山崎1985
19	埼玉県本庄市宥勝寺北裏窯	並列	3	橋本ほか1980、太田2003
20	埼玉県本庄市赤坂窯	?	?	本庄市1976
21	群馬県藤岡市本郷窯	並列	20	津金澤ほか1980、藤岡市1993
22	群馬県藤岡市猿田窯	並列	4	志村1985、杉山ほか2004
23	群馬県富岡市下高瀬上之原窯	並列	2	新井ほか1994
24	群馬県太田市駒形神社窯	?	10?	宮田1991
25	群馬県太田市成塚住宅団地B区窯	八ツ手状?	3	小暮1990
26	栃木県佐野市唐沢山窯	並列	12	大川1964
27	栃木県小山市飯塚窯	並列	3	小山市1981

と群馬県高崎市観音山古墳の共通性、小山市周辺の武装男子像と千葉県香取市城山1号墳の武装男子像との共通性など遠距離に亘る関係性が、当地域の特色であったのかもしれない。これらの小地域は、共通する特徴を有する資料すなわち同一埴輪製作工人集団によると考えられる埴輪を、その分布によって括ったものである。埴輪の生産と流通のシステムには、その埴輪製作工人集団を統括していた首長の存在が不可欠であり、その集団による埴輪の分布は自ずと首長の支配していた範囲を端的に示していると思われる。田中広明は土師器の地域性を論じるなかで、関東地方を35の小地域に分割した。そして、土師器坏の技術的熟練度すなわち生産体制の専業性の高低によってランクAからCまでを設定した。それらの土師器の分布が令制下の国域とどのように重なってくるかを論じたのである（田中1995）。また、土師器の分布は流通範囲としてとらえることができ、その流通システムに「製作者の自家消費と、製作者の属する集落で消費された製品を第一次再分配と呼び、製品が首長の手を経由し、在地首長の経済圏内で消費されたり、在地首長の例えば、古墳などで消費された製品を第二次再分配と呼び、さ

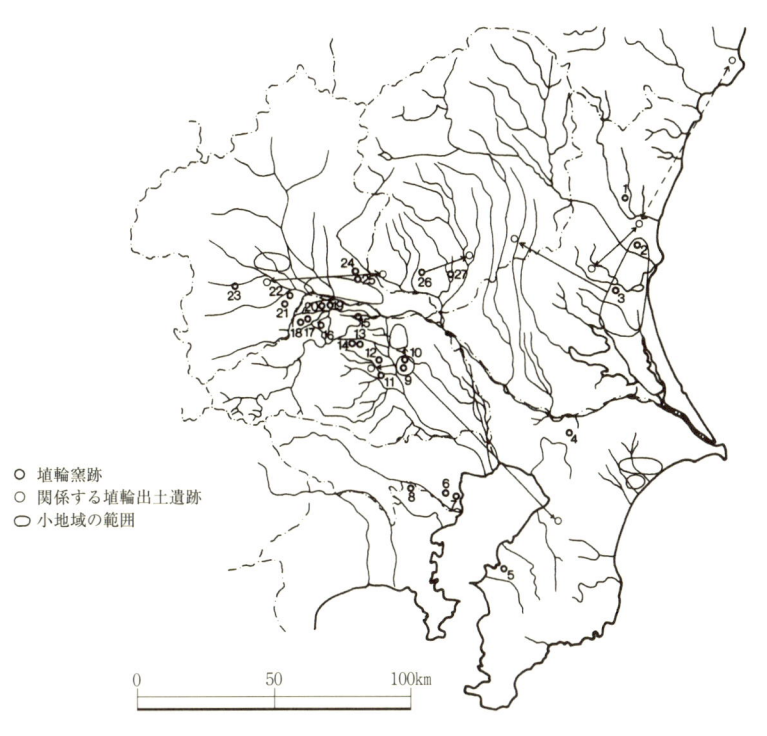

図7 設定される小地域と埴輪窯の分布（番号は表5と同じ）

らに在地首長の経済圏を越え、他の経済圏へ流通した製品を第三次再分配」（田中 1994：pp.77-78）とした。

　古墳時代後期の埴輪は、須恵器の製作技術の最も大きな特徴である窯焼成を採用していることから、極めて専業性が高いと推定される。しかし、埴輪製作の粘土摂取→製作→乾燥→焼成・窯出し→搬出・出荷という一連の流れと年間の季節との関わりについては不明な点が多い。今後、埴輪工房・粘土採掘跡などの検討や埴輪の底面に残された圧痕（稲の籾殻・植物）などの検討によって解明されてくると考えられる[5]。また、埴輪の発注→製作→供給という流通システムにのってもたらされた分布の範囲は、まさに田中の指摘する「第二次再分配」の範囲にほかならず、各首長の支配領域を示すと考えられるのである。

註
1) 双脚人物埴輪は基本的に男子と武装男子に限られる。武装男子とは一般的に武人と呼ばれるものであるが、武人という呼称には職掌を示す意味が含まれる。現在、職掌を人物埴輪から証明するには、なお多くの検証作業を有すると考えられる。よって今は武装男子という名称を使用する

こととする。
2) 姫塚古墳ではc類の存在も存在することが判明したので、終章において詳しく述べていくことにする。
3) 生出塚窯のような大規模な窯跡群は本郷窯がその可能性を指摘できるが、その他は比較的小規模なもののようである。
4) 足利市葉鹿に土師という地名があることから、埴輪窯の存在が指摘されている（橋本1980：p.352）。今のところ積極的にそれを示す端緒は確認されていないものの、埴輪生産遺跡が存在する可能性は極めて高いと思われる。
5) 奈良県北葛城群河合町市場垣内遺跡・川合大塚山古墳・中良塚古墳から出土した埴輪の底面に、ワラビの圧痕が残っていた例が報告されており（吉村1994）、それが枯れた後のものであることが判明している。

第3章　人物埴輪の共通表現とその背景

はじめに

　これまでの埴輪に対する研究は、主としてその型式学的編年研究と埴輪配列や各種埴輪の意義という2つの方向性からなされてきた。それに対して、埴輪の生産とその需要という問題についてはそれほど議論がなされてきてはいない。かつて橋本博文は、埴輪生産体制のモデルを4種に整理した。すなわち、在地の土師器製作に携わる者たちが派遣された指導者の指導のもとに臨時に組織化され製作をおこなう「徴発貢納型」、轟俊二郎が下総型埴輪の生産体制を一種巡歴手工業的な側面をもっているとした（轟1973）、一古墳一窯的な「移動型」、地域首長の下に組織化された製作者から一定の地域内に供給された「固定分散型」、大王陵などの大量生産をまかなうために複数のグループが共同体の枠を越えて労働の組織化がなされた「集中型」である（橋本1981a：pp.128-129）。橋本によって示されたモデルは、時期的な変遷や地域的な差異、さらに供給されるべき古墳（被葬者）の階層差をも加味したものであり、聞くべき意見である。しかし、関東地方において、広範囲の需給関係である「移動型」と地域的に比較的まとまりをもつ「固定分散型」との関係や、その成立に関する背景などは充分に説明されてこなかった。

　また、かつて小林行雄や車崎正彦は人物埴輪の「作風」（小林1974：pp.101-116、車崎1988）に注目して製作者個人を摘出しようとした。しかし、それを明確に判断するためには、製作技法はいうに及ばず、個人の癖や工具の相違[1]、さらには粘土や混和剤ということにまで考慮を及ぼす必要があり、その道のりは極めて長い。そこで、本章では関東地方を例にとり、人物埴輪の服装を中心とした各種表現のうち、広範囲に確認される特徴的な共通表現をとりあげ、集団としての埴輪製作工人の動向を明らかにしたい。この検討を通じて埴輪の生産とその需要について筆者の見解を述べたいと思う。

第3章　人物埴輪の共通表現とその背景

第1節　人物埴輪における共通表現の摘出

　共通表現の摘出にあたっては、関東地方出土のすべての人物埴輪についてその表現を検討した。その詳細については紙幅の都合上割愛せざるを得ないが[2]、以下に述べる諸特徴は、全体を検討した上での結果であることをあらかじめお断りしておく。また、各古墳の年代は円筒埴輪もしくは古墳築造当初の所産と考えられる土器をもとにしている[3]。

1　頭巾状被りものをもつ人物埴輪（図1-1・2）

　頭巾状被りものとは、天辺に向かって広がっており、なおかつ天辺や側面が塞がっているものである。この被りものを着けた人物埴輪で美豆良を下げたものは上げ美豆良・下げ美豆良を問わず存在しない。ほとんどの場合、耳の部分に大きな耳輪のようなものを着けてはいるが、けっして美豆良を下げることはない。この形態の被りものの分布は埼玉県に集中し（図2の●）、他は千葉県の2例である[4]。埼玉県の集中は、鴻巣市生出塚埴輪窯跡（山崎1987a・1987b）からの4例の出土があるからであり、行田市南河原（東京国立博物館1986）、東松山市三千塚古墳群（金井塚1984・1994a）、川越市南大塚4号墳（田中ほか1988）に類例が存在する。いずれも生出塚埴輪窯の工人が直接関与したと考えられる。千葉県では市原市山倉1号墳（米田1976、小橋ほか2004）、流山市東深井7号墳（流山市立博物館1985、轟1973、城倉2006a）がある。山倉1号墳と生出塚窯跡群との関係性は、山崎武や車崎正彦によって指摘されてきた（山崎1987a：pp.57-66、車崎1988）ものであるが、頭巾状被りものに美豆良を下げないという共通性によっても確認できる。東深井7号墳例は、他のものとはやや異なり、極めて天辺が広がっている。しかしながら、美豆良を下げないという特徴は共通しており、生出塚埴輪窯の工人との関係は、後述の生出塚埴輪窯産の埴輪の分布からも可能性はあるものの、第1章で述べたように他人の空似ととらえたほうがよい。時期の判明したものは、すべて6世紀後半から末の時期である。

2　顎鬚をもつ人物埴輪（図1-3）

　顎鬚をもつ人物埴輪とは、千葉県山武郡横芝光町殿塚古墳・姫塚古墳（滝口1956・1963、滝口ほか1988）などで有名な、いわゆる「芝山はにわ」とも呼ばれるものである。この人物埴輪の被りものとしては鍔付き三角冠もしくは単なる三角冠であり、連続三角文をもつものと無文のものがある。また、首飾りの表現をもたず、美豆良はほとんどの場合左右に開いたL字形で、束ねた髪を紐で縛るためにできる盛りあがりまでも表現する極めて手の込んだ造作である。さ

第1節　人物埴輪における共通表現の摘出

図1　共通表現をもつ人物埴輪典型例①
1. 生出塚15〜24号窯　2. 山倉1号墳　3. 姫塚古墳　4. 塚廻り3号墳　5. 小幡　6. 殿部田1号墳

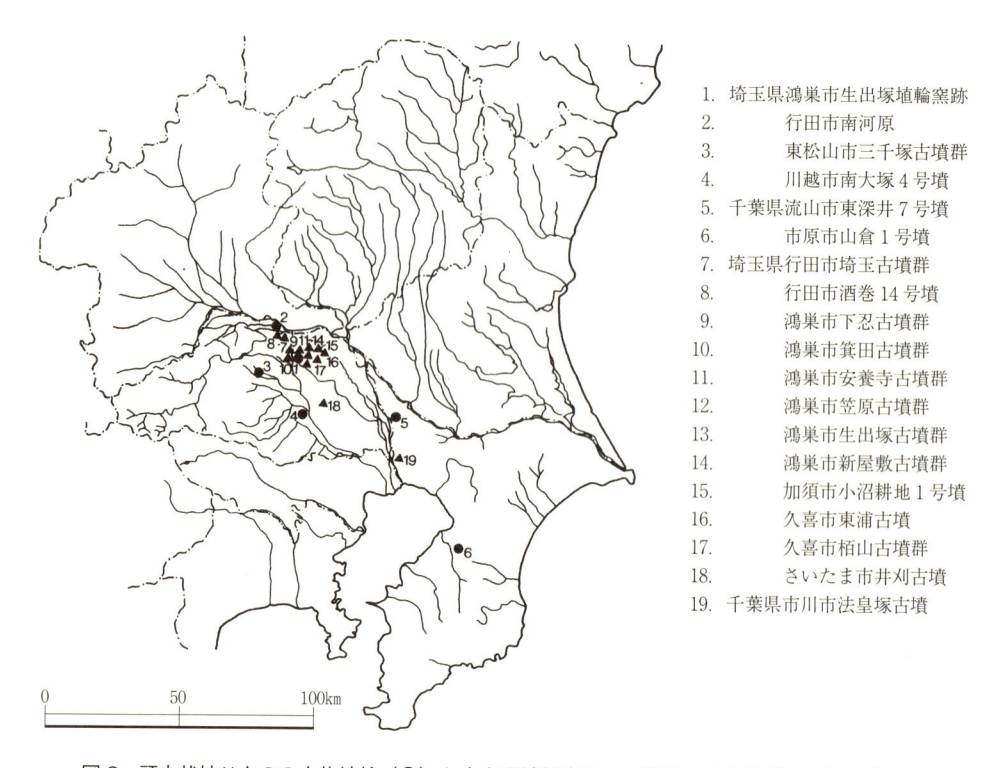

第3章　人物埴輪の共通表現とその背景

1. 埼玉県鴻巣市生出塚埴輪窯跡
2. 行田市南河原
3. 東松山市三千塚古墳群
4. 川越市南大塚4号墳
5. 千葉県流山市東深井7号墳
6. 市原市山倉1号墳
7. 埼玉県行田市埼玉古墳群
8. 行田市酒巻14号墳
9. 鴻巣市下忍古墳群
10. 鴻巣市箕田古墳群
11. 鴻巣市安養寺古墳群
12. 鴻巣市笠原古墳群
13. 鴻巣市生出塚古墳群
14. 鴻巣市新屋敷古墳群
15. 加須市小沼耕地1号墳
16. 久喜市東浦古墳
17. 久喜市栢山古墳群
18. さいたま市井刈古墳
19. 千葉県市川市法皇塚古墳

図2　頭巾状被りものの人物埴輪（●）と生出塚埴輪窯の工人集団による埴輪（▲）の分布

らに袖の表現として、細い腕の周り（外側）に逆U字形に粘土板を巻き付けて内側を浮かせて立体感をもたせ、左手を大刀に添えるという皆同じ造形のものである。

顎鬚をもつ人物埴輪は茨城県と千葉県に分布の中心がある（図3の●）。茨城県の場合、出土地が伝茨城県（茨城県立歴史館1990）や伝筑波郡（塩谷ほか1990）などという資料が多く、資料的価値の低いものも含まれるが、おおむね潮来市周辺とその他は霞ヶ浦もしくは太平洋を介した河川流域に点在していることが分かる。また、千葉県の場合山武郡域の首長墓から集中して出土し、その他は佐原市内（野間1942、轟1973）および千葉市人形塚古墳（高橋1920、笹生1987、千葉県教育振興財団2006）に存在する。さらに、栃木県真岡市若旅大日塚古墳（和田1901）に存在する[5]。

この分布からいえることは、山武郡域の場合は首長墓に安定的に同一工人集団の埴輪が並べられていて、その他の地域の場合は河川の流域に点々と存在し、出土した古墳以外には同一水系にはこの人物埴輪をもつ古墳が存在しない。なおかつ供給された古墳も山武郡域に比べると、著しく規模の小さいものである。つまり、顎鬚をもつ人物埴輪をつくった工人集団は、山武郡域の首長墓に集中的に埴輪を供給することを主目的としていたことが考えられ、何らかの理由

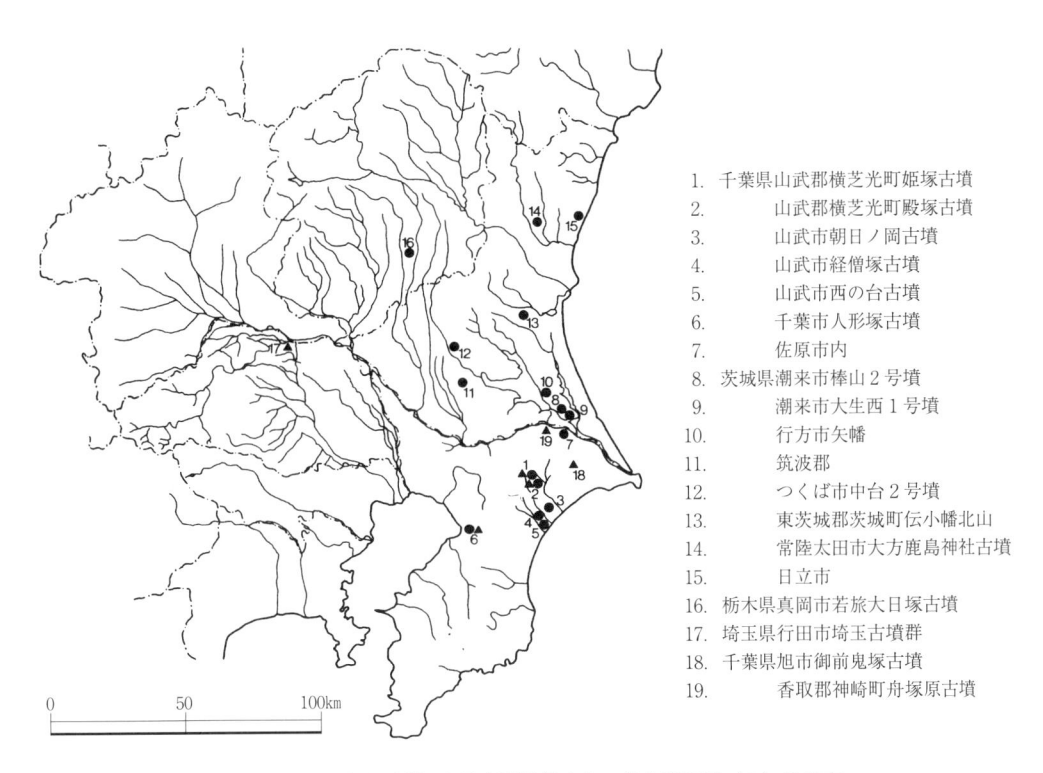

第 1 節　人物埴輪における共通表現の摘出

1. 千葉県山武郡横芝光町姫塚古墳
2. 　　　山武郡横芝光町殿塚古墳
3. 　　　山武市朝日ノ岡古墳
4. 　　　山武市経僧塚古墳
5. 　　　山武市西の台古墳
6. 　　　千葉市人形塚古墳
7. 　　　佐原市内
8. 茨城県潮来市棒山 2 号墳
9. 　　　潮来市大生西 1 号墳
10. 　　　行方市矢幡
11. 　　　筑波郡
12. 　　　つくば市中台 2 号墳
13. 　　　東茨城郡茨城町伝小幡北山
14. 　　　常陸太田市大方鹿島神社古墳
15. 　　　日立市
16. 栃木県真岡市若旅大日塚古墳
17. 埼玉県行田市埼玉古墳群
18. 千葉県旭市御前鬼塚古墳
19. 　　　香取郡神崎町舟塚原古墳

図 3　顎鬚をもつ人物埴輪（●）と長方形周堀をもつ前方後円墳（▲）の分布

で他の地域の河川流域に存在する古墳にまで埴輪を供給したということが想定できる。時期の判明したものは、すべて 6 世紀後半から末の所産である。

3　垂下帯付き美豆良をもつ人物埴輪（図 1-4）

　垂下帯付き美豆良とは、下げ美豆良の下部にさらに粘土による帯状の表現をもつものであり、何を表現したものかは不明である。ほとんどの美豆良の場合は、単なる棒状のものであるが、この垂下帯付き美豆良は極めて特徴的であり、その分布の在り方からしても同一工人集団による所産と考えて良い（図 4 の●）。その分布は群馬県東部地域の利根川流域とその対岸の埼玉県深谷市上敷免（東京国立博物館 1986）、栃木県佐野市七軒町（壬生町立歴史民俗資料館 1989）、小山市飯塚 31 号墳（鈴木 1999・2001）、茨城県古河市高合 2 号墳（古河市史編さん委員会 1986）、結城市林（大野 1897）[6]、桜川市岩瀬町（塩谷ほか 1990）、さらに群馬県西部地域の高崎市吉井町下條 2 号墳（右島 1992）に分布することが分かる。つまり、利根川を中心に群馬県東部から広まっていったことが想定されよう。高崎市吉井町下條 2 号墳では他の要素と混在しており、垂下帯付き美豆良をもつ人物埴輪は主体とはなっていない。このことからも、前述の群馬県東

61

第3章　人物埴輪の共通表現とその背景

1. 群馬県太田市塚廻り3号墳
2. 　太田市塚廻り4号墳
3. 　邑楽郡大泉町
4. 　邑楽郡千代田町新福寺
5. 　前橋市朝倉
6. 　高崎市下條2号墳
7. 埼玉県深谷市上敷免
8. 栃木県佐野市七軒町
9. 　小山市飯塚31号墳
10. 茨城県古河市高合2号墳
11. 　結城市林
12. 　桜川市岩瀬町
13. 神奈川県横須賀市蓼原古墳

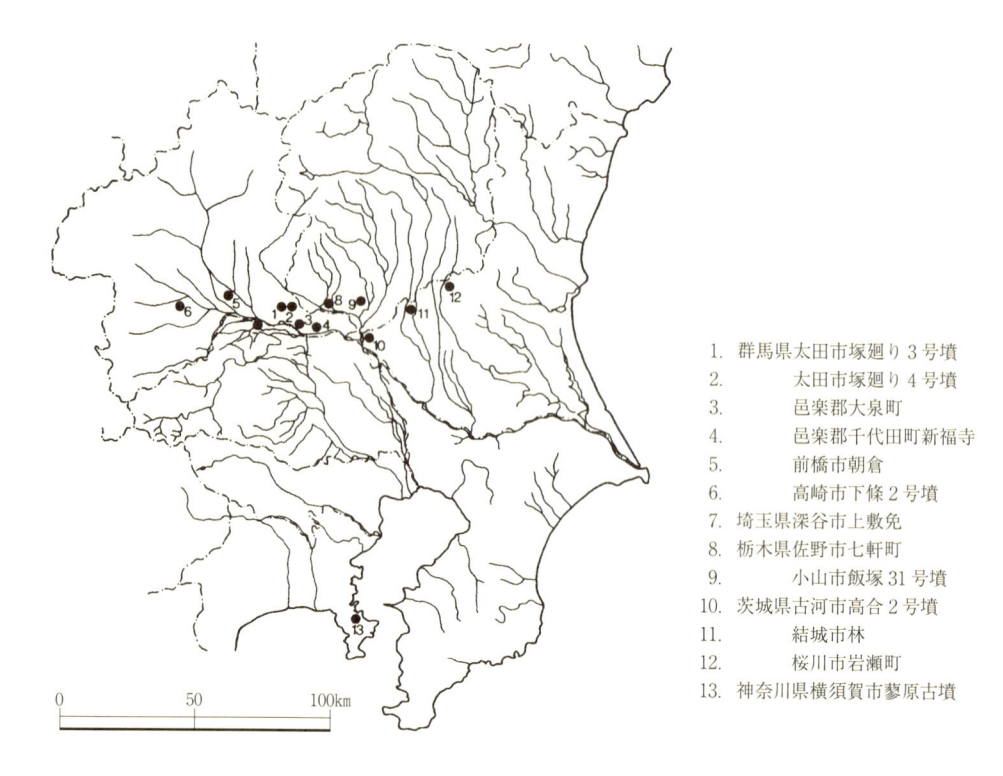

図4　垂下帯付き美豆良をもつ人物埴輪の分布

部からの流れを否定するものではない。また、神奈川県横須賀市蓼原古墳（赤星1938、一柳ほか1987）はその形態が他と異なり、垂下帯が極めて矮小化されている。しかしながら、そのような特徴の美豆良をもつ人物埴輪は付近の他の古墳からは出土しておらず、その意味で群馬県東部地域との関係があったと判断しておきたい。その流れからすると、旧利根川を通り東京湾に出て、湾岸沿いに横須賀までたどり着いたのかもしれない。群馬東部例は6世紀前半から中葉、下條2号墳は6世紀末、飯塚31号墳は6世紀前半、蓼原古墳が6世紀中葉であり、その他は時期不明である。

4　首甲を着ける武人埴輪と
　　円形浮文を伴う線刻の挂甲をもつ武人埴輪（図1-5・6）

　武人埴輪とは、冑を被り甲を装着しているものである。一般には大刀を佩いていることで武人埴輪と考えられている向きもあるが、男子埴輪と武人埴輪とを分ける最大の要素は甲冑の有無であり、その要素をもたない人物埴輪は男子と判断すべきである。ただし、以下の3例は武人埴輪とした。体部に甲の表現は存しないが、衝角付冑を被っている神奈川県厚木市登山1号墳

第1節　人物埴輪における共通表現の摘出

1. 茨城県小美玉市舟塚古墳
2. 　　　行方市小幡
3. 　　　東茨城郡茨城町下石崎
4. 　　　東茨城郡茨城町村社神塚神社境内
5. 埼玉県深谷市上敷免
6. 群馬県伊勢崎市赤堀町
7. 茨城県那珂郡東海村照沼周辺
8. 　　　那珂郡東海村石上小学校校庭古墳
9. 　　　那珂郡東海村
10. 千葉県山武郡芝山町殿部田1号墳
11. 　　　山武郡横芝光町小川台5号墳
12. 埼玉県行田市埼玉稲荷山古墳
13. 群馬県高崎市八幡原

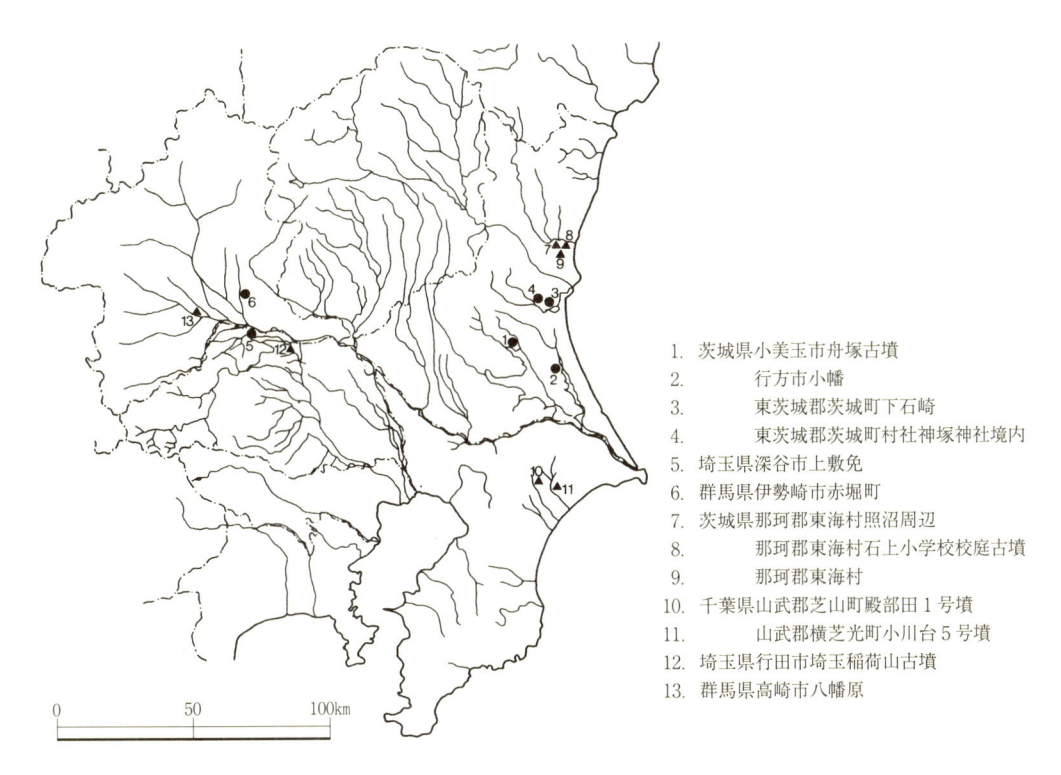

図5　首甲を着ける武人埴輪（●）と円形浮文を伴う線刻の挂甲をもつ武人埴輪（▲）の分布

例（赤星1967、今津ほか1992）、頭部は振り分け髪であるが、他の武人埴輪と同じ挂甲の表現をもっている茨城県小見玉市舟塚古墳例（大塚・小林1968・1971）、三角文入り錣付き丸帽を被っているが、段違いの線刻で甲を表現している埼玉県本庄市生野山古墳群例（若松1988）である。

　首周りに首甲をもつ武人埴輪とは、一般の武人埴輪に表現される肩甲が、首から肩にかけての前掛け部分と肩の部分と組み合わさったような表現の防具であるのと異なり、現代のよだれ掛け状の前掛け部分のみを表現し、人物埴輪の体部に貼りつけたものをいう。出土副葬品の中では、5世紀代の短甲などと一緒に出土する頸甲[7]に類似するが、確実に6世紀代まで下る出土例は存在しない。実際の出土品としては確認できないことから、革などの有機質のものであった可能性が高い。いわゆる頸甲とは異なるということで、首甲という名称を使用する。

　この首甲をもつ武人は、線刻のみで表現される挂甲が組み合わさる。図5の●で示したように、茨城県行方市小幡、東茨城郡茨城町下石崎、同町村社神塚神社境内（以上東京国立博物館1980）、小美玉市舟塚古墳の2例など霞ヶ浦北辺地域にややまとまって見られ、その他は埼玉県深谷市上敷免、群馬県伊勢崎市赤堀町（梅沢ほか1979）という利根川流域に点在する。茨城県の上記4遺跡の近隣には茨城町小幡北山埴輪窯跡（大塚ほか1989）が存在し、上半身と下半

身が別造りであることなどを含め、すべて小幡北山埴輪窯からの供給と考えられる。また、ひたちなか市馬渡埴輪窯でも上下別造りの人物埴輪が出土しているので、両埴輪製作工人集団は相互に関係があると思われ、常陸型人物埴輪と呼ぶことができるだろう（日高 2000c）。茨城県例以外は上下別造りではないが、特徴的な首甲を表現し、それ以外の諸特徴を共有するという共通性において相互の関係があった可能性がある。その場合、利根川を媒介としていたことはいうまでもない。

円形浮文を伴う線刻の挂甲をもつ武人埴輪については、突帯に円形浮文をつける首飾りが組み合わさる。図5の▲で示した通り、千葉県山武郡域と茨城県那珂郡東海村の両地域に集約している。円形浮文を伴うものは埼玉県行田市埼玉稲荷山古墳（斎藤ほか 1980）[8]と群馬県高崎市八幡原（梅沢ほか 1979）にも存在するが、後者は短甲武人埴輪であり前者も同様の甲冑となる可能性がある。茨城県は那珂郡東海村照沼周辺、同村石神小学校校庭内古墳の二例（以上茨城県史編さん委員会 1974）、東海村（塩谷ほか 1990、茨城県立歴史館 1990）、伝茨城県（茨城県立歴史館 1990）であり、千葉県は山武郡芝山町殿部田1号墳の2例（浜名ほか 1980）、山武郡横芝光町小川台5号墳（浜名ほか 1975）である。圧倒的に茨城県では東海村に集中しており、時期を決する資料は欠くものの、この地域の特徴といえよう。また、千葉県でも山武郡域周辺に限って、いずれも人物埴輪導入期の資料にのみ確認できる。両者を結ぶ積極的な根拠として、首飾りの同一性がある。円形浮文を伴う線刻の挂甲は、それ自体極めて特筆されるものであり、まして突帯に円形浮文をつける首飾りが必ず組み合わさるということは、両者に直接的な関係を想定せざるを得ない。東海村の諸例は時期不詳であるが、殿部田1号墳、小川台5号墳が共に6世紀中葉に限定されることから、東海村の諸例も同時期となる可能性がある。

5　「幅広一枚肩甲」をもつ武人埴輪（図6-1・2）

「幅広一枚肩甲」とは、上半身の約三分の一程度の幅広の粘土板を前面の肩から胸にかけて貼りつけたもので、当然脇の下の部分が浮くことになる。さらに、その肩甲に縦方向の線刻を施すものである。この特徴は人物埴輪としては奇異なものであり、類例は極めて少なく、同一の工人集団による製作と言えるだろう。また、この「幅広一枚肩甲」をもつものが武人埴輪以外にも存在する。それは、千葉県香取市城山5号墳（丸子ほか 1978、千葉県立房総風土記の丘 1982、城倉 2007b）、茨城県筑西市西保末（東京国立博物館 1980）出土の人物埴輪である。これらの関係は後述するが、系譜的につながりをもつものである。図7の●は、「幅広一枚肩甲」をもつ武人埴輪とその系譜をひく人物埴輪を含めた分布を示している。「幅広一枚肩甲」をもつものは茨城県結城市林と取手市市之代3号墳（諸星ほか 1978）、千葉県成田市竜角寺101号

第1節　人物埴輪における共通表現の摘出

図6　共通表現をもつ人物埴輪典型例②
1. 市之代3号墳　2. 西保末　3・4. 城山1号墳　5. 下横場塚原34号墳

墳（安藤ほか1988、萩野谷1990）であり、特に市之代3号墳と竜角寺101号墳は、その他の人物埴輪にも共通する要素が極めて多く、かつて安藤鴻基が指摘した通り（安藤1988：p.142）、製作した工人集団を同じくするものであろう。この要素は結城市林にも見られ、同一系譜の武

65

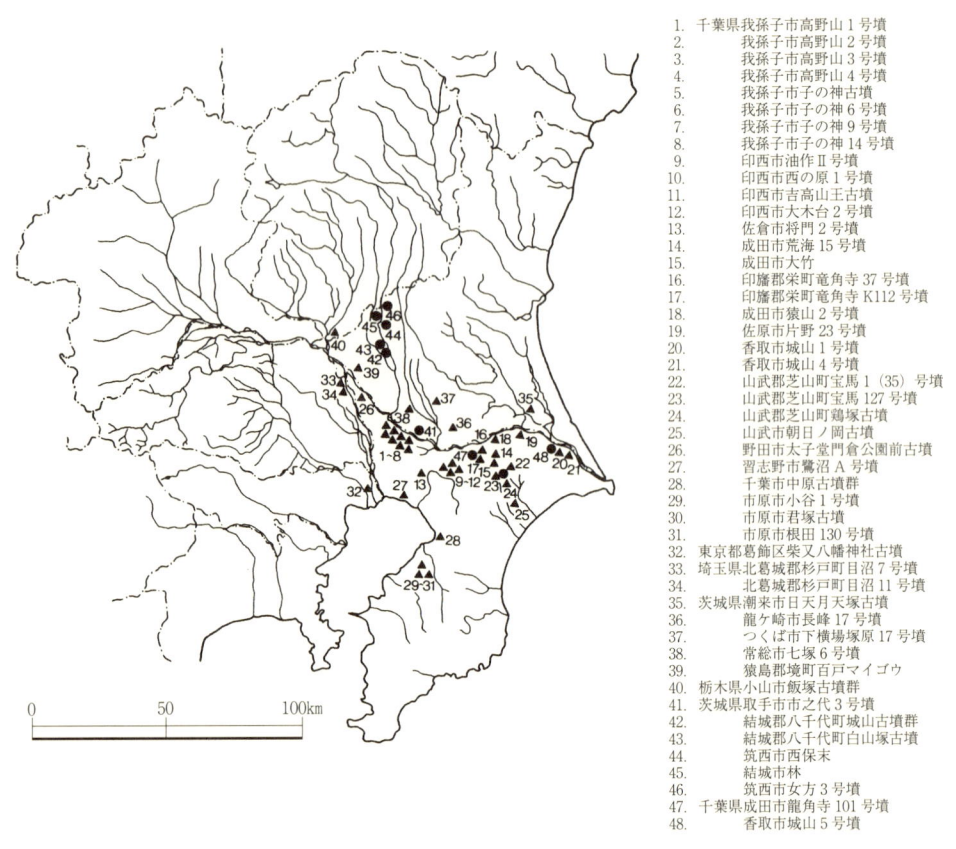

第3章 人物埴輪の共通表現とその背景

1. 千葉県我孫子市高野山1号墳
2. 　我孫子市高野山2号墳
3. 　我孫子市高野山3号墳
4. 　我孫子市高野山4号墳
5. 　我孫子市子の神古墳
6. 　我孫子市子の神6号墳
7. 　我孫子市子の神9号墳
8. 　我孫子市子の神14号墳
9. 　印西市油作Ⅱ号墳
10. 　印西市西の原1号墳
11. 　印西市吉高山王古墳
12. 　印西市大木台2号墳
13. 　佐倉市将門2号墳
14. 　成田市荒海15号墳
15. 　成田市大竹
16. 　印旛郡栄町竜角寺37号墳
17. 　印旛郡栄町竜角寺K112号墳
18. 　成田市猿山2号墳
19. 　佐原市片野23号墳
20. 　香取市城山1号墳
21. 　香取市城山4号墳
22. 　山武郡芝山町宝馬1（35）号墳
23. 　山武郡芝山町宝馬127号墳
24. 　山武郡芝山町鶏塚古墳
25. 　山武郡朝日ノ岡古墳
26. 　野田市太子堂門倉公園内古墳
27. 　習志野市鷺沼A号墳
28. 　千葉市中原古墳群
29. 　市原市小谷1号墳
30. 　市原市君塚古墳
31. 　市原市根田130号墳
32. 　東京都葛飾区柴又八幡神社古墳
33. 　埼玉県北葛飾郡杉戸町目沼7号墳
34. 　北葛飾郡杉戸町目沼11号墳
35. 　茨城県潮来市日天月天塚古墳
36. 　龍ケ崎市長峰17号墳
37. 　つくば市下横場塚原17号墳
38. 　常総市七塚6号墳
39. 　猿島郡境町百戸マイゴウ
40. 　栃木県小山市飯塚古墳群
41. 　茨城県取手市市之代3号墳
42. 　結城郡八千代町城山古墳群
43. 　結城郡八千代町白山塚古墳
44. 　筑西市西保末
45. 　結城市林
46. 　筑西市女方3号墳
47. 　千葉県成田市龍角寺101号墳
48. 　香取市城山5号墳

図7　幅広一枚肩甲の武人埴輪とその系譜をひく人物埴輪（●）および下総型埴輪（▲）の分布

人埴輪であることが分かる。

「幅広一枚肩甲」をもつ人物埴輪は、もう一つの特徴として顔を円筒埴輪の製作と同じく輪積みでつくり上げた後、顎部には粘土を貼りつけず、必然的に顎部がそのまま円筒状になっていることがあげられる。つまり顎の表現を欠くのである。この特徴は明瞭に他の埴輪と区別することができ、その特徴を有する人物埴輪は同一工人集団の製作とみて間違いない。千葉県香取市城山5号墳、山武郡芝山町宝馬127号墳（武部ほか1982）、茨城県筑西市西保末、結城郡八千代町城山古墳群（保坂1961、八千代町史編さん委員会1987・1988）、同町白山塚古墳（八千代町史編さん委員会1987・1988）、筑西市女方3号墳（平沢1974）があげられる[9]。つまり、印旛沼の北方を中心とする利根川の流域に端を発した武人埴輪における「幅広一枚肩甲」という表現方法が、香取市城山5号墳・八千代町城山古墳群などの段階で全身像の男子埴輪に導入され、顔を円筒のままつくる技法に変化した。その後、茨城県は鬼怒川沿いに、千葉県は内陸の山武郡域にも伝わった。竜角寺101号墳、市之代3号墳は共に6世紀中葉であり、他はすべて6

第 1 節　人物埴輪における共通表現の摘出

世紀後半代である。なお、宝馬 127 号墳の円筒埴輪は「下総型円筒埴輪」である。「幅広一枚肩甲」と「下総型埴輪」との関係を考える上で極めて重要な古墳であり、後述の際詳しく検討する。

6 「下総型」人物埴輪・円筒埴輪（図 6-3・4・5、図 10-2）

　轟俊二郎が提唱した「下総型円筒埴輪」は、その分布がほぼ後世の下総の地域に限定され、かつその形態が極めて特徴的なために、その認定が容易なことで知られる一群である（轟 1973）。形象埴輪に関しても轟はその特徴を述べているがあまり深入りはせず、主として円筒埴輪の検討にその特徴を見出だしている。しかし、円筒埴輪と同様に「下総型」の人物埴輪にも特徴的な表現が存在する。以下、その特徴を列挙すると、①女子は顔の眉毛からの上下比が 1 ≧ 1 である、②鼻が丸棒で先端が膨らむ、③男子美豆良は頭部両側面の円孔から出ている、④腕は五指を表現せず先端が平たくなるしゃもじ形である、⑤男子の胸にの線刻をもつものがある、⑥双脚の人物像はつくらない、⑦盾持ち人の盾は上下もしくは上に突帯をつけ三角文を上下四段に施すかまったくの無文である。当然、共伴する円筒埴輪は「下総型円筒埴輪」となる。

　図 7 の▲は上記の特徴を有する「下総型」の人物埴輪と、「下総型円筒埴輪」の分布を示したものである。分布の中心は、轟俊二郎が指摘する通りいわゆる「下総」の地域に存在する。しかし、現在では下総の地域を飛び越えて分布する「下総型」埴輪がかなり確認されてきている。それは栃木県小山市飯塚古墳群（小山市史編さん委員会 1981）や千葉県千葉市中原古墳群（千葉市史編纂委員会 1976）、市原市小谷 1 号墳（高橋康 1992）、山武郡芝山町鶏塚古墳（浜名ほか 1975）、同町宝馬 1（35）号墳（浜名ほか 1980、財団法人山武郡市文化財センター 1996）、同町宝馬 127 号墳、山武市松尾町朝日ノ岡古墳例（軽部 1957a、城倉 2006a）などである。飯塚古墳群例は利根川に流れ込む思川流域であり、中原古墳群例は村田川流域、小谷 1 号墳例は養老川流域、鶏塚古墳例・宝馬 1（35）号墳例・宝馬 127 号墳例・朝日ノ岡古墳例は木戸川流域である。これらの状況は、点在するということに大きな特徴があることから、河川に沿って流入したと考えられる（ただし山武郡域の場合は、内陸部にまず出現することから直接的に流入した可能性もあり、かつそれぞれが「下総型」埴輪の在り方としては極めて例外的であることが指摘できる）。

7 女子埴輪の島田髷における特徴的な技法（図 8-1～5）

　島田髷に関しては、杉山晋作の分類がある（杉山 1983）。その分類と新たに設定した特徴を合わせて、あらためて分類すると以下のようになる。①髷の中心部分がくびれて板状のもの

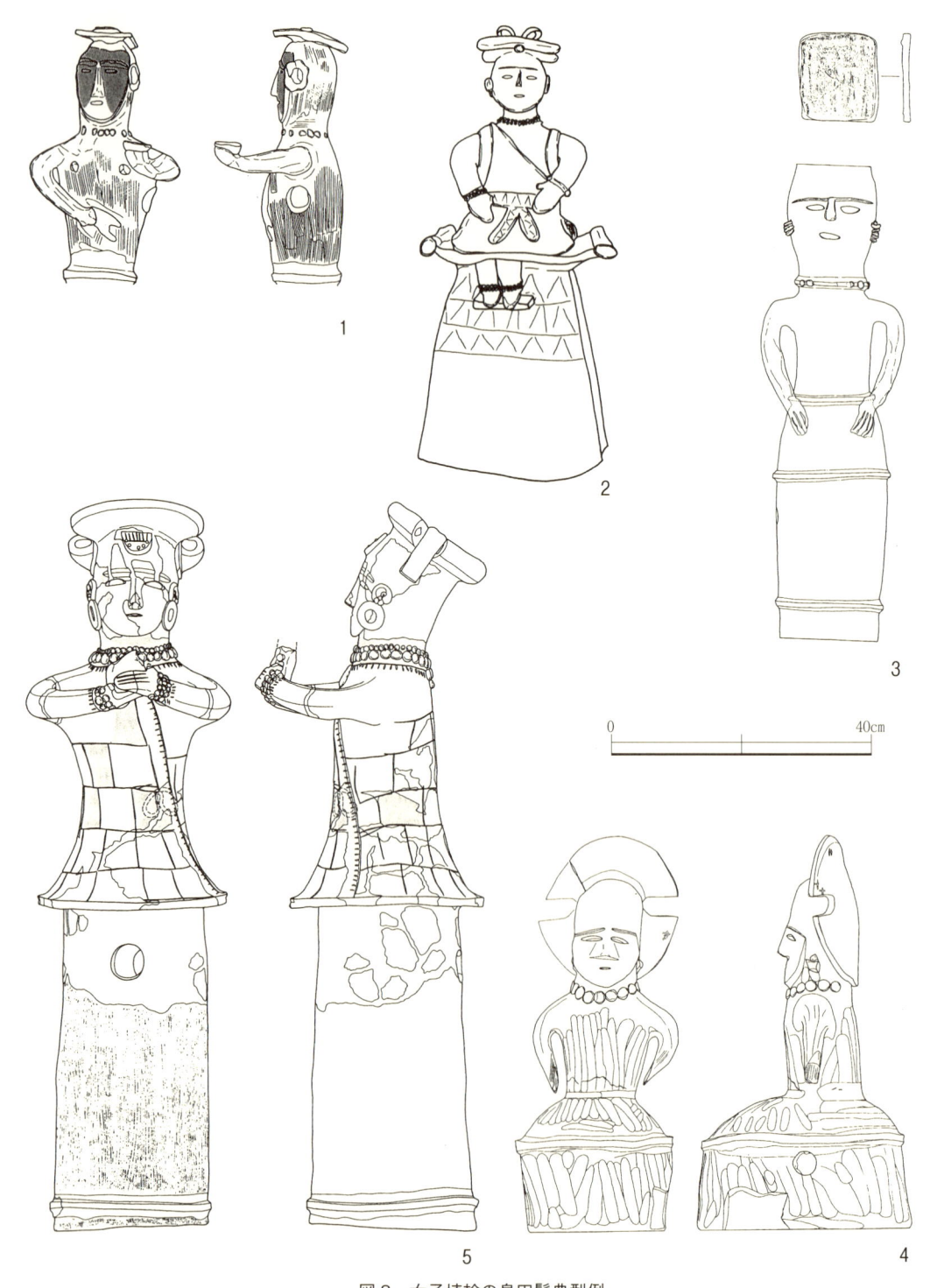

第3章 人物埴輪の共通表現とその背景

図8 女子埴輪の島田髷典型例
1.竜角寺101号墳 2.古海 3.宝馬127号墳 4.酒巻14号墳 5.観音山古墳

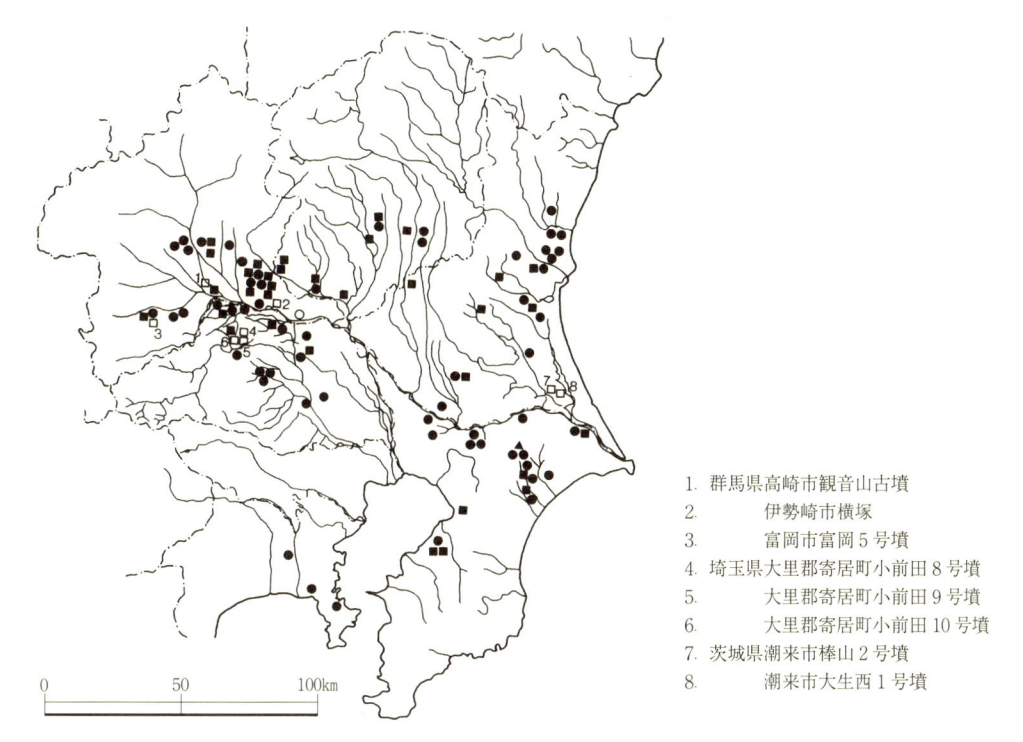

第1節 人物埴輪における共通表現の摘出

図9 中空技法の島田髷（□）と各種島田髷の女子埴輪の分布

1. 群馬県高崎市観音山古墳
2. 　　　伊勢崎市横塚
3. 　　　富岡市富岡5号墳
4. 埼玉県大里郡寄居町小前田8号墳
5. 　　　大里郡寄居町小前田9号墳
6. 　　　大里郡寄居町小前田10号墳
7. 茨城県潮来市棒山2号墳
8. 　　　潮来市大生西1号墳

「●」、②①と同形態で膨らみのあるもの「○」、③くびれがないもの（四角形）「▲」、④分銅形のもの「」、⑤髷が中空になっているもの「□」である。その分布を示したものが図9である。

　その分布を見ると、ほとんどの場合①の形態のものであり、このタイプが関東地方における一般的な島田髷の形である。また、②は群馬県邑楽郡大泉町古海（東京国立博物館1983）のみである。このタイプの島田髷は近畿に通有のものではあるが、関東では類例が少なく基本的に①の亜式ととらえることができる。③は千葉県山武郡芝山町宝馬127号墳出土の島田髷のみに認められるものであり、形ほぼ正方形である。他に類例がまったく存在しない。④は茨城6例、埼玉4例、群馬10例、千葉6例、栃木6例が知られる。ほぼ関東全域に広がるタイプの髷である。時期の判明している資料は6世紀後半代であり、その時期に広く分布していたことが分かる。⑤は極めて特徴的な髷であり、その分布も各地に点在するというものであるが、群馬県西部と埼玉県の小前田古墳群（瀧瀬1986）に群在する。茨城県は潮来市大生西1号墳（大場ほか1971）、同市棒山2号墳（海老原ほか1981）、埼玉県は大里郡寄居町小前田8号墳、同9号墳、同10号墳、群馬県は高崎市観音山古墳（石塚ほか1980、梅沢1990、梅沢ほか1998）、伊

69

勢崎市横塚（後藤1931b、東京国立博物館1983）、富岡市富岡5号墳（外山1972）である。富岡5号墳例は6世紀中葉、他は6世紀後半代である。女子埴輪の島田髷の中で製作技法上特筆されるものは、髷の中に空洞をつくっている⑤である。群馬県高崎市観音山古墳は④と並存し、④の髷をもつ人物埴輪とは櫛の表現方法が異なるなど、製作工人集団の違いを表していると考えられる。なお、同古墳の④の髷をもつ人物埴輪はいわゆる「三人童女」と呼ばれる人物埴輪であり、栃木県足利市葉鹿熊野古墳（島田1929、橋本1980）や同市水道山古墳（足利市史編さん委員会1979）出土の人物埴輪と工人集団を同じくするものである。伊勢崎市横塚は、古墳そのものは不明であるが、女子の服装に「裳」と考えられるスカート状の着衣を表現しているなど観音山古墳との共通性が極めて高い。富岡市富岡5号墳は髷のみ確認されたものでその他の要素は不明であるが、①の髷と共存する。埼玉県は大里郡寄居町小前田8・9・10号墳から出土しており、これらよりやや新しい11号墳からは⑤の髷ではなく①の髷が出土している。おおむね6世紀後半から末に位置付けられるが、11号墳の段階で供給元（工人集団）の交替があったと考えられる。茨城県の大生西1号墳と棒山2号墳は共に6世紀後半の古墳であり、両古墳は顎鬚をもつ人物埴輪が出土している。千葉県山武郡域との関連が指摘できるわけだが、山武郡域には⑤の髷の要素はない。むしろ予想される髷の形態は①ないし④であり、⑤の髷となる可能性はないはずである。それにもかかわらず、⑤の髷が出土しているということは、他地域との関連が予想されるであろう。

　そこで群馬・埼玉両地域の他要素を比較してみると、櫛の表現が群馬県高崎市観音山古墳、伊勢崎市横塚ともに粘土を櫛の形につくって貼りつけたものであり、埼玉県例はいずれも櫛の表現はない。茨城県潮来市棒山2号墳の2例は粘土を櫛の形につくって貼りつけたものである（大生西1号墳例は不明）。さらに、着衣表現は潮来市大生西1号墳に結び紐の表現が認められ、高崎市観音山古墳、伊勢崎市横塚ともに結び紐の表現が認められるが、埼玉県例はいずれも何の表現もない。このことから、潮来市大生西1号墳と棒山2号墳の女子埴輪は、群馬県高崎市観音山古墳・伊勢崎市横塚に人物埴輪を供給していた埴輪製作工人集団が深く関わっていたと考えられる。埼玉県大里郡寄居町小前田古墳群の諸例は、今のところ髷以外に共通性はないが、群馬県東部地域とは距離的にも近接しており、上述した11号墳の段階での在り方を鑑みれば何らかの関係があったと予想される。観音山古墳は墳丘長97mの前方後円墳で、大生西1号墳は墳丘長71mの前方後円墳、棒山2号墳に至っては径15m内外の方（円）墳である。いずれにしてもその時期は6世紀後半である。

第2節　関東地方における人物埴輪の共通表現とその背景

　これまでの検討で、同一埴輪製作工人集団の製品が広範囲に分布しており、多くの場合出土品の時期が極めて限られることも判明した。具体的には6世紀後半（須恵器でいうとおおむねTK43型式・円筒埴輪ではV期新）の時期より以前の段階では、広範囲の分布がなく、比較的安定的な供給と需要という関係が限られた地域内で発展していたことを示すものと考えられる。この時期になぜ埴輪製作工人集団が、地盤である地理的に近接する生産地→供給先という、安定した関係以外に新開地をめざしたのだろうか。

　ここでは6世紀後半の埴輪製作工人集団の動向を考える上で、極めて重要であると思われる以下の三点について、さらに検討を加えてみたい。1）埼玉県鴻巣市生出塚埴輪窯から供給された埴輪について、2）顎鬚をもつ人物埴輪について、3）「下総型」埴輪についてである。以上の検討を各地における「首長墓」の中での埴輪の在り方と、古墳そのものの状況とを考え合わせ、周辺の古墳をも含めて考察したい。

1　埼玉県鴻巣市生出塚埴輪窯から供給された埴輪について

　図2の●と▲は、ともに生出塚埴輪窯の製品ないしその工人が直接関係した埴輪を出土した古墳の分布を示している。その分布をみると、基本的に現在の元荒川や荒川流域を中心に分布域が限られていることが分かる。つまり、生出塚埴輪窯を中心としてその周辺地域に河川を利用して搬出されていたと考えられるのである。しかし、その関係を飛び越えて利根川流域の千葉県流山市東深井7号墳や市川市法皇塚古墳（小林ほか1976）[10] などにも供給され、さらに千葉県市原市山倉1号墳には荒川を下って東京湾を渡ったと考えられる[11]。

　生出塚埴輪窯の工人集団は、6世紀を通して埼玉県行田市に所在する埼玉古墳群に安定して埴輪を大量供給していた。生出塚埴輪窯で同時期にどれだけの窯が操業していたかは今のところ不明であるが、埼玉古墳群に埴輪を供給するためには、かなり大規模な操業をおこなっていたと思われる。埼玉古墳群には基本的に生出塚埴輪窯と南比企丘陵の窯から、埴輪が供給されていたと考えられる（若松1989、日高1992など）。今のところ生出塚埴輪窯は6世紀前半代、南比企丘陵の窯跡群の候補の一つである東松山市桜山窯跡（水村ほか1982）は6世紀中葉頃までその操業年代の上限がおさえられる。つまり、稲荷山古墳の築造年代の窯が確認されておらず、丸墓山古墳（杉崎1988）の築造年代に関しても極めて微妙である。しかし、埴輪それ自体の形（プロポーション、調整など）や胎土などは、二子山古墳と丸墓山古墳（杉崎1987、若松ほ

か1992）の間に断絶があるとは考えられず、上述の窯跡へと繋がっていくと考えられることから、供給体制にそれほどの変化を考える必要はないだろう。このことから、埼玉古墳群の埴輪動向は、生出塚・南比企丘陵の動向と換言することもできよう。また、この埼玉古墳群の墳形は前方部が発達した形を採用しており、周堀は長方形という共通の特徴をもっている。

さて、埼玉古墳群の6世紀後半の動向は、鉄砲山古墳（杉崎ほか1985a）が大型古墳で大型品（多条突帯）の円筒埴輪を並べる最後の古墳である。そして、将軍山古墳（岡本1997）に至り中型品で3・4条突帯の円筒埴輪と変化している。円筒埴輪の年代とMT85窯相当からTK43型式までの須恵器甕が4点出土している点は（岡本1994、1997）、ともに合致するもので、おおむね6世紀後半と考えられる。この将軍山古墳の内部主体は、房総半島の南端で産する房州石を用いた右片袖の横穴式石室である。大型古墳の築造はこの時点で終了し、中型古墳である中の山古墳（若松ほか1989）が築造される。同古墳からは、TK209型式の須恵器坏蓋といわゆる「須恵質埴輪壺」が出土している。円筒埴輪の断片が出土しているが、これは鉄砲山古墳からの流れ込みの可能性があり、中の山古墳には埴輪が並べられていなかったようである[12]。このことは重要な意味をもつ。つまり、埼玉古墳群では大型古墳はもとより、中型の前方後円墳から小円墳に至るまで、埴輪を立て並べていたのに、同古墳群の最終末中型前方後円墳には埴輪が立て並べられていないということになるのである。

確かに全国各地には、埴輪をもたない最終末の前方後円墳は存在する。しかし、それは埴輪そのものが衰退してからの築造と考えられ、中の山古墳のようにまだ消滅していない時期に築造された古墳で埴輪を採用せず、代用品とも取れる「須恵質埴輪壺」を立て並べている例は他にはなく、胎土分析結果により南比企丘陵の窯から供給された可能性が高いとされていた（三辻1989）。その後「須恵質埴輪壺」は、南比企丘陵の大里郡寄居町末野窯跡（3号窯）で生産されたものであることが判明している（福田1998）。また、埼玉古墳群最後の首長墓は、二重堀をもち墳丘の一辺が42mを測る方墳の戸場口山古墳であり（埼玉県立さきたま資料館1994）、同古墳の築造をもって埼玉古墳群は終焉を迎える。

中の山古墳とほぼ同時期と考えられる行田市酒巻14号墳（中島ほか1988）は、人物埴輪を11体、馬4体、大刀、靫など多数の形象埴輪を樹立していた。この古墳は埼玉古墳群からさらに北側に入った利根川沿いに位置する、直径42mの円墳である。この埴輪は焼成や胎土の特徴から、生出塚埴輪窯産の可能性もあるが、表現の細部に違いも認められる（第1章参照）[13]。胎土分析では生出塚産であるという結果が出ている（三辻1989）。千葉県市原市山倉1号墳出土人物埴輪との服装や姿態の共通性からも、生出塚埴輪窯からの供給である可能性もあるが、いずれにせよ山倉1号墳とほぼ同時期であると考えられる。

当時の河川が重要な交通ルートであったことを指摘したが、仮に生出塚埴輪窯から酒巻14号墳に埴輪を供給するとしたら、埼玉古墳群を横目に見ながら利根川沿いに酒巻古墳群を目指さなくてはならない。それを考えると、やはり中の山古墳に埴輪を供給していないのは奇異な感じがする。直径42mの円墳である酒巻14号墳の築造を、埼玉古墳群を築造した人々が知り得なかったとは考えられないからである。ただし、酒巻14号墳の埴輪が生出塚産でなく、吉見町和名窯産とするならば、また少し状況は異なるものとなる。中の山古墳に生出塚産の埴輪が客体的にしか供給されない事情と同様に、酒巻14号墳には和名埴輪製作工人集団から埴輪が供給されたのだろうか。しかし、細部に違いはあるものの、生出塚埴輪製作工人集団と無関係に酒巻14号墳の埴輪がつくられたとも思えない。その意味で、中の山古墳に大里郡寄居町末野窯跡（3号窯）の製品が主体的に供給されていることは極めて重要である。

　この動向をまとめると、6世紀後半に房総半島南部から将軍山古墳へ房州石が運ばれたが、その直後の中の山古墳には生出塚埴輪窯からの埴輪供給ルートが絶たれる。前後して、生出塚埴輪窯の工人達は利根川を下って市川市法皇塚古墳（墳丘長54mの前方後円墳）、さらに市原市山倉1号墳（墳丘長45mの前方後円墳）にまでその供給範囲を広める。この房州石は、千葉県富津市南端の鋸山周辺で採集される石材であり（高橋・本間1994）、同市所在の内裏塚古墳群とその周辺の古墳に、内部主体の構築材料として用いられてきたものである。この地域以外では前述の将軍山古墳、法皇塚古墳、東京都葛飾区柴又八幡神社古墳[14]、北区赤羽台古墳群（高橋・本間1994）に限られている。なお、柴又八幡神社古墳は「下総型」埴輪を伴出する。つまり安定的な供給地に他地域の影響が導入された直後、それまで首長によって庇護されていたかのような埴輪製作工人集団との関係が打ち切られる。このことによって、埴輪が広範囲に拡散したのではなかろうか。

　以上の検討により、生出塚埴輪窯の工人集団による埴輪の拡散現象は、埼玉古墳群との関係の断絶と深く関係して生じたと言えるだろう。だとすると、かつて轟俊二郎が広範囲に分布する「下総型円筒埴輪」の状況をして提唱した、「巡歴手工業者」としての埴輪製作工人（轟1973：p.102）という生産体制（橋本博文の「移動型」）は、少なくとも生出塚埴輪窯の動向に関しては適応できないと考えられる。つまり、橋本が地域的に比較的まとまりをもつ「固定分散型」と設定した安定的な大量供給先がなくなったことにより、必要に迫られ拡散せざるを得なくなったのであろう。

2　顎鬚をもつ人物埴輪について

　顎鬚をもつ人物埴輪は千葉県山武郡域に群在し、さらに茨城県潮来市周辺とその他の地域に

第3章　人物埴輪の共通表現とその背景

散在していた（図3）。この中でも埴輪製作工人集団が首長墓に安定して供給していたのは千葉県山武郡域であり、その他の地域は千葉県山武郡域に比べ供給された古墳の規模は縮小し、かつ散在していることも判明した。ではこの山武郡域の首長墓（前方後円墳）の築造状況はどのようなものであったのか、順を追って述べてみたい。6世紀中葉頃には墳丘長30m級の前方後円墳が築かれる（山武郡横芝光町小川台5号墳・山武郡芝山町殿部田1号墳）。そして、6世紀後半に至り、墳丘長90mを測る山武市西の台古墳（軽部1958、杉山ほか1991）、墳丘長40mの芝山町高田木戸前1号墳（坂井1966、浜名ほか1975）が築かれ、その後同町宝馬1（35）号墳（墳丘長25m）、鶏塚古墳（墳丘長40m）と小型の前方後円墳が築かれる。その後墳丘長76mを測る山武市朝日ノ岡古墳、墳丘長88mの横芝光町殿塚古墳、墳丘長58mの横芝光町姫塚古墳が築かれる。ここで埴輪を樹立する首長墓の築造は終り、墳丘長63mの山武市不動塚古墳（日本大学考古学会1952、軽部1955）、そして郡内最大かつ最後の前方後円墳である墳丘長117mの山武市大堤権現塚古墳（軽部1957b、平山1993）が築かれる。大堤権現塚古墳の後には駄ノ塚古墳・駄ノ塚西古墳という方墳が築かれ、当地域の古墳文化は終焉を迎える。この内顎鬚をもつ人物埴輪は、埴輪をもつすべての大型古墳すなわち西の台古墳・朝日ノ岡古墳・殿塚古墳から出土し、姫塚古墳、さらに直径45mで二重の周堀をもつ円墳の山武市経僧塚古墳（市毛1971、滝口ほか1988）からも出土している。

埴輪の消滅時期は6世紀後半から末頃に位置付けられるが、ここで注目したいのは周堀の形態である。この地域の古墳の周堀には、相似形（前方後円形）から盾形への移行が認められ、最後の前方後円墳である大堤権現塚古墳に至るまで、盾形の周堀の流れが追える。しかし、殿塚古墳・姫塚古墳だけが長方形の周堀をもっている。かつて、市毛勲は全国の長方形周堀を集成し、その系譜関係を予察したことがある（市毛1974b）。ここで扱われた遺跡の多くは否定されるものであるが、いちはやく長方形周堀の重要性を指摘した点は注目される。長方形周堀は全国的に見て類例が少なく、関東地方では埼玉古墳群にほぼ限定される特徴である。殿塚古墳・姫塚古墳になぜ長方形周堀が採用されたのかは、当地域を考える上で極めて重要である。

殿塚古墳・姫塚古墳の内部主体は凝灰岩質砂岩を用いた横穴式石室であり、これらの後に築造された大堤権現塚古墳に至っては、石積の単位さえ不明になってしまうほどの軟質の岩石を用いている。古墳の築造の状況を考えた場合、周堀を含めた古墳の形、内部主体の形・構築材料は、その古墳の被葬者ないし造墓勢力の独自性を主張する上で重要な意味をもつと考えられる。図3の▲は長方形周堀という独特の形態をもつ古墳の分布を示したものである。埼玉古墳群の他では、千葉県香取市舟塚原古墳（市毛ほか1971、車崎1980・1992）、旭市御前鬼塚古墳（千葉県教育庁文化課1990）、山武郡横芝光町殿塚古墳、同姫塚古墳、千葉市人形塚古墳の4例

である。このうち舟塚原古墳は茨城県の霞ヶ浦北部地域の人物埴輪（鉾田市不二内例など）に極めて類似した埴輪をもつ（車崎1980・1992）。人形塚古墳に顎鬚をもつ人物埴輪があり、周堀形態も殿塚古墳などと同じ長方形であるということは、双方の直接的な関係を示していると考えられる。また、人形塚古墳の周堀内からは、第1主体部とは別に筑波山から運んできた雲母片岩を用いた箱式石棺が1基確認されている。同様に顎鬚の人物埴輪を出土した、山武市経僧塚古墳でも同じ主体部の在り方をしており、人形塚古墳の築造の契機に山武郡域の造墓勢力が関係していたことを示している。長方形周堀をめぐっては、埴輪の在り方や内部主体の在り方まで極めて類似しているのである。したがって、殿塚古墳・姫塚古墳にのみ山武郡域の他の首長墓とは異なる、埼玉古墳群独特の長方形周堀が採用されていることは、少なからず埼玉地域の造墓勢力が介在していたと予想できる。なお御前鬼塚古墳は、内部主体の様相や埴輪の有無などは不明であるが後期古墳と推定されており、墳丘長80mという大型の前方後円墳である。

　以上の検討で顎鬚をもつ人物埴輪を生産していた工人集団は、山武郡域の首長墓に安定して供給をおこなっていたことが判明した。そして、その最終段階において他の造墓勢力の介在や、他の工人集団の関わりが明らかになった。この動向は、まさに前述の生出塚埴輪窯の工人集団の動向と合致する。生出塚埴輪窯の工人集団の状況と同様に、山武郡域の首長との関係断絶、つまり埴輪をもたない不動塚古墳や大堤権現塚古墳の在り方が、この顎鬚をもつ人物埴輪の分布を散在化させる要因となり、行き先の古墳も山武郡域に比べると著しく規模を縮小するものになったのであろう。そして、顎鬚をもつ人物埴輪の広範囲な分布は、生出塚埴輪窯産の埴輪の場合と同様に、「移動型」という埴輪生産体制ではなく、結果として移動せざるを得なかったと考えられる。

3　「下総型」埴輪について

　「下総型」埴輪を出土した古墳は管見に触れたもので、40例を数える。この内千葉県香取市城山1号墳（丸子ほか1978）が、墳丘長68mの前方後円墳で最大であり、その他は小型前方後円墳、および円墳から出土している。例外として、墳丘長76mの前方後円墳の千葉県山武市町朝日ノ岡古墳がある（城倉2006a）。この規模で「下総型」埴輪を出土する古墳は他に存在しないが、同古墳の場合円筒埴輪は山武郡域に通有の円筒埴輪である。さらに同古墳の「下総型」埴輪は双脚の男子人物埴輪であり、前述した「下総型」人物埴輪の特徴である双脚の人物像をつくらないということからは逸脱する。城山1号墳の場合、全身像の人物埴輪は「下総型」埴輪の工人集団とは異なる埴輪製作工人集団の手によるものであり、けっして全身像をつ

くることはなかったのである。このことから、朝日ノ岡古墳例は他の「下総型」埴輪の工人集団と古墳との関係とは、まったく異質なものであったことを示唆しているのである。さらに女子人物埴輪が、円筒埴輪と同様に山武郡域に通有の女子であり、顎鬚をもつ人物埴輪も存在することからすれば、朝日ノ岡古墳での「下総型」埴輪の在り方は、本来「下総型」埴輪の工人集団は小型前方後円墳、円墳に埴輪を供給する体制であった（表1）ものが、大型前方後円墳に埴輪を供給することになり、その製作方針を変更したと理解することができそうである。それゆえ顎鬚をもつ人物埴輪と同様に、全身像を供給したのであろう。その場合城山1号墳における双脚の人物埴輪（武人）をつくった工人集団が、深く関わっていると考えられる[15]。

いわゆる「下総型」埴輪の成立の年代を、筆者は6世紀の後半代に求めている。6世紀中葉段階の人物埴輪の中に、その系譜が求められるからである。まず、「下総型」人物埴輪には、鼻が丸棒で先端が膨らむという特徴があることは前述した。この特徴は6世紀後半において、「下総型」人物埴輪以外では認められず、「下総型」人物埴輪の特徴の中でも他との判別が極めて易しいものである。この特徴が6世紀中葉段階の、千葉県成田市正福寺1号墳（印旛郡市文化財センター1991、宇田1996）の人物埴輪に認められるのである[16]。丘陵をいくつか隔てた所には「下総型」埴輪を出土した同市荒海15号墳（荒海古墳群発掘調査団1975）があり、その系譜として極めて良い条件を揃えている。なお、6世紀後半代において「下総型」人物埴輪以外

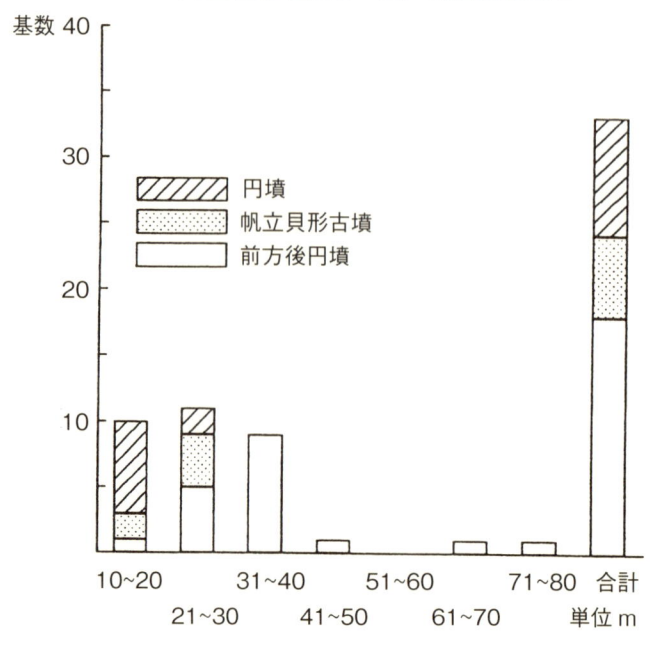

表1 下総型埴輪出土古墳の墳形・規模別基数分布

でこの特徴をもつものに成東町経僧塚古墳の人物埴輪がある。ただし、その数は他の特徴をもつものからすると極端に少なく、主体となるものではない[17]。あるいは「下総型」埴輪の工人集団が、一部の作業工程に関わった痕跡なのかもしれない。

また、盾持ち人の盾が上下もしくは上に突帯をつけ、三角文を上下4段に施すという特徴は、成田市竜角寺101号墳における盾持ち人の盾文様が上述の特徴の祖型となっていると考えられる（図10）。この盾文様は一般の盾形埴輪にもその系譜を辿ることができず、竜角寺101号墳の盾持ち人と「下総型」の盾持ち人との関係を示すものと考えられる。これらの下地があって、「下総型」人物埴輪は出現したと考えられる。さらに興味深いことに、正福寺1号墳の女子埴輪の髷はソケット状の突出を頭頂部に差し込んで製作されているが、竜角寺101号墳の人物埴輪もこの特徴をもつ。つまり、「下総型」埴輪の祖型としてとらえた別々の古墳の埴輪が、女子埴輪の髷の製作技法という点で極めて密接に関係していたことが分かる。

なお、武人埴輪の「幅広一枚肩甲」の系譜が同様に成田市龍角寺101号墳例に求められ、その特徴が円筒状の顎部をもつ双脚の男子人物埴輪に発展していったことは前述した。興味深い

図10 下総型の盾持ち人の盾文様とその祖形
1. 竜角寺101号墳　2. 下横場塚原34号墳

第3章　人物埴輪の共通表現とその背景

ことに、この系譜と「下総型」人物埴輪の系譜が、まったく同じ工人集団から発したことになる。つまり、千葉県香取市城山古墳群における1号墳と5号墳の人物埴輪は、まったく異質と考えられてきたのだが、実はその成立にあたっては同じ根元にあったのである。このことを確認すれば、城山古墳群内における異質な埴輪の存在は理解できる。同一工人集団から派生した2つの工人集団が、同一古墳群の首長墓にそれぞれ埴輪を供給したのである。その時期は、5号墳がやや先行し、1号墳がその後で構築されたといえる。

　以上の「下総型」埴輪をめぐる系譜と展開をモデル化したものが、図11である。それぞれの関係は「＝」が同時期性と工人集団の関係の深さを示し、「→」がその展開の方向を示している。この図で示した通り、「下総型」埴輪に関してはその展開の仕方が極めて散在的であり、安定した供給先がまったく分からない。古墳群として比較的まとまって分布するのは我孫子市子の神古墳群・高野山古墳群（藤本ほか1969、轟1973）のみである。「下総型」埴輪を出土する古墳はおおむね10〜20mの円墳と30〜40mの小型の前方後円墳であり（表1）、墳丘長68mの前方後円墳の小見川町城山1号墳は、その供給先としては最も主たる古墳であったといえる。城山古墳群には他に5基の前方後円墳が存在するが、最も規模の大きい古墳は1号墳である。さらに、4号墳は「下総型」埴輪を出土しているが、その規模は35mの前方後円墳であり（丸子ほか1978）、前述した「下総型」埴輪を出土する古墳の規模にも合致する。つまり、城山古墳群において「下総型」埴輪の工人集団が埴輪を供給した首長墓といえる古墳は1号墳だけである。

　以上の検討から、前述の生出塚産埴輪及び顎鬚をもつ人物埴輪の検討においては、広範囲に

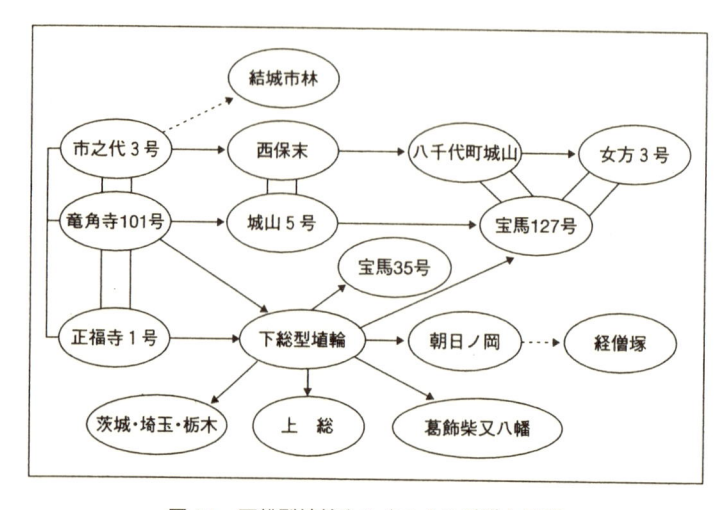

図11　下総型埴輪をめぐるその系譜と展開

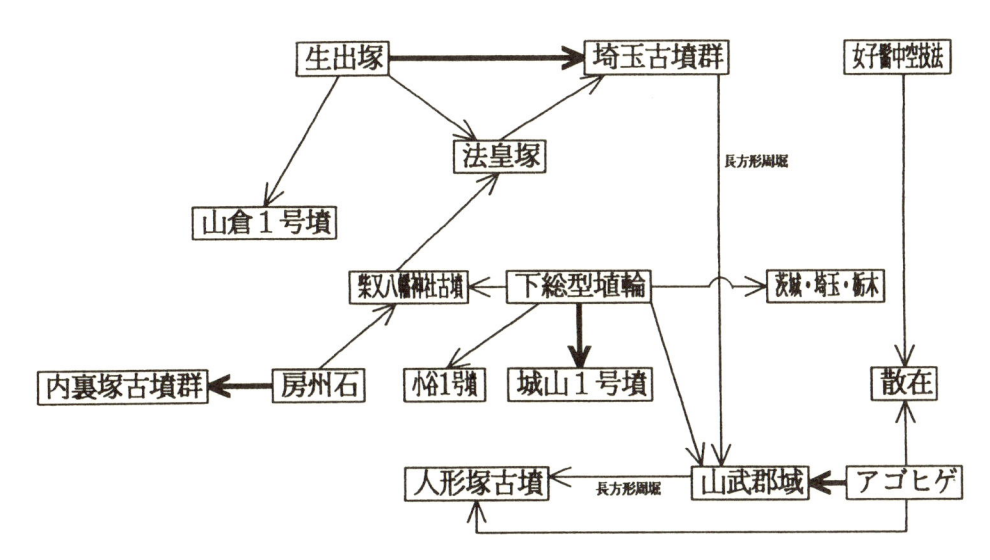

図12　6世紀後半における埴輪を中心とした地域関係

広がる埴輪の存在が「巡歴手工業者」としての工人集団を否定する状況にあったが、「下総型」埴輪に関しては安定した大量供給先（すなわち何代にも亘る首長墓群）がない以上、轟俊二郎の想定を否定することはできない。しかしながら、少なくとも前述した朝日ノ岡古墳における「下総型」埴輪の状況は、「巡歴手工業者」としての工人集団の姿ではなく、むしろ生出塚産埴輪及び顎鬚をもつ人物埴輪の検討で明らかになった工人集団の在り方に通じるといえよう。いずれにせよ、「下総型」埴輪の生産遺跡の発見を待たなくてはならないだろう。

　以上の検討結果は、それぞれが独立的な様相を示しているように見えるが、周堀の形態や内部主体を構成する石材、さらに主体的ではないがその造墓に関わっている状況など、強弱の違いはあるがすべての要素が関係していることを示している。その相関関係をモデル化したものが図12である。「➡」はその主たる供給先を示し、「→」は散在的に広がった供給先を示している。矢印の順番は、必ずしも時間的な推移を示すものではない。

第3節　結論と課題

　ここでは、以上の検討で明らかになったことを再確認すると共に、問題点としての今後の課題を提示したい。本論では、関東地方の人物埴輪に対して、従来の配置研究やそこから派生する形象埴輪の意義という視点ではなく、人物埴輪における共通表現という見地からその工人集団に対して検討を試みた。これまでの検討で以下の点が指摘できる。

第3章 人物埴輪の共通表現とその背景

①人物埴輪の共通表現は、河川交通および海を媒介とした関係に集約される。その拡散の状況からすると、6世紀中葉段階までは各地の埴輪に独自性があるが、6世紀後半代に急激に、かつ広範囲にその共通性が拡散する。

②共通表現の拡散という現象は、安定した墳丘長100m級の前方後円墳という供給先との関係断絶の結果、各地の中型もしくは小型の前方後円墳に供給されるようになったことを示している。

③生出塚埴輪窯の工人集団は、埼玉古墳群や周辺の地域に安定して埴輪を供給していたが、埼玉古墳群という大量供給先との関係断絶の結果、極めて遠方にまでその供給範囲を広げざるを得なかった。

④顎鬚をもつ人物埴輪の工人集団は、山武郡域の首長墓に安定して埴輪を供給していたが、その最終段階において他の造墓勢力の介在や他の工人集団の関わり、そして山武郡域の首長との関係断絶の結果、広範囲にその供給範囲を広げざるを得なかった。

⑤轟俊二郎が広範囲に分布する「下総型」埴輪の状況を、「巡歴手工業者」としての埴輪製作工人集団と想定していたが、その想定は「下総型」埴輪以外の埴輪で広範囲に分布するものには適応できない。

以上のように6世紀後半において、各埴輪製作工人集団は安定的な埴輪の生産と供給という関係が断絶した。この状況は、極めて急激な変化であったと推察される。これらの急激な変化は、その直後に訪れる前方後円墳の消滅という状況と無関係ではないだろう。まず各地の巨大前方後円墳に埴輪が立て並べられなくなり、その動きに呼応して各地の埴輪製作工人集団が、その他の地域に拡散していったのである。しかし、拡散してはいったものの、その地域でも次代には埴輪が立て並べられなくなり、埴輪製作工人たちはついに行き場を失った。その後、前方後円墳の築造は終わったのである。つまり、関東地方の古墳時代における社会構造に、大きな変革期があったと考えられる。前方後円墳の消滅の前段階に、古墳に埴輪を立て並べる状況そのものがなくなり、さらにその前段階において埴輪製作工人集団の拡散という過程が次々と起こっていったのである。

ここで、前方後円墳の消滅ということが新たに浮かび上がってきた。埴輪の消滅との関わりは極めて密接であり、その点を具体的に検証していかなければなるまい。また、前述した6世紀中葉頃の千葉県山武郡域の人物埴輪と茨城県北部（東海村周辺）との関係も、後者の年代的位置付けが未詳なため関係性の指摘にとどまった。形象埴輪のその他の種類のものに関しても、総合的な検証を必要としていることはいうまでもない。さらに本論で若干触れた、内部主体の問題や墳形、副葬品に関してもさらなる検討をおこなわなければなるまい。今後の課題として

第3節 結論と課題

提示しておきたい。

註

1) 犬木努は「下総型円筒埴輪」について、工具の同一性の認定を同一古墳はもとより別々の古墳との間にも認められることを述べている（犬木 1994・1995・1996・2005）。
2) 第1・2章参照。
3) 円筒埴輪は川西宏幸の研究（川西 1978・1979・1988）を基本とし、Ⅴ期を古・中・新の三つに区分した。また、須恵器に関しては田辺昭三の研究（田辺 1966・1981）をもとにした。
4) この他に、東京都北区赤羽台4号墳からも頭巾状被りものをつけた生出塚産人物埴輪が出土している（中島・安武 2013）。さらに、南関東を中心に生出塚埴輪製作工人集団の埴輪と思われる資料が続々と発見されていることも付け加えておきたい（高田 2010）。
5) 栃木県域・つくば市周辺に存在する顎鬚を蓄える人物埴輪については、終章で改めて詳述する。
6) 本資料は現在所在が確認できず、大野雲外が描いた図版で判断した。
7) 藤田和尊は頸甲を3類9型式に分類している（藤田 1988）。
8) 同古墳から出土した眉庇付冑を被る武人の体部と考えられるが、細片のため詳細は不明である。
9) 栃木県下野市三王山星宮神社古墳から、前面に格子目を入れた板状粘土を装着する双脚人物像が出土している（秋元・飯田 1999）。顔を円筒状につくる特徴や細い腕などは「幅広一枚肩甲」をもつ人物埴輪との関連が考えられる。
10) 法皇塚古墳から出土している家形埴輪は、縦横に突帯を貼った特異なもので、他に行田市埼玉瓦塚古墳からも同様な家形埴輪が出土している。この家形埴輪は生出塚埴輪窯から数例出土しており、生出塚埴輪窯特有の家形埴輪であるといっていい。このことから、法皇塚古墳に埴輪を供給していたのは、生出塚埴輪窯の工人集団であると考えられる。
11) 山崎武は胎土や焼成の印象が山倉1号墳と生出塚埴輪窯とで異なるようで、生出塚埴輪窯の製品を運んだのではなく、現地で製作した可能性を指摘したが（山崎 1987a：p.64）、その後、山倉1号墳の埴輪を製作した31号窯が確認され、山倉1号墳の埴輪が生出塚埴輪窯で生産されたことが確実となった（山崎 1999・2006）。
12) 中の山古墳から出土している埴輪の破片は、「須恵質埴輪壺」に比べると量も少ないが、最終段階の埴輪の破片である。近在する古墳からの流入も想定されるが、中の山古墳にも数は少ないが埴輪の樹立があった可能性があることを太田博之氏にご教示いただいた。
13) 第1章註4で示したように、酒巻14号墳の埴輪は埼玉県比企郡吉見町和名埴輪窯で生産された可能性がある（太田 2010）。
14) 同古墳は調査の結果墳丘長20m以上の帆立貝形古墳と推定されている（谷口 1991、谷口ほか 1992・2009）。
15) 城山1号墳の双脚の武人埴輪に関しては、その武具表現などの条件から栃木県佐野市車塚例、同市中山8号墳例、小山市飯塚古墳群例などに埴輪を供給した工人集団との関連性を考えている。
16) 印旛郡市文化財センターの宇田敦司氏のご配慮で、後述の荒海15号墳出土埴輪とともに実見さ

せていただいた。その際、成田市竜角寺112号墳（小牧1994）出土の「下総型埴輪」についても貴重なご教示を得た。
17) 芝山はにわ博物館の浜名徳永氏、浜名徳順氏のご配慮で、同館所蔵の他の資料を含め実見させていただくとともに、調査時の状況など多くのご教示を得た。

第4章　人物埴輪の東西比較
―論点の抽出―

はじめに

　埴輪研究の長い歴史のなかで、そこに存在している埴輪がどのような影響下でつくり上げられたものなのかは、常に意識・言及されてきたことである。例えば千葉で出土した埴輪が群馬や埼玉の埴輪製作工人集団の影響でつくられたとか、群馬で出土した埴輪が畿内の埴輪製作工人集団の直接的な影響でつくられたなどと説明されてきた。一方、他地域とは明らかに異なる特徴を有する埴輪の分布が、ある程度の地域的まとまりをもって存在していることも確かである。さらに言えば出土したある古墳の埴輪が、その古墳以外には共通性をもたない場合もあり得るだろう。例えば前期古墳の円筒埴輪などはその傾向が強く、他地域との比較をすることを困難にさせている[1]。

　本章では、地域を異にする2者を結びつけるための基本的な要素について、研究史をひも解きながら考えてみたい。もとより、西日本全体がすべて同じ要素で埴輪がつくられていたわけではないし、それは関東以北についても同様である。むしろ、せまい地域ごとに独自な表現様式をもって埴輪がつくられていたことは言を待たないであろう。しかし、さまざまな埴輪が同時多発的につくられ始めたわけではないだろうし、そこには何処からかの影響・伝播があって初めて人物埴輪がつくられる様になったはずである。そこで、各地域の初期人物埴輪をとりあげて何処に共通性があるのか、それともないのかを確認したい。かなり雑駁な議論となることは否めないが、副題にあるように論点を抽出し今後の検討課題を提示することを目的として論議を進めていきたいと思う。

第1節　埴輪表現の異同について

　筆者は前章までに関東地域の人物埴輪について、共通表現という切り口で埴輪製作工人集団

の動向を検討してきた。それは、完成した人物埴輪の外面を観察することで共通要素を抽出しようとしたものである。それは、共通した製作技法をもとにしてつくられた人物埴輪の、外面観察によって検討可能な最終形としての共通表現を見出そうとしたのである。さらに、共通表現とは必ずしも製作技法に規制されない外面的な特徴を比較する上でも有効な視点であると考える。例えば市毛勲が論及した人物埴輪の顔面彩色の検討があげられる（市毛1984）。

工人集団の異同については、轟俊二郎の下総型埴輪論が特筆される（轟1973）。人物埴輪の特徴として、1）顔面下部に粘土を貼りつけた後縁をなでつけない、2）眉が顔面の左右一杯に細い粘土紐を貼りつけてその位置からは眉というより顔面の上端を画するものである、3）鼻は粘土棒を貼りつけたままのものがある、4）腕のつくりは小さく手の先はヘラのようで指の表現がない、などをあげている。しかし最も重要な点は、「下総型人物埴輪の特徴は疑いもなく明白であるが、個々の要素に分解してしまうと、そこには下総的な何物ものこらない（轟1973：p.77）」と慎重な態度を明らかにしていることである。我々が常々全体的な「雰囲気」では「…地域の埴輪」と認識しているものも、それらを部位ごとに比較したときには、他地域のものとさしたる違いはないという結論となってしまうことに通じるのである。他人の空似をどのように排除するのか、第1章で共通表現検討から若干の試みをおこなった。

また、小林行雄の作風の指摘も先駆的業績として高く評価されるものである（小林1974）。例えば、栃木県真岡市亀山の人物埴輪における美豆良の共通性や埼玉県熊谷市上中条の人物埴輪の目の切込みのあとのヘラによる押さえ、茨城県鉾田市不二内古墳の人物埴輪における目・口・眉のつくりの共通性など、筆者の共通表現検討は小林の研究に学んだものである。さらに小林は、不二内古墳と茨城県小美玉市玉里舟塚古墳の人物埴輪の目・口・眉のつくりに共通性を認めると共に、いわゆる分離造形の人物埴輪同士にも共通した埴輪製作工人集団の関与を想定している[2]。

その後、杉山晋作による千葉県山武郡域の人物埴輪の研究（杉山1976）、女子埴輪の髷の形に着目した分布の在り方についての研究（杉山1983）、車崎正彦による茨城県久慈型埴輪の研究（車崎1980）などにより、関東地域の埴輪製作工人集団による製作品の分布とその影響の下につくられた製作品の抽出が成果をあげ、工人集団の交流の様を描くことができるようになってきた。稲村繁の関東全域に目配りした人物埴輪の部位ごとの分布の在り方は（稲村1999）、地域性を抽出するとともに、地域間交流の実体の把握に成功している。

そこで、まず西日本の人物埴輪の埴輪表現のうち、通有であると考えられる諸特徴を提示する。その後、それらの特徴が東海、関東以北にどれだけ適応できるのか、あるいは適応できないのか、を考えてみたい。

第2節　西日本地域の埴輪表現（図1～3）

　人物埴輪がつくられるようになった最初の地域、震源地[3]はどこか。大方の人々はその答えを「畿内」と答えるであろう。筆者も同様に考えており、畿内の埴輪の特徴が認識できれば、他地域の埴輪への影響を考えることもできるだろう。各地の初期人物埴輪が畿内からの影響でつくられるようになったのであれば、当然共通する埴輪表現になってしかるべきと考えるからである。ただし、畿内を含む西日本地域の人物埴輪は、全体の形が分かる資料となると案外少ないのが実状である。そのようななかであえて畿内の人物埴輪に共通する特徴を述べるとするならば、以下のような点があげられようか。

　①球形につくった頭部を内面から押し出してふっくらした顔をつくる（若松1988、今津1988）。
　②腕は中空である。
　③女子埴輪の袈裟状衣（塚田良道分類Ⅱa）と襷（後藤1936、塚田2007）。
　④女子埴輪島田髷は粘土板を折り曲げて（あるいは重ねて）リアルに表現する。
　⑤男子埴輪の線刻表現のうち、顎部から目尻にかけて環状に線刻を施すものと、鼻部の左
　　右に翼状に線刻を施すもの（神尾2001）。

　①については、今津節生が宮城県伊具郡丸森町台町103号墳（5世紀末？）と大阪府高石市大園古墳（5世紀末）の女子埴輪の顔面部の共通性を指摘している。畿内の人物埴輪の多くが同様の製作技法をとっている。福岡県八女市立山山13号墳（6世紀中葉）でも確認できる特徴である。若松良一は畿内の人物埴輪が頭部を球形につくることを指摘し、関東地域における初現期の埼玉県行田市埼玉稲荷山古墳の女子埴輪（5世紀末）では、顔面が粘土板を貼りつけて成形していることを指摘している。永井正浩も同様な点を指摘すると共に、大阪府大阪市長原45号墳（5世紀前半）の甲冑形埴輪に人面部が表現されているものや大阪府藤井寺市墓山古墳（5世紀前半）の盾持ち人かと思われる埴輪が顎部を貼りつけて成形していることから、2系統が存在していたことを指摘している（永井1998・2002）。塚田良道も同様の視点を提示され、6世紀中葉以降に頭部を球形につくらず円筒状につくった上方の開口部を板状の髷で塞ぐという関東からの影響が入ってくることを示した（塚田2007：p.86）。

　②は初現期の人物埴輪から基本的に同様のつくり方をしている。福岡県立山山8・13号墳（6世紀中葉）や宮崎県児湯郡新富町百足塚古墳（6世紀中葉）の人物埴輪も同様である。しかし、6世紀中葉以降の埴輪をみると中実の腕のつくりをもつものが確認できる。例えば京都府京田辺市堀切7号墳（6世紀中葉）や大阪府堺市日置荘遺跡P-1灰原出土品（6世紀後半）などがあ

第4章 人物埴輪の東西比較―論点の抽出―

図1 西日本の人物埴輪1
1.京都府塩谷5号墳 2.京都府堀切7号墳 3.奈良県勢野茶臼山古墳 4～6.大阪府日置荘埴輪窯跡

第 2 節　西日本地域の埴輪表現

図2　西日本の人物埴輪2
1.大阪府百舌鳥高田下遺跡　2.大阪府百舌鳥梅町埴輪窯跡　3〜6.大阪府大賀世3号墳
7.大阪府大仙陵古墳　8.奈良県烏土塚古墳　9.大阪府長原45号墳

第 4 章　人物埴輪の東西比較—論点の抽出—

図 3　西日本の人物埴輪 3
1・2. 島根県常楽寺古墳　3. 福岡県小正西古墳　4〜6. 福岡県立山山 13 号墳　7〜9. 福岡県立山山 8 号墳

るが、畿内の埴輪の特徴とは異なるものに中実の腕の類例があるように思われる。塚田良道によれば奈良県天理市荒蒔古墳（6世紀前半）、同県生駒郡平群町烏土塚古墳（6世紀後半）の女子埴輪も同様の特徴を有しているようである（塚田2007：p.86）。

　③については、西日本全域の女子埴輪に見られる特徴である。女子の多くがこの衣服を着ている。このことは、塚田良道のⅡaという分類にあたり、その他の特徴を加味して「近畿様式」とされたものである（塚田2007）[4]。例えば、福岡県飯塚市小正西古墳（6世紀前半）や宮崎県百足塚古墳の女子埴輪なども同様の着衣表現が確認できる。

　④については実際の髪型を忠実に表現していると思われるが、これも西日本全域に認められる特徴である。福岡県小正西古墳でも確認できる。ただし、このようなリアルな表現でないものも存在する。例えば兵庫県たつの市タイ山1号墳（6世紀中葉）や島根県仁多郡奥出雲町常楽寺古墳（6世紀中葉）、同県松江市岩屋後古墳（6世紀後半）などは板状の髷である（塚田2007）。

　⑤については、近畿地方で発見された男子埴輪の多くが同様の特徴をもっている。ただし、すべての男子埴輪に認められるわけではなく、一つの古墳のなかで線刻をもつ個体とそうでないものがある。全体像が判明しない事例が多いのでその違いは判然としないが、神尾和歌子が示したように（神尾2001：pp.36-37）、甲冑を身に着けている男子や馬曳きの男子に認められることは注目される。階層的に上位の男子には認められない特徴といえるかもしれない。島根県松江市平所埴輪窯跡（6世紀前半）では鼻部の左右に翼状に線刻を施すものがあり、畿内の人物と同様の特徴を有していることが分かる。

　以上のように、比較的西日本には通有の特徴をもつ人物埴輪を多く見出すことができる。福岡県や宮崎県までかなり共通要素をもっていると言えるだろう。次には上記①～⑤の諸特徴が東海・関東以北地域でどれだけ確認できるのか、確認していきたい。

第3節　東海地域の埴輪における西日本的要素の有無（図4～6）

　東海地域の埴輪生産は須恵器生産と密接な関係をもって操業されている。淡輪技法やC種ヨコハケなどを特徴にもつ須恵器系埴輪の分布は東海地域を中心に広がっている（川西1988、赤塚1991、鈴木1994、小栗1997、辻川2007など）。畿内の埴輪づくりとは異なる体制での生産が予想される。なお、三重県域の埴輪は技術的に伊勢湾沿岸地域と深い繋がりを有するものも多く認められることから、東海地域に含めて記述したい。

　円筒埴輪が須恵器系埴輪である愛知県岡崎市古村積神社古墳（6世紀前半）の人物埴輪は、畿内の人物埴輪と同様の特徴をもっており、①②③④⑤のすべてが合致する特徴を有している。

第4章 人物埴輪の東西比較―論点の抽出―

図4 東海の人物埴輪1
1～3.三重県常光坊谷4号墳　4・5.静岡県郷ヶ平6号墳　6～9.静岡県神内平1号墳

第3節　東海地域の埴輪における西日本的要素の有無

図5　東海の人物埴輪2
1〜6.静岡県辺田平1号墳

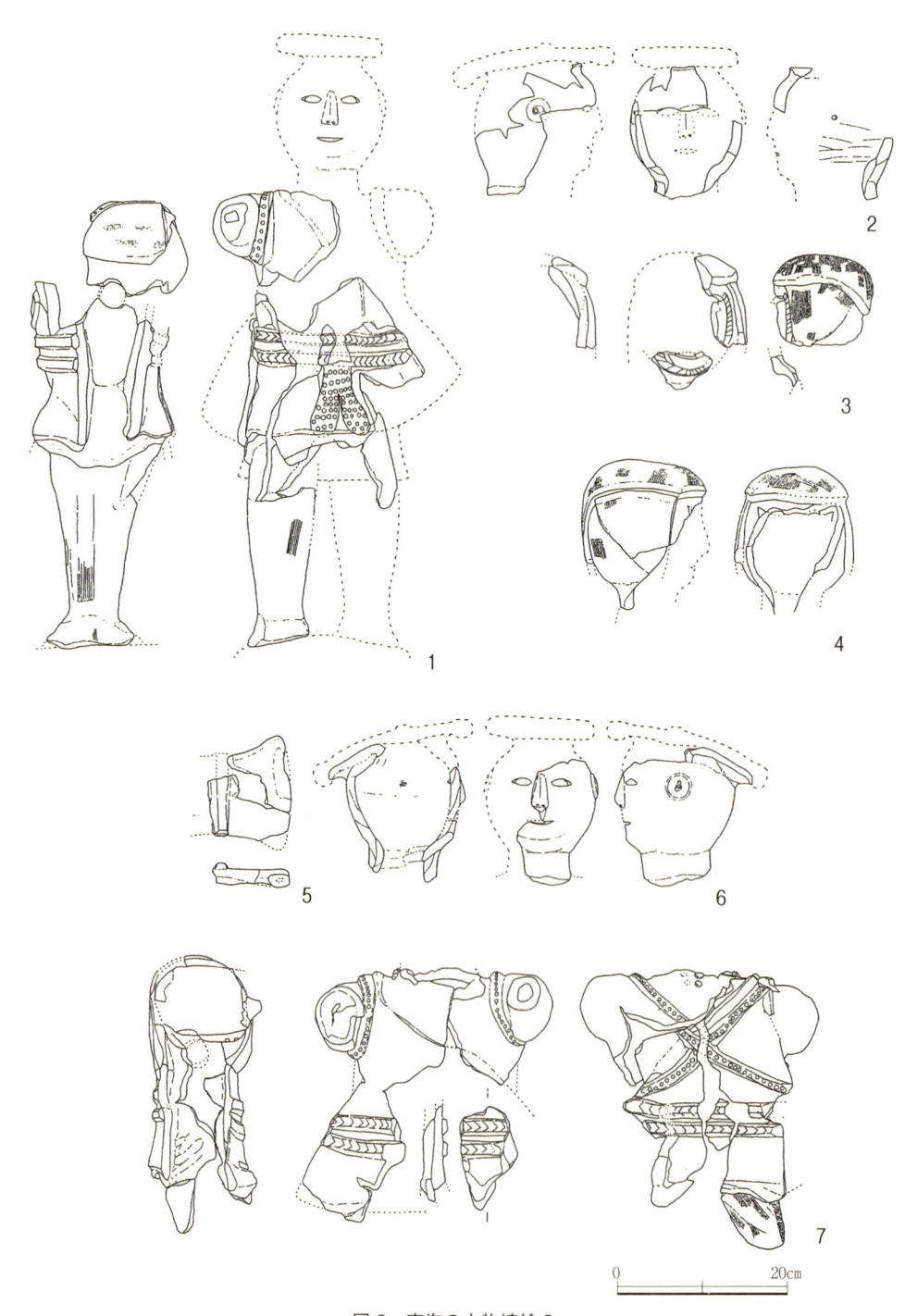

第4章 人物埴輪の東西比較―論点の抽出―

図6 東海の人物埴輪3
1～7.愛知県古村積神社古墳

静岡県湖西市利木古墳（6世紀前半）では③④が、同県浜松市郷ヶ平6号墳（6世紀前半）では②③が、同神内平1号墳（5世紀末）では②④が、同辺田平1号墳（6世紀前半）では②③④が確認できる。辺田平1号墳の腕は報告によればいわゆる木芯中空である[5]。また、女子の島田髷については、折り曲げた髷が接着せず浮いた状態になっている点は畿内の女子とは異なるものである。淡輪技法を導入している三重県域についても、松阪市常光坊谷4号墳（5世紀末）や鈴鹿市寺谷17号墳（5世紀末）、同石薬師東古墳群（5世紀末）などで、断片資料も含めると①②③④⑤のすべてが確認できる場合が多い。

　北陸地域について言及しておく（図7）。石川県小松市矢田野エジリ古墳（6世紀中葉）の埴輪は東海地域との関連が指摘されてきたものであるが（小栗1997、辻川2007）、③④が確認できる。ただし④について、折り曲げた髷が接着せず浮いた状態になっている点は、畿内の女子埴輪とは異なる。

第4節　関東以北地域の埴輪における西日本的要素の有無（図8～10）

　関東地方の人物埴輪の多くは、顎部に粘土を貼りつけて顔面部を形成しているものが多い。例えば初期人物埴輪と考えられている群馬県邑楽郡大泉町古海松塚11号墳（5世紀中葉）の女子埴輪は球形に近い頭部ではあるが、補充粘土をもって顎部をつくっている。腕は②の中空である可能性もある。③の服装ではなく、単に襷をかけるだけの女子埴輪の胴部が確認できることから、共通点は見出せない。同じく初期人物埴輪と考えられている埼玉県本庄市生野山9号墳（5世紀中葉）の埴輪は断片資料が多く全体像が判明しないが、②は確認できる。埼玉県行田市埼玉稲荷山古墳（5世紀末）の埴輪や群馬県高崎市保渡田八幡塚古墳（5世紀末）の埴輪では、合致するものがない。後者の女子埴輪は塚田の女子埴輪の服装のⅡbないしⅡc（塚田2007）である。③の袈裟状衣と襷をかけるという汎西日本に見られる特徴を有する資料は群馬県古海出土の椅座女子像（時期未詳）と同県伊勢崎市境上武士（6世紀後半）の埴輪に類例があるものの、その他にはすべての時期を通じてまったく異なる着衣表現しか存在しないということは、積極的に西日本と結び付けては理解できない。

　②の中空の腕という特徴は茨城県地域に多く認められるものである。特に5世紀末から6世紀前半にかけては中空の腕をもつものが多い。しかし、その他の特徴は異なっており、中空の腕という特徴のみをもって西日本と結びつけては理解できないだろう。一方で茨城県かすみがうら市富士見塚1号墳は中実の腕で体部の側面の肩から若干下がったところに孔をあけ、腕を差し込んでその周りにかなり多くの粘土を貼りつけるという独特な手法でつくられている。類

第4章 人物埴輪の東西比較―論点の抽出―

図7 北陸の人物埴輪
1〜3.石川県矢田野エジリ古墳

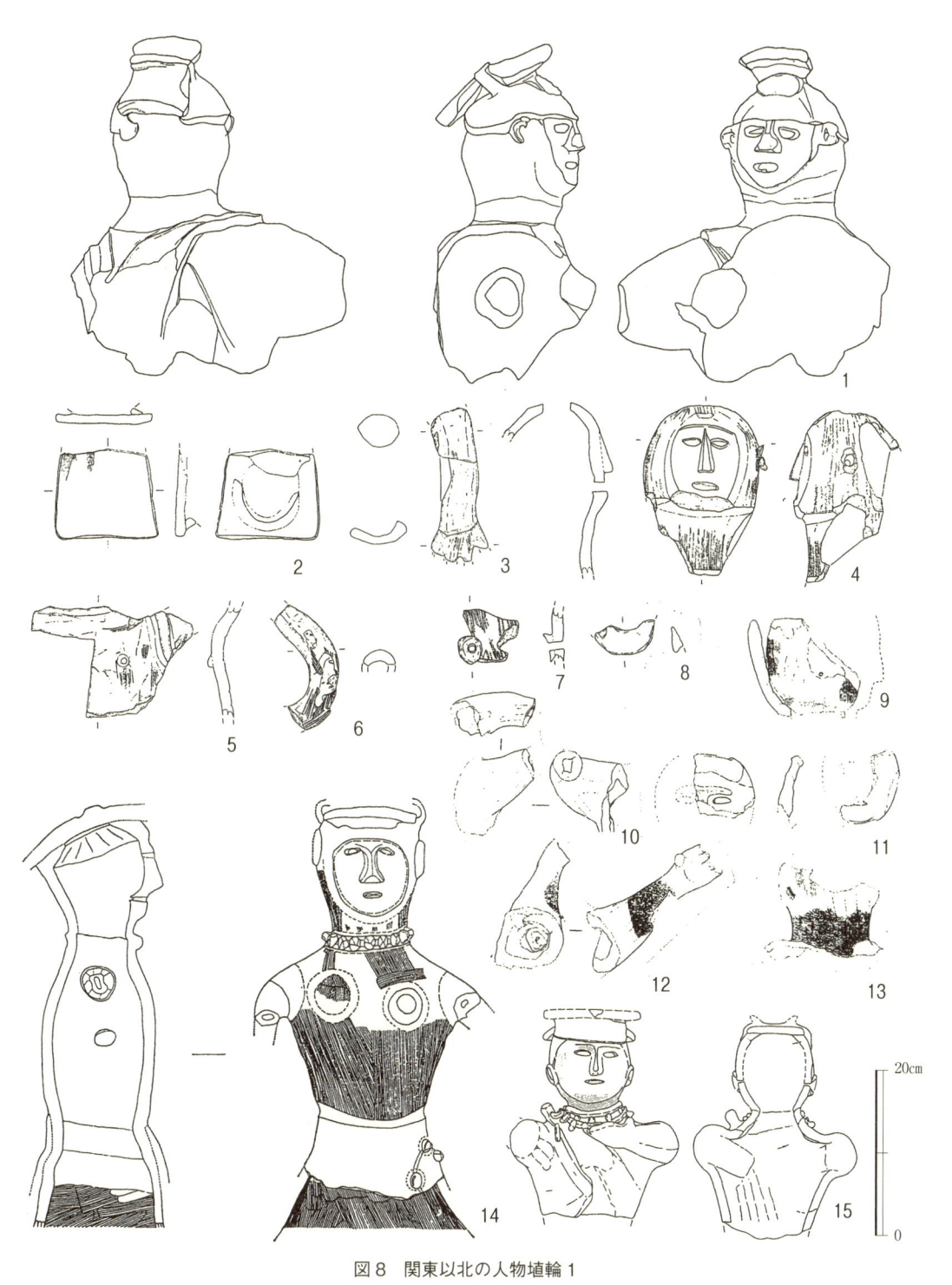

第 4 節　関東以北地域の埴輪における西日本的要素の有無

図 8　関東以北の人物埴輪 1
1. 福島県天王壇古墳　2. 山形県菅沢 2 号墳　3〜8. 群馬県古海松塚 11 号墳　9〜13. 埼玉県生野山 9 号墳
14. 埼玉県埼玉稲荷山古墳　15. 群馬県保渡田八幡塚古墳

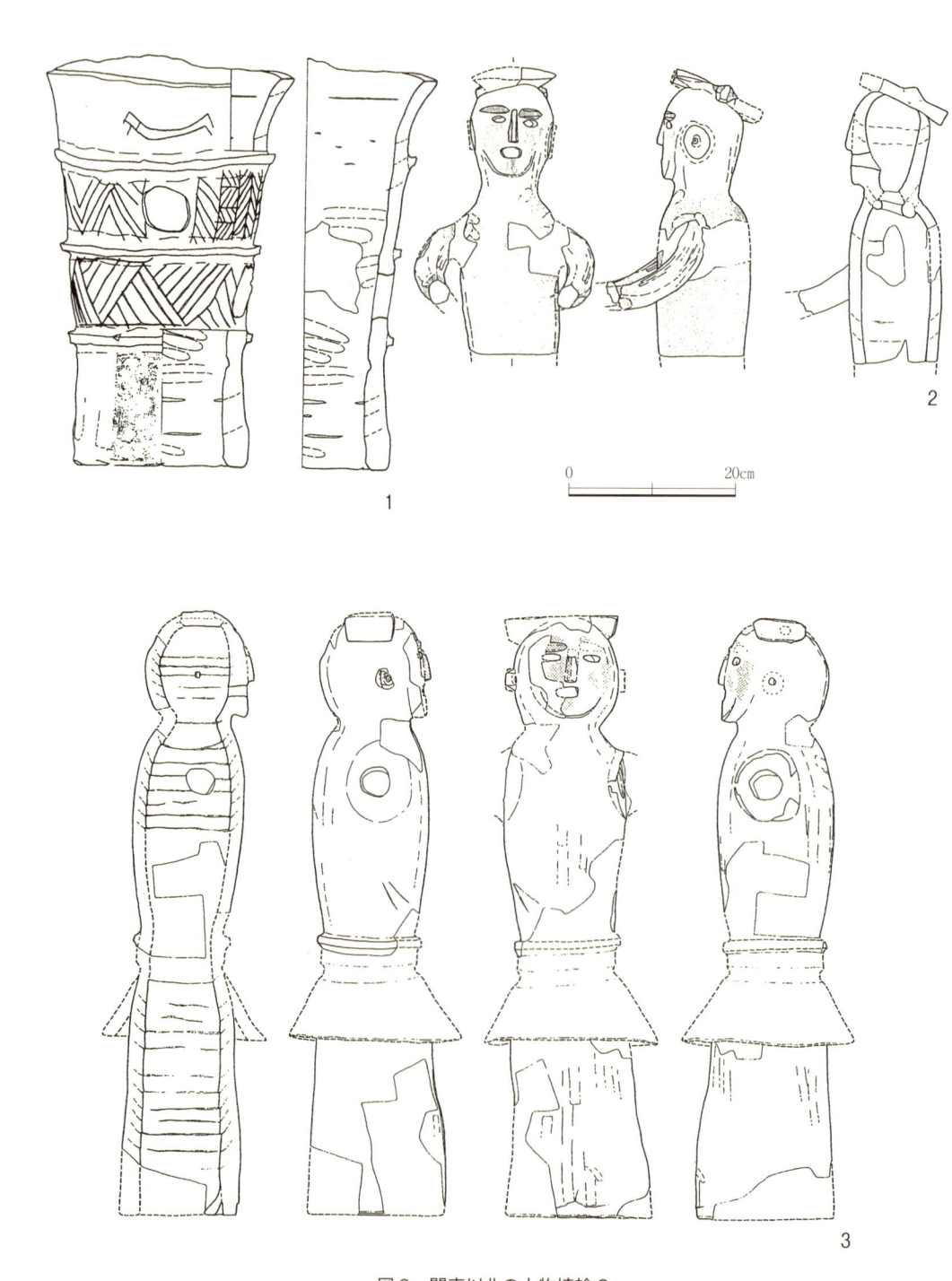

第4章 人物埴輪の東西比較―論点の抽出―

図9 関東以北の人物埴輪2
1～3.茨城県富士見塚古墳 1は円筒埴輪

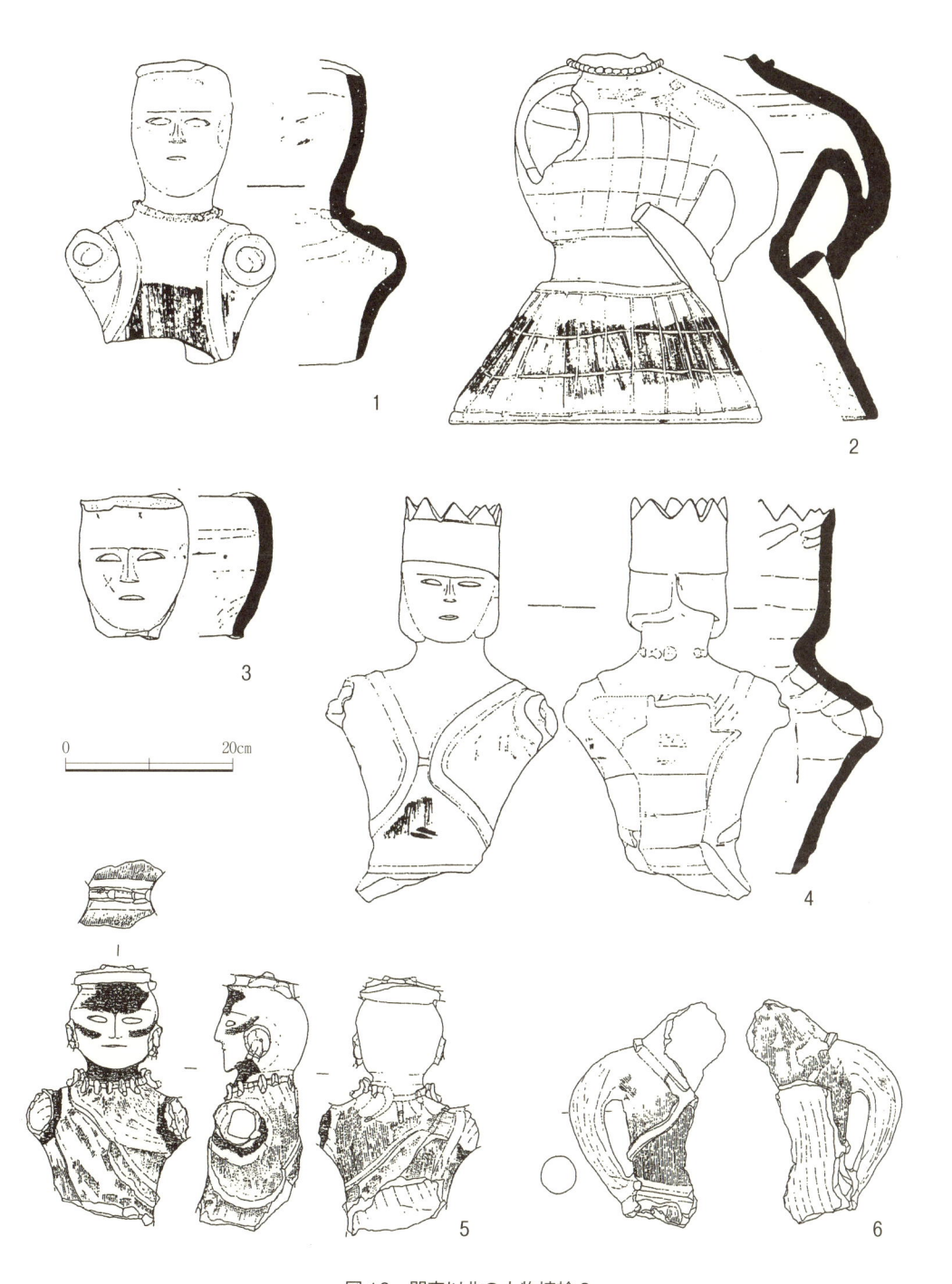

第4節　関東以北地域の埴輪における西日本的要素の有無

図10　関東以北の人物埴輪3
1～4.茨城県玉里舟塚古墳　5・6.神奈川県釆女塚古墳

例のない技法であり、茨城県の南部地域に同様のつくり方をする人物埴輪が分布している。

　東北地方に目を向けてみると、福島県本宮市天王壇古墳（5世紀中葉）の女子埴輪は①④が確認できる。初現期人物埴輪の島田髷に④の技法が存在する意義は非常に大きいと思われる。また、胴部前面が欠失しているため未詳であるが、③の裂袈裟状衣であった可能性もある。腕は中空であるが途中で終わっており他に類を見ないつくりである。山形県山形市菅沢2号墳（5世紀後半）からも女子埴輪の島田髷の破片が出土しているが、一枚の粘土板を用いたもので、裏面の剥離痕からは球形の頭部になるものではなさそうである。

第5節　埴輪表現の非共通要素の意味

　以上のように、東海地域から西日本にかけては畿内の人物埴輪と非常に似た特徴をもっている。その範囲は静岡西部～石川より西の地域といえるだろう。上記の①～⑤までの特徴のうち①～④までは東海地域から九州まで広範囲に共通性を指摘できる。しかし、⑤の範囲は近畿地方から伊勢湾に限定される特徴のようである。分布範囲の狭い⑤の特徴を有する人物埴輪は関東以北では確認できない。このことは、当該地域の初現期人物埴輪がどこからの影響で成立したものなのか認識することを困難にさせている。さらに①～④までの特徴は関東以北ではむしろ稀な事例であり、かつ必ずしも初現期人物埴輪に認められるわけでもないが、福島県天王壇古墳では④の特徴を有していた。このことをもって、畿内からの影響があってこのような女子埴輪がつくられたといえるのだろうか。憶測を述べるならば、天王壇古墳の埴輪製作工人は女子像をつくる際に甲冑形埴輪の腕がないという特徴を女子に置き換えてつくった。その際に髷および着衣は（可能性として）リアルに表現した。ただし腕がないということから、畿内の女子埴輪と天王壇古墳の埴輪とを積極的に結びつけることは難しく、④の存在とは他人の空似という可能性もないではない。しかし、関東以北には類例の少ない④という特徴を評価し畿内との関連性の上で、上記のような工夫があったと考えたい。

　東海地域の人物埴輪は西日本と共通していることは前述した。しかし、東海の埴輪生産は須恵器生産と密接に関わっており、その多くが須恵器との併焼窯で生産された。これは、近畿の埴輪生産の大多数とは異なる特徴を有している。それは、土師関連地名と埴輪生産遺跡の関係でいうと、愛知と静岡西部に土師関連地名がほとんど見出せないということと関連していると思われる（第8章にて詳述）。生産体制は西日本と異なるのに、①～⑤までの特徴は共通する。この埴輪の製作技法・表現と生産体制との間のズレの存在は、関東以北の在り方を考えるとき、参考になるかもしれない。

関東以北の各地で人物埴輪がつくられ始めたころは、円筒埴輪のB種ヨコハケ技法という畿内との関係を示す資料が数多く確認できる。上記に示した関東以北の初期人物埴輪を出土した古墳の多くにも、B種ヨコハケをもつ円筒埴輪が樹立されていた。円筒埴輪と形象埴輪にみる違いをどのように理解したらいいのだろうか。さらに、埴輪配列には西日本と関東地域に共通点を見出せるとした塚田良道（塚田2007）や犬木努（犬木2007）の見解もある。

　違うもの同士を結びつけることは難しい。最初に述べたように、西日本がすべて同じ要素で埴輪をつくっていたわけではない。地域的特徴もあるだろう。①～⑤の特徴とは、いわば最大公約数的な要素を指摘したまでのことであり、それ以外の諸特徴も厳然と存在する。そうであるならば、関東以北の人物埴輪と同様な埴輪を西日本で見出せれば、震源地を特定できるようになるのかもしれない。現状では関東全域の人物埴輪を見回したときに西日本でみたような共通の要素は見えてこない。強いてあげれば、明確な着衣表現のない女子埴輪が多いということだろうか。上述のように奈良県荒蒔古墳（6世紀前半）、同烏土塚古墳（6世紀後半）の女子埴輪も同様の特徴を有しており、塚田良道は関東からの影響を想定している（塚田2007：p.86）[6]。

　先に、茨城県富士見塚1号墳の人物埴輪の腕のつくりについて茨城南部の特徴としてとらえた。このような人物埴輪の造形がいつまで残るのか明確ではないが、非常に特徴的な製作技法を用いている。類例として、大阪府日置荘遺跡P-1灰原出土の人物埴輪（6世紀後半）の腕のつくりをあげたい。日置荘遺跡の埴輪は全体として西日本の埴輪としては違和感のあるもので、その要因の一つとして茨城地域から工人が移動した可能性を指摘しておきたい[7]。

　結論としては、関東以北で盛んにつくられた人物埴輪の諸特徴の震源地が、今のところ筆者には特定できない。西日本と関東以北地域をどのように結びつけたらよいのか、解決策が提示できないのである。埼玉県埼玉稲荷山古墳の築造はこの地域にとって、かなり大きな出来事であったはずであり、埴輪を製作するに当たって、西日本のどこかの地域の協力があってよいと思うのだが、共通点は見出せない。この地域では最古の人物埴輪というわけではないから、すでに在地化が進んだ後のものなのだろうか。福島県天王壇古墳の女子像の腕のない姿にしても、群馬県古海松塚11号墳の着衣表現のない女子像にしても、最初期に西日本とは異なる特徴を有する埴輪がつくられたように思われるのである。

おわりに

　ここまで、人物埴輪の東西比較を通じて論点あるいは筆者の疑問点を提示してきた。もとより論じ残した部分も多いであろうし、誤謬を犯しているのではないかとおそれている。最後に、

第 4 章　人物埴輪の東西比較─論点の抽出─

改めて轟俊二郎の「下総型人物埴輪の特徴は疑いもなく明白であるが、個々の要素に分解してしまうと、そこには下総的な何物ものこらない（轟 1973：p.77）」という言葉を引用しておきたい。上記の言葉をどのように克服したらよいのか、もっと分かりやすい視点はないものか、解決策はないものか、今後も研鑽を重ねていきたい。

註
1)　現在の我々が共通性を認識できていないのかもしれないし、資料数の制約で未だ共通性が見出せていないのかもしれない。つまり間を繋ぐ資料が出てくることで理解されることもあるだろう。
2)　栃木県真岡市鶏塚古墳の分離造形の人物埴輪に関しては作風が異なることから、細部の手法を分析する作業が必要であると述べている（小林 1974：P.116）。
3)　「震源地」という用語は不適切なものかもしれない。「発信地」や「中心地」などという言い方もできるだろう。しかし、あえて「震源地」という表現を用いたのは、「発信地」という言葉には当然ながら「受信地」があって発信されるという意味が付加されるし、「中心地」には「周縁」あるいは「周辺」さらには「僻地」などという言葉がついて回る。文化の伝播とは水面に小石を投げて波紋が広がるように均質な広がり方をするとは限らない。飛び地のように広がるあり方もあるし、すぐ隣ではまったく異なる様相を示すこともよくあることである。地震の波の伝わり方はまさに水面の波紋とは異なる伝わり方を示すものであり、地殻の様相や震源地の場所によってさまざまに変化する。文化の伝播にはさまざまな要因で伝わりやすい地域とそうでない地域があると考えているので、あえて、「震源地」という言葉を使ったことをお断りしておきたい。
4)　塚田が述べた「近畿様式」の特徴は以下の通りである。①女子埴輪はバチ形の髻で、袈裟状衣を着用し、両腕を胸の前に差し出して器物を持つ。また、基本的に耳飾りの表現がない。②男子全身立像の台は平面円形で、足先が台上におさまる台部 A（これは女子全身立像双脚の場合も同じ）。③男子半身立像の裾は腰の括れ部から広がる有裾の a（これは女子立像の場合も同じ）。④基本的に腕の製作技術は円筒中空技法。
5)　愛知県春日井市味美二子山古墳の人物埴輪の腕も木芯中空であることを井上裕一氏にご教示いただいた。木芯中空技法については、埼玉や茨城でその存在が確認され、相互の関係性なども言及されてきた（山崎 2004b）。東海地域に木芯中空技法が存在するのであれば、東海地域と関東地域との関連も考えていく必要があろう。
6)　器財埴輪のなかでも 6 世紀中葉ころになると、それまでの近畿にはない奴凧形の靱が登場する。このことに関して坂靖は東国からの影響ではなく、東国で発達したこのような靱についても「祖形は近畿地方にある（坂 1988：p.326）」としている。ただし、坂はその後の論考で、靱や大刀などについても、近畿地方に淵源があるのではなく、東国で独自に発達し、逆輸入された可能性も指摘している（坂 2001）。このことをもってしても、資料の解釈については非常に難しい判断を含んでいることが分かるであろう。
7)　同遺跡からは人物埴輪の目の輪郭を線刻で表現し、目玉のみ孔をあけるという特異なものも出土している。類例はなく、どこからの影響でつくられたのかまったく分からない。

第5章　埴輪からみた関東地方の地域性
―柴又八幡神社古墳をもとにして―

はじめに

　東京都葛飾区柴又八幡神社古墳からは、下総型埴輪とともにいわゆる房州石と呼ばれる石材を用いた石室が確認されている。後者に関しては、石材の産出地が千葉県木更津市周辺の海岸であることが想定されている。最も遠距離に運ばれた例は埼玉県行田市埼玉将軍山古墳であるが、本古墳が埼玉古墳群のなかで、最初に横穴式石室が導入された古墳であることは注目しておく必要がある。さらに、将軍山古墳の石室天井石などに使用された秩父地方産の緑泥片岩の存在も重要である。前者は轟俊二郎によってその存在が確かめられた独特な埴輪であり（轟1973）、その名前の示すとおり、律令制以降の地域名称である「下総」で主に発見される特徴的な埴輪を総じてそう呼んでいる（出土古墳は現在45基[1]）。本章では、下総型埴輪を手掛かりにして、関東地方の古墳時代後期の社会をめぐる諸問題について述べていきたい。

第1節　下総型埴輪について

　下総型埴輪については第3章で詳述したが、下総型円筒埴輪の特徴は以下の通りである。
　①3条突帯、4段構成を基本とする。
　②第1段の幅が他と比較して著しく狭い。
　③底径：口径：器高の比率がほぼ1：2：4である。
　④縦長円形の透孔を穿ったのち透孔面を指ナデする。
　⑤基部から口縁部まで一気に積み上げる。
　⑥調整は全体に粗雑で突帯下側のナデは十分に施されない。
　特に、②③④は他地域の円筒埴輪には認められない独特のものであり、その他の特徴も相互に組み合わさることにより、下総型円筒埴輪を弁別することができるものとなる。かつて轟俊

第5章 埴輪からみた関東地方の地域性—柴又八幡神社古墳をもとにして—

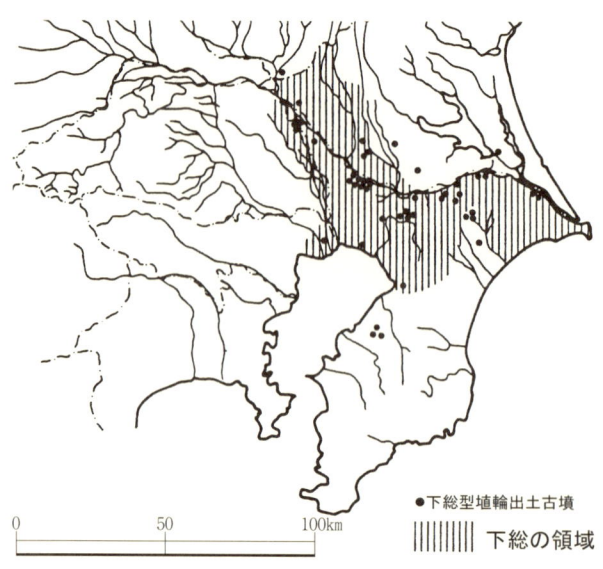

図1 下総型埴輪出土古墳分布図（可能性のあるものを含む）

二郎は、下総型埴輪の製作にあたっては大塚久雄の所説を引きながら「一種巡歴手工業者的な側面」をもっているとした。この仮説を実証するためには、工人集団の判別とさらに工人そのものの判別が不可欠であろうし、埴輪胎土の異同を明らかにする必要があった。

下総型円筒埴輪の研究を、実証的に押し進めたのが犬木努である。犬木はその論文においてハケメに着目し、複数の円筒埴輪に同一のハケメ工具を用いている事実を突きとめた。さらに、同一の古墳のみならず複数の別古墳にも、同一のハケメ工具を用いて製作された円筒埴輪の存在を明らかにした（犬木1994・1995・1996・2005）。このことは、下総型埴輪が、轟が想定した巡歴手工業者的な側面をもった埴輪製作工人によって製作されたものであるか否かを考える上で、極めて重要な成果といえる。つまり、これまでは漠然と下総型埴輪の分布域という要素のみでその生産体制を考えていかざるを得なかったものが、具体的にその製作動向を掴んだ上で議論することが可能になったのである。

しかしながら、製品を運んでいたのか、各地に工人が移動して製作していたのかという問題を解決するには、なお長い道のりが必要である。なぜならば、工人が移動して製作に当たったとし、なおかつ粘土や混和材をその先々で採取していたならば、埴輪胎土は異なるものになるであろうが、胎土や混和材までも運んでいたならば、同一の埴輪胎土となってしまうからである。さらに、粘土層および河川の砂礫種が同一の地質条件であったならば、移動して製作していたとしても当然埴輪胎土も同一になる。三辻利一の研究によれば、同じ下総型埴輪の胎土でも、同一のグループとして認識できるものとできないものがある（三辻1994）が、先にみた犬

木の研究と照らし合わせたものではないので、結論を性急に導くべきではない。ここでは、下総型埴輪が極めて規格性の高いものであり、それらが同じ規範を共有する工人集団による製品であることを確認した上で、図1に示した分布域が同一工人集団による製品の流通圏を示すと理解しておきたい。

第2節　埴輪からみた地域性

　下総型埴輪が他地域の埴輪と弁別することのできる特徴を有し、それらは同一工人集団の製品である可能性が高いことは前述した。このように、各地の埴輪の中で他と弁別できる特徴があれば、同一工人集団による製品を抽出できる可能性がある。その方法としては大きく分けて以下の2つがある。

　①工人ごとに表れる個人差（技術的偏差）ではなく、どの工人にも共通して認められる製作技法を抽出する。ただし、注意しておかなければならないのは、埴輪製作において必然的に用いられる同じ製作技法は、工人集団を特定するためには有効とならないという点である。つまり、他の工人集団には認められない製作技法を抽出するわけである。

　②人物埴輪において着衣や姿態などの表面上の特徴に、共通表現を見出す方法である。製作技法と密接に関わるものでもあるが、まず、人物埴輪の表現を部位ごとに分類する。そして、その分布が極めて地域的にまとまりをもつのであれば、共通表現として認識し、同一工人集団による製品の流通圏を設定する。ただし、この方法を用いる場合常に意識しておかなければならないのは、当時の風俗・習俗の具現化が形象埴輪表現となっているという点である。つまり、他人のそら似か否かを明確に説明する必要があるのである。そのためには、他の要素との組み合わせによって他人のそら似を排除する必要がある。

　前提条件を述べてきたが、①の方法は埴輪を詳細に観察し、その製作技法を特定しなければならない。そのためには極めて長い道のりが必要である。また、古くから埴輪（特に人物）は美術愛好家の収集が盛んな遺物であり、完形品のものも多く存在する。それらの内部を詳細に観察することは、極めて困難である。このことから、写真などによる表面観察で検証できる②の方法は有効であると考える。また、部位を比較検討するので、破片資料も検討できるという利点もある。第1〜3章において、その方法を実践したところであり、工人集団を抽出できることを示してきた。

　これまでに、関東地方の各地で生産遺跡である埴輪窯跡が、いくつも確認されている。この埴輪窯跡出土埴輪に特徴的な要素を見出し、その特徴を有する埴輪が出土した古墳を探すこと

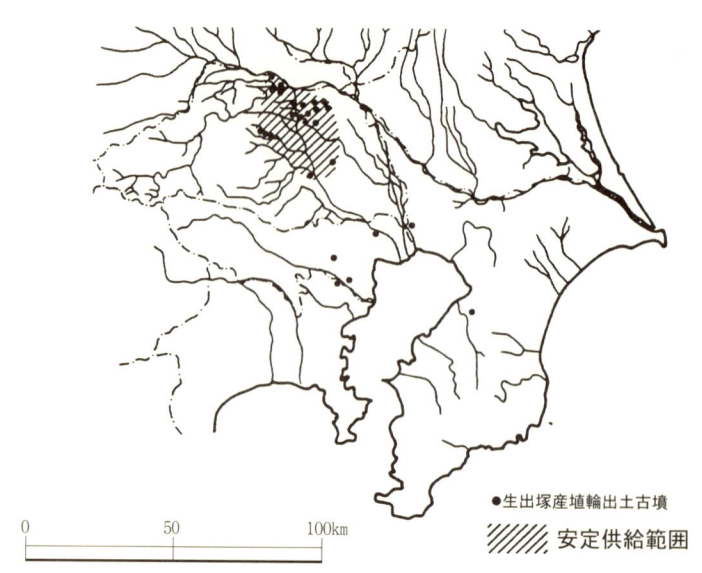

第5章 埴輪からみた関東地方の地域性―柴又八幡神社古墳をもとにして―

図2 生出塚埴輪窯と生出塚産埴輪出土古墳分布図
（可能性のあるものを含む）

で、同一工人集団による製品の流通圏を明らかにすることができるはずである。また、窯跡が発見されていない地域でも、古墳出土埴輪に共通要素があり、それがある程度の地域的まとまりを有していたならば、それは流通圏を示していると考えられよう。そして、この作業をおこなうことにより、未知の生産遺跡の場所の推定もできる可能性がある。

　試みに最も埴輪生産遺跡の様相が判明している、埼玉県鴻巣市生出塚埴輪窯跡群を手掛かりに論を進めていこう。この遺跡群は埼玉県行田市埼玉古墳群の築造を契機にしてその操業が開始されたもので、いわば埼玉古墳群の盛衰と軌を一にする遺跡といえる。操業の初期の段階については不明な部分が多いが、人物埴輪の目の配置に独特のものが存在する。製作された人物埴輪すべてに認められるというわけではないが、正面から見たときの「垂れ目」である。そして、頭巾状被りものと美豆良なしという組み合わせも独特のものであり、おおむね6世紀後半頃に特徴的に認められる（第1章参照）。また、家形埴輪の格子状突帯や、馬形埴輪の方形杏葉表現も同様にとらえることができよう。これらの特徴を有する埴輪は生出塚工人集団の製作品と考えてよく、その分布域は南北約40km、東西約25kmを測る（図2）。さらに、その供給に際しては河川（元荒川・荒川）の利用があったはずである（山崎1995など）。

　この他に地域的特徴としてあげられる要素として、人物埴輪の垂下帯付き美豆良がある。これは、群馬県東部地域から栃木県南部地域に主に分布するもので、他地域のものは下端が肩口に付着するかそのまま浮いている状態にしているのに対して、独特の表現形態をもっている。おそらく群馬県東部（太田市周辺）で生産された同一埴輪製作工人集団の製品である可能性が

高い。分布域は厳密には東西約55km、可能性のあるもので東西80km内外を測る（第3章参照）。また、女子埴輪の髪型はいわゆる島田髷と呼ばれるものであり、その意味では日本全国ほぼすべて同じ表現である。しかし、その島田髷も製作に際して地域的特徴を有している。特徴的なのが中空技法の島田髷である。この特徴を有する埴輪は主に埼玉県北部と群馬県南部に存在する。これらも、おそらく同一埴輪製作工人集団の製品である可能性が高い。分布域は南北約22km、東西約50kmを測る（第3章参照）。さらに、武装男子の中で首周りに防具と思われる首甲をつけ、上半身と下半身を別々につくるという特徴をもつものが存在する。この特徴を有する人物埴輪は茨城県の霞ヶ浦北辺に分布する。この地には東茨城郡茨城町小幡北山埴輪窯跡群が存在し、上下別造りの人物埴輪が出土していることから、同遺跡で製作されたものが供給されたと考えられる。分布域は南北約30km、東西約20kmである（第3章参照）。先にみた下総型埴輪の分布域は南北約65km、東西約100kmで、濃密に分布する範囲では東西約40kmである（第3・6・7章参照）。

第3節　地域を越えて供給された埴輪

　以上みてきたように、同一埴輪製作工人集団の製品流通圏はおおよそ50km内外という傾向が認められよう。しかしながら、この流通圏を離れ点的に存在するものがある（第3章参照）。
　千葉県市川市法皇塚古墳、同市原市山倉1号墳、東京都大田区多摩川台1号墳、同北区赤羽台4号墳の埴輪には、生出塚埴輪製作工人集団の製作したものが少なからず含まれるようであり、その距離は法皇塚古墳で約50km、山倉1号墳では約80kmを測る[2]。男子埴輪の垂下帯付き美豆良では、神奈川県横須賀市蓼原古墳に類例が存在する。分布の中心からの距離は約110kmを測る。女子埴輪の中空島田髷では、茨城県潮来市棒山2号墳、同大生西1号墳に類例が存在する。分布の中心からの距離は約130kmを測る。首甲付き武装男子埴輪では、埼玉県深谷市上敷免、群馬県伊勢崎市赤堀町に類例が存在する。小幡北山埴輪窯跡からの距離は約100kmである[3]。
　上記に掲げた例の中で、表現方法のやや異なるものが存在することから、他人の空似である可能性も否定できない。しかし、周辺古墳の出土資料に同様の表現をもつものがないことは、両者の直接的な関与を示唆するものと考えたい。そして、時期の判明しているものでは、おおむね6世紀後葉に拡散するようである。この動向を積極的に評価すると、下総型埴輪の分布範囲が100kmを越えることもそれほど奇異なものではない。それらが主要河川のほど近くから出土するということも、拠点的な生産地の存在を示唆するものと考えられなくもない。

第5章　埴輪からみた関東地方の地域性―柴又八幡神社古墳をもとにして―

第4節　地域性と交流の意味

　これまでの検討で50km内外という安定供給範囲とともに、その範囲を離れて供給された埴輪のあることが判明した。前者の場合は、安定した流通網に乗る通常の供給体制を想定することができよう。それは、生出塚埴輪製作工人集団の成立の契機が埼玉古墳群（埼玉稲荷山古墳）の造営であり、造墓の盛衰と密接に関わりながら埴輪生産をおこなっていた、いわば後ろ盾の存在が重要であったといえるであろう。これは、橋本博文のいう「固定分散型」（橋本1981a）として位置付けることができよう。基本的に、6世紀の埴輪生産はこの類型のもとでおこなわれていたと考えられ、いくつもの工人集団から大規模古墳に埴輪が供給されていた。それでは、50km内外という範囲を離れて点的に供給された埴輪のもつ意義は、いかなるものであったのだろうか。

　埼玉古墳群中最後の中型前方後円墳と考えられる中の山古墳における、生出塚埴輪製作工人集団ではない須恵器工人集団の手による「須恵質埴輪壺」の存在が、これを解く鍵であると考えている。中の山古墳は出土した須恵器から、おそらく6世紀末ころに築造されたと考えられ、埴輪樹立の風習が終了する頃に相当する。しかし、「須恵質埴輪壺」が示すとおり、限りなく埴輪に近い類似品を代用品として樹立していたことが分かる。さらに、この「須恵質埴輪壺」は、生出塚埴輪窯跡で製作されたものではないことが判明している。これらの事実から考えると、この時点で生出塚埴輪製作工人集団に、劇的な大変革が存在したことが想定される（図3）。中の山古墳は最後の大型前方後円墳将軍山古墳に比較して、規模の小型化が指摘される。私は、生出塚埴輪窯からの大量の安定供給が将軍山古墳

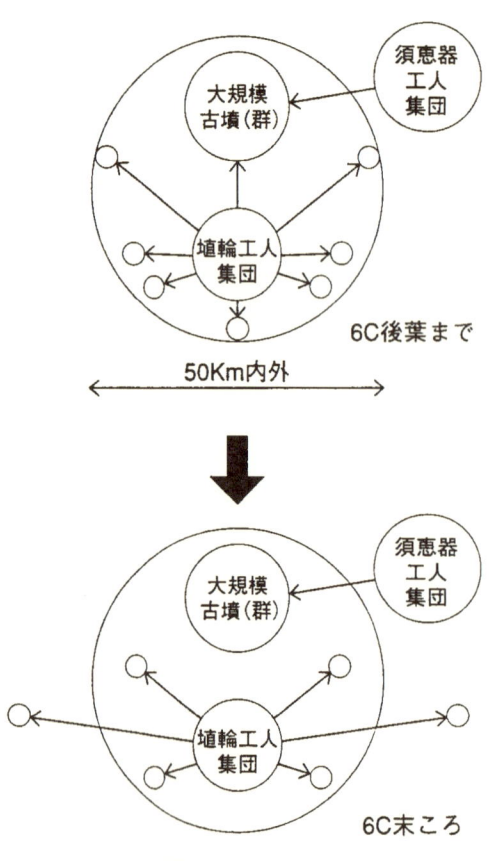

図3　生出塚埴輪工人集団の供給モデル

の築造を最後に寸断され、その結果長距離供給をおこなわざるを得なかった、と考えた（第3章参照）。同時期と考えられる行田市酒巻14号墳でも、その埴輪の量としては円筒埴輪120本程度（墳頂部に埴輪列が存在していたなら180本程度か）、形象埴輪14～20体程度であり、お世辞にも大量供給とはいえない。6世紀末の時点で埴輪製作工人集団に、何らかの理由で埼玉古墳群との関係断絶という事件がおこったのではなかろうか[4]。7世紀前半代に築造された埼玉古墳群中の戸場口山古墳（方墳）はいわゆる終末期古墳であり、もはや埴輪を樹立することはなくなっている。関東地方のすべての地域で、6世紀末を境にして埴輪樹立の風習は姿を消す。地域によっては前方後円墳が築造されるところもあるが、それも7世紀中葉には終末期方墳ないし円墳に変化する。これは、あまりにも劇的な変化であり、強制的な政治力の行使を想定せざるを得ない。

おわりに

　ここまで、埴輪という造形物を通して、6世紀後半代の関東地方の状況を大雑把に述べてきた。具体的な歴史叙述としては甚だ拙いものであるが、大筋での流れを述べたつもりである。詳述できなかったことも多いが、終章にて改めて検討することにしたい。

註
1) 下総型埴輪は発見例が増えており、すでに50基を超えている。
2) このほか、東京都港区芝丸山古墳群、品川区大井林町1号墳、神奈川県川崎市高津区稲荷塚古墳、日向古墳、横浜市戸塚区北門1号墳などから生出塚埴輪製作工人の製品が出土している（高田2010）。
3) ただし、これらはいずれも半身像であり、常陸にみられる上下別造りではないので、常陸の埴輪製作工人集団そのものの製品ではないかもしれない。
4) 太田博之が指摘するように、酒巻14号墳の埴輪が和名埴輪製作工人集団の製品であるとするならば（太田2010）、本来は生出塚埴輪製作工人集団から供給されるべき地域にある酒巻の地に何らかの事情で生出塚から供給できなくなった事情があったのかもしれない。

第6章　下総型埴輪と墳丘企画

はじめに

　古墳時代を代表する前方後円墳が、各地における有力首長の墳墓であるとの見解は、周知の事実といってよい。さらに、前方後円墳という同じ墳形をもつことから、そこに前方後円墳体制という政治的紐帯を見出し、国家の成立と結びつける見解もある（都出1990）。

　また、前方後円墳の墳形が時期をおって変化しているという後藤守一の指摘以来（後藤1935）、古墳の編年研究を始めとして墳丘の企画論は枚挙に暇がない。特に近年では、古墳時代前期、特に古墳時代の始まりをめぐって箸墓類型と呼ばれる墳形を列島内に探していくという諸研究が盛んである（澤田1990・1993など）。一方、倉林真砂斗のように地域の中での墳丘の序列化を検討して、各地に分散して所在する前方後円墳同士の関係性を積極的に復元しようとする研究もある（倉林1996）。倉林の研究は、今までにない切り口で地域間交流の様を検討したものとして高く評価されるものである。さらに、坂本和俊は墳丘の企画の同一性が、被葬者の出自に関係するのではないかとの注目すべき提言をおこなっている（坂本1996）。

　筆者は人物埴輪を中心に関東地方各地の古墳を検討した際、墳形と埴輪に共通性をもつ可能性を指摘したことがある[1]。そこでは、人物埴輪を中心に論述したこともあり、ごく一部の指摘にとどまるとともに相互の関係性については意を尽くせなかった。また、茨城県つくば市の松塚1号墳（前方後円墳・墳丘長62m）を検討した際、茨城県域における6世紀後半代の前方後円墳の墳形に2種があることを指摘し、それらが地域的にまとまりをもって分布することから、墳形の比較研究をおこなうことで当時の政治史的動向や地域間交流の様を素描した（日高1998b）。これらのことから、墳形と埴輪、さらには内部主体、副葬品の複合的・総合的な検討の必要性が急務であるとの認識にいたったわけである。古墳時代が、都出比呂志のいう前方後円墳体制という概念をもってすべて説明し得るのかどうかを、地域の中で検討していかなければならない。

　さて、6世紀後半代の関東地方において、下総型埴輪という極めて規格的な埴輪が存在する

(轟 1973)。この下総型埴輪が同一埴輪製作工人集団の製作品であることは[2]、他の工人集団の製作品とまったく異なる特徴を有していることや、犬木努の研究によって複数の古墳に供給された埴輪の中に同一埴輪製作工人の製作品があることなどから（犬木 1995・1996・2005）、首肯されるものである。そこで、本章では下総型埴輪を出土した古墳を題材に、ひとまず墳丘企画の様相を分析し、それぞれの共通性の有無を見出す。そして、共通性と非共通性の要因の背景に迫ることを目的とする。

第1節　下総型埴輪出土古墳の墳形

　第3章において下総型埴輪を出土した古墳の規模を検討した際、それが比較的小規模の古墳に多く樹立されている状況から、下総型埴輪の工人集団は「小型前方後円墳、円墳に埴輪を供給する体制であった」と結論付けた。下総型埴輪を出土した古墳は、現在45基以上を数えるが、墳形や内部主体などが判明していて検討に耐え得るものは約半数である。表1は各報告書に掲載されている測量図と墳丘裾ラインを元にして新たに数値化したものを記載している。よって、報告書の数値とは異なることを予めお断りしておく。また、立地する地形の制約から墳形が左右非対称となることは、多くの類例から首肯されるものである。しかしながら、今回検討した各古墳はおおむね直線的な広い台地上に立地するものがほとんどであり、それほど地形に制約されてはいない。よって、基本的に左右対称形であることを前提に論を進めていく。

1　高野山類型（図1・2）

　下総型埴輪の出土が集中する地域である、千葉県我孫子市内の古墳について検討してみよう。まず、高野山1号墳であるが、本古墳は前方部側面において裾が判明しており、その裾と円筒埴輪列の幅を考慮に入れ、企画の復元をおこなった。前方部の円筒列は、おおむね後円部埴輪列と主軸線の交わる点を起点とした直線上に並んでいることが判明した。前方部側面の裾は前方部埴輪列とほぼ平行になっていたと考え、裾線延長の交点を導き出すと、おおむね後円部裾から後円部の半径を延長した点の数値と合致した。高野山2〜4号墳の墳丘企画を検討すると、2号墳では前方部の形状が不確定であるが、後円部径および円筒列径が1号墳と合致する。3号墳では裾がまったく判別できないが、1・2号墳の裾線と円筒列径の関係から、導き出された裾径はおおむね1・2号墳の円筒列径と同じになる可能性が高い。4号墳は後円部径が1・2号墳と同じであり、前方部の形状は不明であるが、あまり括れることのない造り出し状になると思われる。

第6章　下総型埴輪と墳丘企画

表1　下総型埴輪出土古墳のデータ一覧

	古墳名	墳形	規模	後円部径	円筒列径	くびれ幅	前方部長	前方部幅	胎土	備考	文献
1	高野山1号墳	方円	35	22.5	17.5	15	12.5	24	I		藤本ほか1969
2	高野山2号墳	方円	22.5	17.5	13	6.8, 8.5	5	11	I		
3	高野山3号墳	円	17.5	17.5	13	―	―	―	I		
4	高野山4号墳	方円	27.5	22.5	16	9.8	5	10	I		
5	吉高山王古墳	方円	30	22	18	10	8	14	―		印旛村教育委員会1977
6	大木台2号墳	円	18	18	15	―	―	―	III		千葉県文化財センター1996
7	油作II号墳	方円	38	24	18.6	15	14	22.2			早稲田大学考古学研究室1961
8	荒海15号墳	方円	29	18	?	11	11	17			荒海古墳群発掘調査団1975
9	竜角寺112号墳	方円	25.2	21	?	10	4.2	13	I		小牧1994
10	片野23号墳	方円	33.5	20	16	14.5	13.5	23	V		尾崎ほか1976
11	城山1号墳	方円	70	40	31	29	30	48	―	他系譜埴輪あり	丸子ほか1978
12	城山4号墳	方円	35	20	?	14.5	15	24	―		財団法人香取郡市文化財センター1993
13	宝馬35号墳	方円	35	25	17.5	20, 15	10	25	―		浜名ほか1980、財団法人山武郡市文化財センター1996
14	宝馬127号墳	方円	35	22.5	18 ?	15	12.5	24	―		山田古墳群遺跡調査会1982
15	にわとり塚古墳	方円	40	?	?	?	?	?	I	他系譜埴輪あり	山武考古学研究所1989、石倉・安井2000
16	朝日ノ岡古墳	方円	70	47	?	31	23	52.5	―	他系譜埴輪あり	千葉県文化財保護協会1990、城倉2006a
17	小谷1号墳	方円	40	26	20.6	9	14	16.2	I		高橋1992
18	根田130号墳	方円	34	27	21	9	7	10	―		田中1981
19	柴又八幡神社古墳	円	20	20	?	―	―	―			谷口ほか1992・2009
20	目沼7号墳	方円	45.3	23	17.4	16	22.3	28.7	I		埼玉県教育委員会1959
21	目沼11号墳	円	32	32	20	―	―	―	―		杉戸町教育委員会1964
22	長峰17号墳	円	21.6	21.6	?	―	―	―	―	常陸地域	中村ほか1990
23	日天月天塚古墳	方円	42	22	18	13.5	20	23.5	―	常陸地域	茂木ほか1998

凡例…方円―前方後円墳　円―円墳　胎土は三辻利一1994「千葉県内の古墳出土埴輪の蛍光X線分析」『千葉県文化財センター研究紀要』15による。

第1節　下総型埴輪出土古墳の墳形

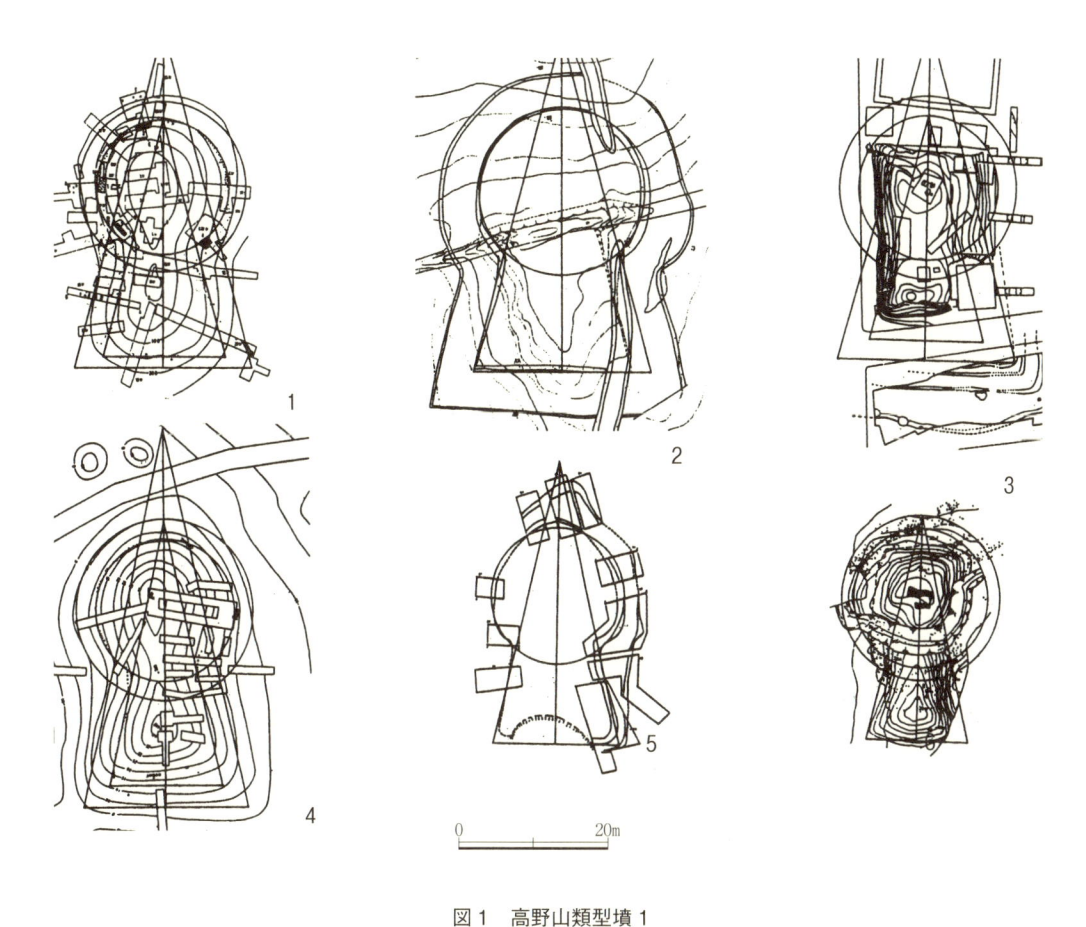

図1　高野山類型墳1
1.高野山1号墳　2.宝馬127号墳　3.宝馬35号墳　4.油作Ⅱ号墳　5.荒海15号墳　6.吉高山王古墳

　高野山古墳群と同一墳丘企画を有するその他の古墳は、印西市大木台2号墳、成田市荒海15号墳、山武郡芝山町宝馬127号墳である。この内、大木台2号墳は高野山3号墳とほぼ同じであり、宝馬127号墳は高野山1号墳とまったくの同一企画、荒海15号墳は高野山1号墳の5分の4の企画と考えられる。その他に可能性のあるものとして、山武郡芝山町宝馬35号墳、印西市吉高山王古墳がある。前者はくびれ部の調査結果からは極めてくびれの少ないものとなる可能性も有しているが、前方部埴輪列と平行に裾線を引いた場合には高野山1号墳と同一企画となる。後者は裾がいずれもはっきりせず、円筒列も明確ではないので明言はできないが、後円部径を復元すると前方部側に大きく張り出すこととなり、前方部は未発達の形状となる。このことから、高野山2号墳にみられたような帆立貝形に近いような形状となる可能性もあり、吉高山王古墳企画の5分の4が高野山2号墳となる可能性も指摘できる。また、印西市油作Ⅱ号墳も整数値の相似ではないが、同様の企画と考えたい[3]。その他に、竜角寺112号墳

111

第6章　下総型埴輪と墳丘企画

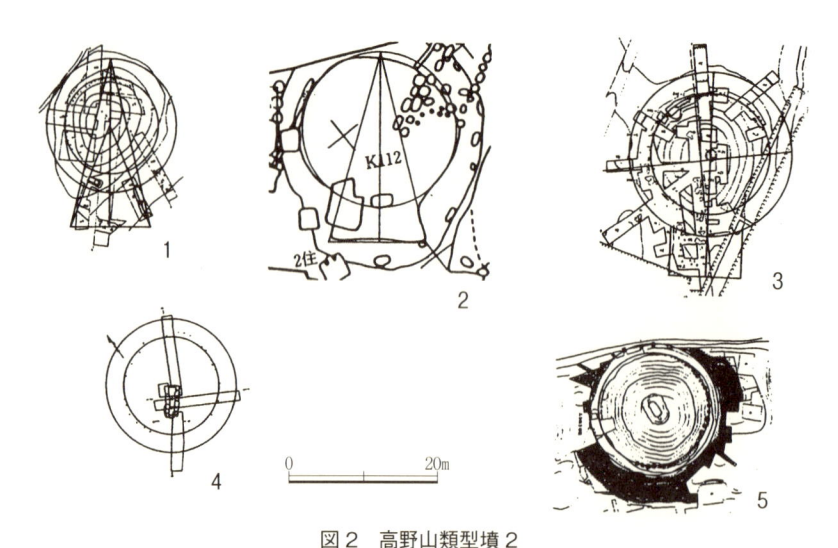

図2　高野山類型墳2
1.高野山2号墳　2.竜角寺112号墳　3.高野山4号墳　4.高野山3号墳　5.大木台2号墳

も高野山2号墳と相似形であろう。このような墳丘企画をひとまず、高野山類型としておきたい。

2　城山類型（図3）

次に、下総型埴輪を主体的に樹立している古墳の中で最も規模の大きい千葉県香取市城山1号墳をみてみよう。本古墳は墳丘裾、埴輪列が良好に確認されており、その結果からは前方部中段の埴輪列の起点が後円部裾であるという結論が導き出せる。前方部の裾は西側くびれ部と前方部前端で確認されており、埴輪列と裾までの距離がともに約5mである。よって、前方部側面の裾は前方部埴輪列とほぼ平行になっていたと考え、裾線延長の交点を導き出すと、おおむね後円部裾から後円部の半径の数値を延長した点と合致した。起点が後円部の半径を延長した点に求めていることは、先にみた高野山類型の企画とまったく同一の方法を採用しているが、前方部埴輪列の起点に違いをみせている。また、前方部長が若干長い。同様の企画を有する古墳として、香取市城山4号墳、同片野23号墳がある。いずれも城山1号墳の2分の1の企画である。このような墳丘企画をひとまず、城山類型としておきたい。

3　その他の墳丘企画（図4）

高野山類型、城山類型のいずれにも当てはまらない墳丘企画を有するものとして、山武市松尾町朝日ノ岡古墳、市原市根田130号墳、市原市小谷1号墳、埼玉県北葛飾郡杉戸町目沼7号

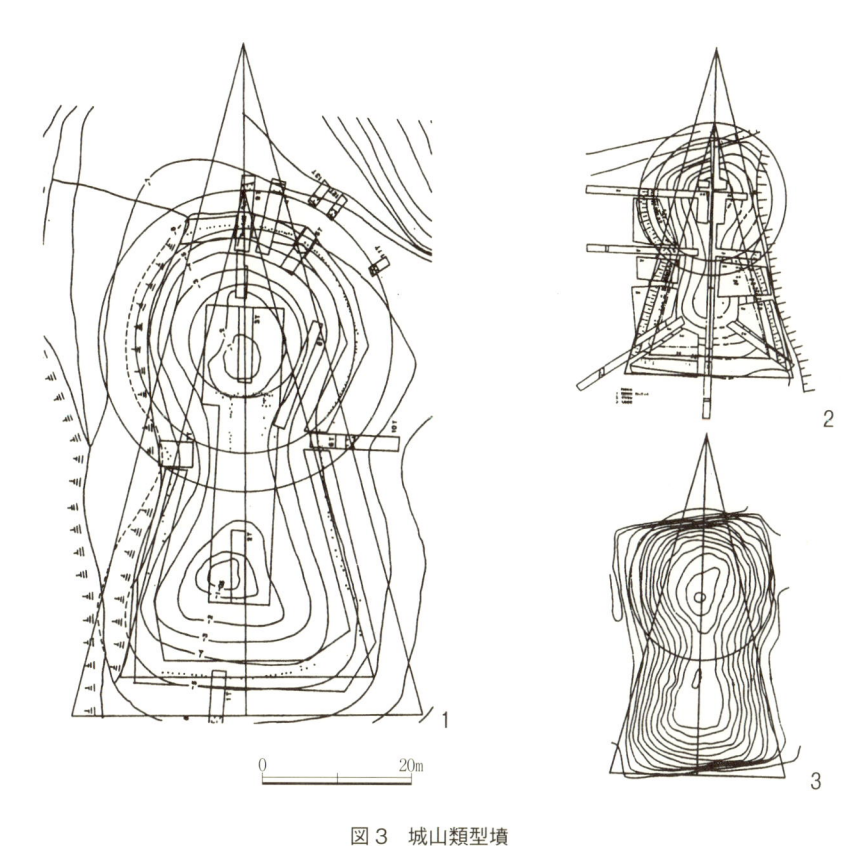

図3　城山類型墳
1.城山1号墳　2.片野23号墳　3.城山4号墳

墳、茨城県潮来市日天月天塚古墳がある。この中で朝日ノ岡古墳は、倉林真砂斗の研究により殿塚古墳と相似形であること（倉林1996：pp.24-26)、埴輪に関してはそのほとんどが在地のもので下総型人物埴輪は客体的であることから、他の下総型埴輪樹立古墳とは築造そのものの様相を異にしている（城倉2006a)[4]。また、下総型埴輪を樹立する古墳の中心（印旛沼周辺および香取郡地域）から離れた場所の古墳を含んでいる。

　さらに、それぞれの築造企画は、相互に類似性をまったく有していないことが特徴である。例えば、小谷1号墳は前方部前端がはっきりしていないが、前方部の発達しないいわば前期古墳のような形状をもつし、目沼7号墳は前方部が著しく発達する形状である。日天月天塚古墳は墳丘裾の明確な調査をおこなう前に不幸にも破壊され消滅してしまい、現在では墳丘企画を積極的に復元できない。今回、報告書によって築造企画を復元したが、相似形となる古墳の確認はできなかった。根田130号墳は類例が未確認である。目沼7号墳と日天月天塚古墳は、前方部裾線の延長交点が後円部半径を延長した点に合致している。先にみた高野山類型、城山類

第6章 下総型埴輪と墳丘企画

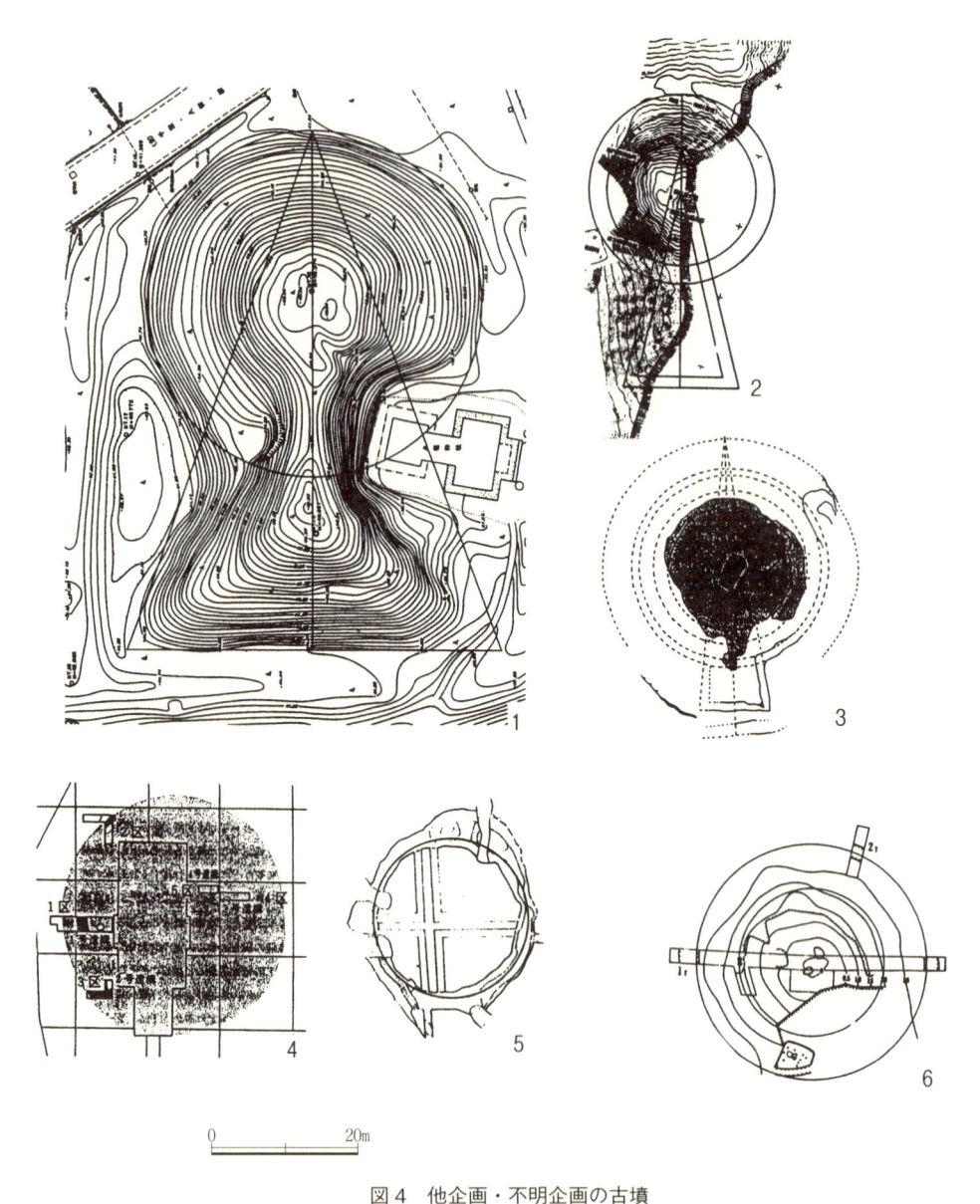

図4 他企画・不明企画の古墳
1.朝日ノ岡古墳 2.小谷1号墳 3.根田130号墳 4.柴又八幡神社古墳 5.長峰17号墳 6.目沼11号墳

型と同一方法を採用しているわけであり、墳丘企画の上でも関連性を指摘できるかもしれない。
　その他に円墳の東京都葛飾区柴又八幡神社古墳[5]、埼玉県北葛飾郡杉戸町目沼11号墳、茨城県龍ケ崎市長峰17号墳があげられるが、円墳であることと、詳細不明な部分が多いことから墳丘企画については保留せざるを得ない。

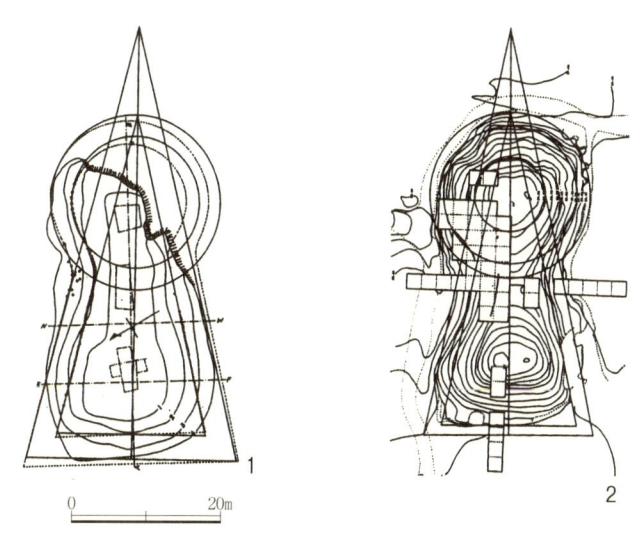

図5　目沼7号墳と日天月天塚古墳の墳丘企画
1.目沼7号墳　2.日天月天塚古墳

第2節　墳丘企画の異同の背景

　これまでみてきたように、下総型埴輪を出土する古墳には高野山類型と城山類型、そのいずれにも属さない古墳のあることが判明した。これらの類型の要因は、古墳の分布をみると明らかになる（図6）。すなわち、手賀沼や印旛沼周辺の古墳はいずれも高野山類型を採用しており、おおむね高野山古墳群から成田市、栄町あたりまでの約40kmに収まるものと思われる。現利根川下流域に所在する城山類型は約20kmに収まるものと思われる。以上の2類型は上述のとおり、前方部を設定する際の手続きはまったく同じであり、相互の関係性は強いとしなければならないだろう。2類型をまとめて「下総型埴輪類型」と呼んでもよい。そして、いずれの類型にも属さないものは一部を除いて分布域から距離的に離れているものがほとんどであり、中心と周縁という関係を示していると思われる。

　下総型埴輪に関しては、これまで埴輪生産遺跡（窯跡）が発見されていないこともあるが、全体を統括するような首長（墓群）が存在しないことから「小地域の首長層の支配の埒外に存在する一種巡歴手工業者」（轟1973：p.102）という在り方だったのではないか、との轟の見解をこれまで検証でき得ていなかった。しかし、今回検討した墳形の異同と分布状況の相関は、造墓集団の質的まとまりを示していると考えられ、そこに一つの地域勢力の存在を想定できるのではなかろうか。確かに、生出塚埴輪製作工人集団のように埼玉古墳群の首長という後ろ盾

第6章 下総型埴輪と墳丘企画

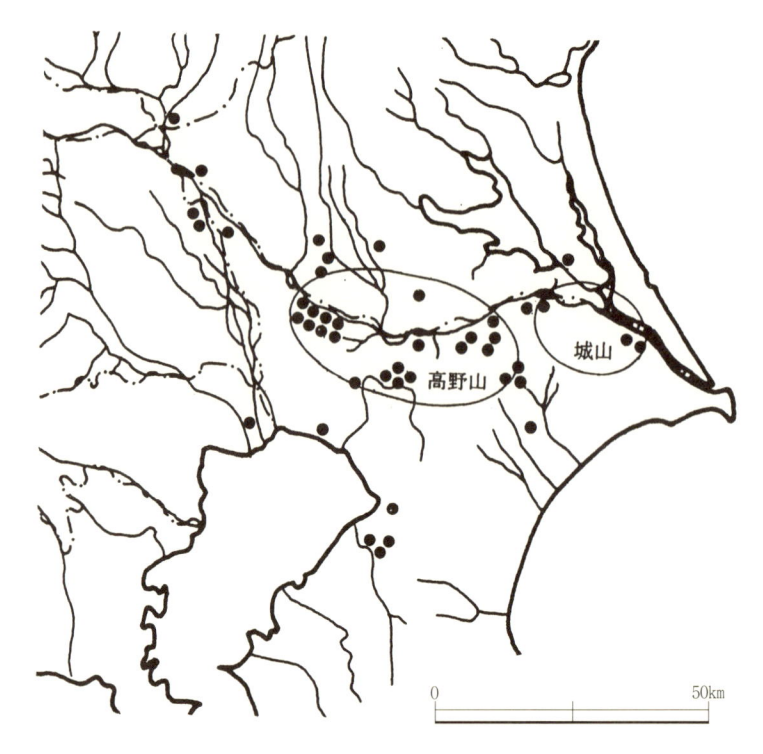

図6 下総型埴輪の出土分布と各類型墳の分布範囲

の存在を想定することはできないが、埴輪製作工人の裁量によって独自に埴輪が供給されていたわけではなく、中小首長の連携があって埴輪が生産されたものと考えたい。このことからすれば、生産遺跡はそれぞれに分散して存在しているわけではなく、1ヶ所で集中して生産していた可能性が極めて高いと指摘しておきたい[6]。

それでは、高野山・城山類型のいずれにも属さない墳丘企画を有する分布域から長距離となる古墳に下総型埴輪が供給されたことは、どのように理解したらよいのだろうか。その在り方の一つとして、その地域の墳丘企画を有するものがある。朝日ノ岡古墳のほかでは、小谷1号墳が近在する千葉県千葉市中原Ⅲ・Ⅳ号墳と相似形と思われる。根田130号墳も周辺に確認できる可能性があろう。もう一つの在り方として、相似形ではないが墳丘企画の部分的共有、具体的には前方部設定方法の合致がある。目沼7号墳や日天月天塚古墳は周辺の古墳との関連も考慮に入れなければならないが、大きくみたときに「下総型埴輪類型」としてとらえられる可能性を指摘しておく（図5）。

以上の各古墳は下総型埴輪製作工人集団の長距離供給先の例といえる。同じように長距離供給をおこなう例として、生出塚埴輪製作工人集団の製作品がある。この場合、坂本和俊が指摘

したように、千葉県市原市山倉1号墳と埼玉県行田市埼玉奥の山古墳の墳丘企画が合致するとの指摘は注目すべきであろう（坂本1996）。また、以前筆者が指摘した千葉県千葉市人形塚古墳と山武郡横芝光町殿塚古墳の墳丘企画の合致も同様にとらえられるであろう[7]。つまり、下総型埴輪の長距離供給例の中で、朝日ノ岡古墳・小谷1号墳などとその他の長距離供給例は、供給の契機に違いがあるのではなかろうか。坂本がいうように、墳丘企画と埴輪の共通性が血縁を含めた紐帯を示すとしたら、朝日ノ岡古墳・小谷1号墳例はもっと緩やかな首長間における物品の遣り取りの所産ととらえられるのではなかろうか[8]。目沼7号墳は後の下総の領域に相当するし、距離的にも高野山古墳群から30kmほどである。口天月天塚古墳は後の常陸の領域であるが「香取海」の対岸には城山古墳群が存在する。中小首長の連携の結果、「下総型埴輪類型」の墳丘をもつに至ったと考えたい（図6）。

おわりに

　ここまで、下総型埴輪を出土した古墳の墳丘企画をもとに埴輪の供給に絡む地域社会の素描を試みた。大分類としての「下総型埴輪類型」と、小分類としての高野山類型・城山類型を抽出できたことは、大分類が中小首長の連携の結果、小分類が中小首長のこまかな領域支配の様をそれぞれ示していると思われる。関東地方における古墳時代後期の「下総」地域に、前方後円墳の同一墳丘企画という独自な政治的紐帯が存在していたことは、前方後円墳という同一の墳形が全国的に分布する現象に内在する地域ごとの能動的な一面を示していると考えられる。白石太一郎は「関東各地における異常ともみえるほどの後期大型前方後円墳の盛んな造営（白石1992：p.47）」という事実から、そこに「畿内政権の経済的・軍事的基盤として（白石前掲：p.46）」の関東地方という位置付けをおこない、このことから他地域とは異なる特殊な基準があったとする。また、和田晴吾は同様な状況をして「共同体的規制の強く残る伝統的な土豪的首長層の存在（和田1996：p.72）」を推定している。

　筆者の今回おこなった検討結果は、極めて限られた地域の状況ではあるけれども、埴輪が品物として流通していた場合もあった可能性を指摘した。畿内の意向とはまったく関係ないところで、各地の首長が物品の遣り取りをおこなっていたわけである。そこに畿内政権の規制力は、働いていないといえるだろうし、関東地方における形象埴輪の多様性の存在も同様に考えることができると思われる。「下総型埴輪類型」とした墳丘企画が、独自に発案・発展したものであるのかどうかについては、今後の課題である。ただし、同時期の関東地方において類例は未確認であることだけは指摘しておきたい。

第6章　下総型埴輪と墳丘企画

　従来、あふれる情報の中で遺物と遺構の研究を有機的につなげる作業が立ち遅れていたことは否めない。もとより、この結果のみで関東地方全体を語ることはできないし、触れることができなかった内部主体や副葬品などを考慮に入れて考察すべきであることはいうまでもない。次章において、内部主体や副葬品などの特徴から遺物と遺構の検討をさらに進めたい。

註

1) 平成9年（1997）12月7日の葛飾区郷土と天文の博物館における地域史フォーラム「6世紀における房総と武蔵の交流と地域性」での口頭発表による。
2) 第3章で詳述した。
3) 図面上では前方部埴輪列延長線の交点が後述する城山類型と同様になる。ただし、本古墳の裾線は報告に明確に記載されておらず、今回の復元は変更される可能性を含んでいる。また、城山類型とは前方部長などに相違があり、むしろ高野山類型に近いと考えられる。よって、ここではひとまず高野山類型としておく。
4) また、鶏塚古墳は詳細が不明であるが、下総型埴輪を客体的に含む事例と思われる。このことから、在地の墳丘企画を有する古墳である可能性もあろう。
5) 柴又八幡神社古墳はその後の調査により、墳丘長20m以上の前方後円墳と推定されている（谷口ほか2009）。直線状に伸びる埴輪列の存在は前方後円墳の可能性を示唆するものであるが、墳丘裾が明確でないことや全体像が未詳であることから、ひとまず円墳として論述していく。第7章のあとに補論として前方後円墳の可能性を追究してみたい。
6) 千葉県内の各古墳出土埴輪を胎土分析した三辻利一の結果を受け、高梨俊夫は筆者と同様に1ヶ所での生産を示唆している（高梨1994）。
7) 前掲註1に同じ。
8) 筑波山麓から産出される雲母片岩を用いた埋葬施設を検討した石橋充は、その石材の広い分布圏に政治的な性格が希薄であることを述べている（石橋1995）。

第7章　下総型埴輪が樹立された前方後円墳形態

はじめに

　前方後円墳が各地域における有力首長の墓である、と認識されるようになって久しい。国土開発に伴う古墳発掘調査が飛躍的に増加し、群集墳や中小古墳の調査成果が数多く報告されるなか、前方後円墳の内部主体や副葬品、そして埴輪類の具体像との比較検討によって、なおさら前方後円墳被葬者の卓越性が強調される結果となった。さらに、前方後円墳の墳丘企画に関する諸研究によって、一定の共通企画を有する古墳の分布域や企画の共有からみた地域間交流などのより具体的な古墳時代像が描かれつつある（倉林1996、坂本1996）。

　第6章において古墳時代後期の常総地域前方後円墳の墳丘企画をとりあげ、地域的まとまりと埴輪（下総型）と墳丘企画の共通性を論じた。下総型埴輪という同一埴輪製作工人集団の製作品が供給された古墳に、共通する墳丘企画を見出し、墳丘の築造と埴輪供給の密接な関係を示したのである。

　古墳の築造には、選（占）地に始まり設計、築造（掘削・盛土）、内部主体構築、埴輪樹立、埋葬などさまざまな段階が複合的に重なり合っている。それらの諸段階は、それぞれが独立した専門集団によって別箇になされて最終的に一つの墳墓として完成するのだろうか。それとも、一定の規範を有する同一の専門集団として、計画的に作業がなされていたのだろうか。

　これらを解くには、古墳の築造における諸段階を複眼的に考察する必要があろう。そこで、本章では常総地域における前方後円墳に対して、墳丘企画・内部主体・埴輪・副葬品の諸要素を抽出し、古墳相互の共通点と非共通点の具体像を提出する。

　なお、埴輪については同一埴輪製作工人集団の製作品と認定してよい下総型埴輪（轟1973、犬木1995・1996・2005、および第3章参照）を中心として論を進めていく。また、埴輪を樹立しない同時期以降の前方後円墳も考察の対象とする。いわゆる「前方後円形小墳」（岩﨑1992）は、墳丘規模が著しく小さいことや、前方部が極めて短小で造出し状のものが多く、前方後円墳と

第7章　下総型埴輪が樹立された前方後円墳形態

することに躊躇を覚えるが、常総地域に広く分布することから若干例をとりあげたい。対象地域は、下総型埴輪が出土している範囲である常陸南部地域も含めることにする。

第1節　前方後円墳企画について

1　下総型埴輪を樹立する前方後円墳

　下総型埴輪を樹立する古墳の墳丘企画[1]については第6章で詳述したので、そちらを参照していただくとして、ここではその結論のみ述べる。前方後円墳の墳丘平面企画は、前方部が後円部半径長を主軸線状に延長した点を交点として設定されている。さらに、円丘部径と埴輪列径が共通性をもつ事例も確認できる（一部円墳を含む）。ただし、前方部埴輪列を後円部方向へ延長した交点が、後円部埴輪列径となる場合と、後円部裾径となる場合の2種が存在する。前者を高野山類型（図1）、後者を城山類型（図2）と呼ぶ。高野山類型は今の印旛沼・手賀沼周辺に分布しており、城山類型は今の利根川下流域に分布する。前方部埴輪列の設定に違いを見せるものの、前方部の設定については共通することから、これらをあわせて「下総型埴輪類型」と呼称する。なお、茨城県潮来市日天月天塚古墳と埼

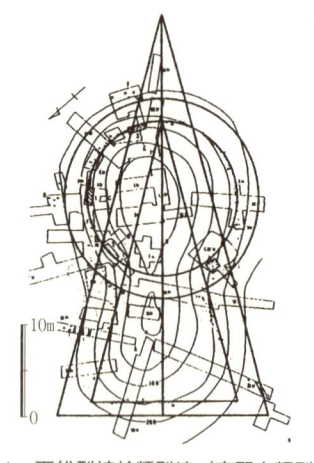

図1　下総型埴輪類型墳（高野山類型）
　　　高野山1号墳

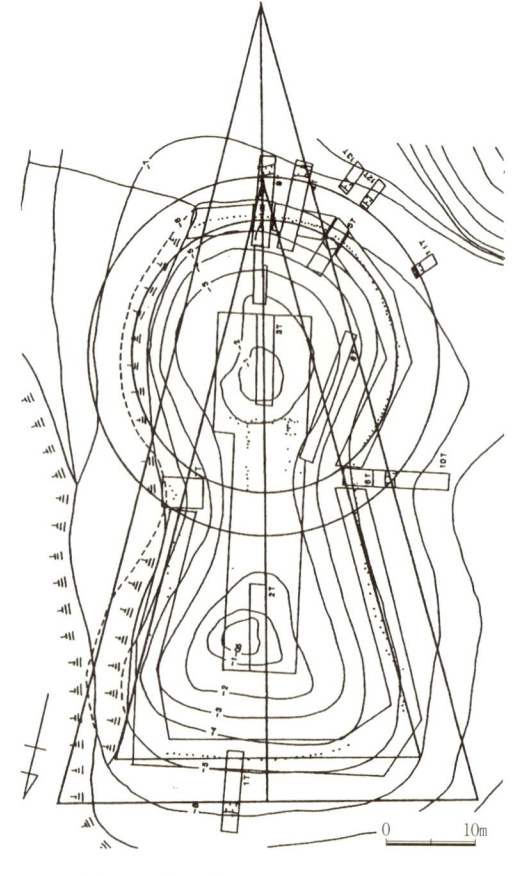

図2　下総型埴輪類型墳（城山類型）
　　　城山1号墳

第1節　前方後円墳企画について

玉県北葛飾郡杉戸町目沼7号墳は、ともに前方部長が他と共通していないが、前方部の設定は後円部半径長を主軸線状に延長した点を交点としている。つまり、同一の設定方法を採用していることになるので、「下総型埴輪類型」に含めてよいと思われる。

　この他に、異なる墳丘企画を有する古墳も存在する。上総地域の千葉県山武市朝日ノ岡古墳（木戸川流域）、市原市小谷1号墳（村田川流域）、市原市根田130号墳（養老川流域）である。朝日ノ岡古墳は山武郡域の古墳であり、下総型人物埴輪を客体的に含むもので、墳形は山武郡域通有のものである[2]。小谷1号墳・根田130号墳の類例は、現在までのところ判然としないが、前者は近在する千葉市中原Ⅲ・Ⅳ号墳などと共通すると思われる。後者は未詳である。

2　下総地域の埴輪を樹立しない前方後円墳

　まず、我孫子古墳群中の千葉県我孫子市我孫子四小古墳、同日立精機1・2号墳をとりあげよう。前方後方墳の日立精機1号墳は、調査成果を図上で復元する限り、前方部の主軸が後方部の主軸線とずれている。ただし、前方部の設定は後方部長の半分の長さを前方部主軸上に延長した点に求められることから（図3-1）、下総型の墳丘企画と考えてよかろう。他の2基はおおむね下総型埴輪類型（高野山類型）と考えられる。

　千葉県印旛郡酒々井町狐塚古墳は墳丘が著しく改変されており、前方部前端や前方部側面の

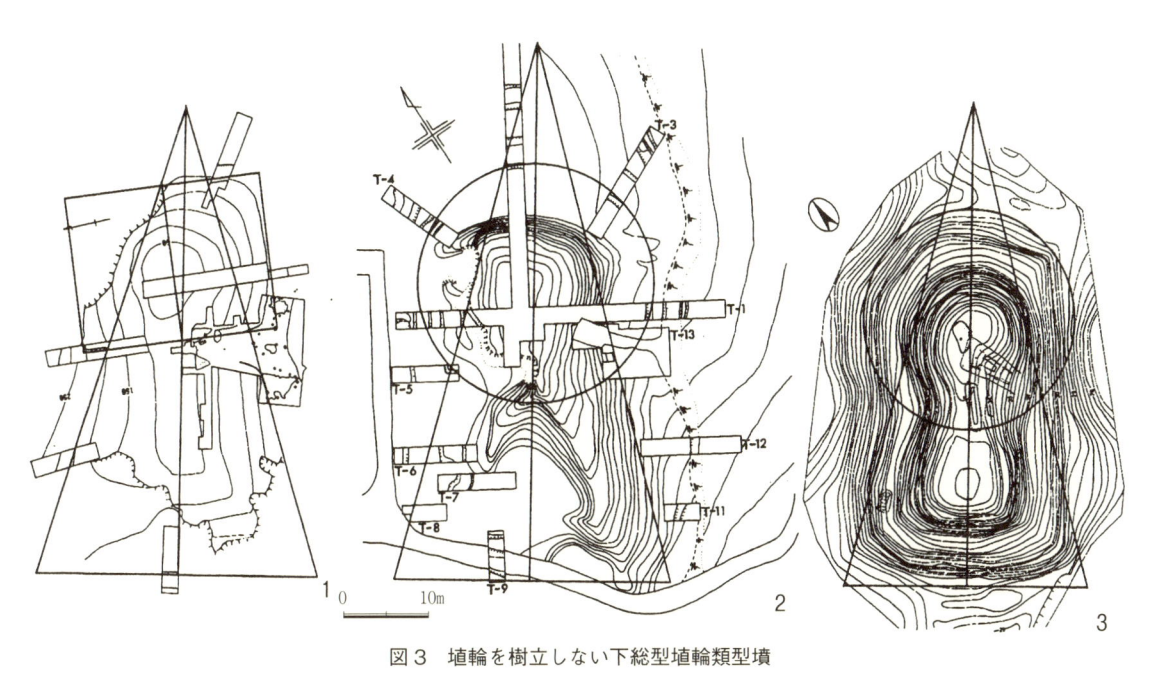

図3　埴輪を樹立しない下総型埴輪類型墳
1.日立精機1号墳（高野山類型）　2.狐塚古墳（高野山類型）　3.菊水山2号墳（城山類型）

第7章　下総型埴輪が樹立された前方後円墳形態

墳丘裾は検出されていない。ただし、前方部南東側は当時の墳丘を残していると思われるので、それを積極的に採用すると、おおむね下総型埴輪類型（高野山類型）に復元できる（図3-2）。

千葉県成田市菊水山2号墳は2段築成の古墳であり、詳細は正式報告をまたざるを得ないものの、確認調査や全面調査の内部主体位置などの成果を活かすならばおおむね城山1号墳の5分の3の企画を有する下総型埴輪類型（城山類型）と考えられる（図3-3）[3]。

3　下総地域の「前方後円形小墳」

下総型埴輪が伴う例としては。千葉県我孫子市高野山2・4号墳、印旛郡栄町竜角寺112号墳があげられる。いずれも前方部が短くかつあまり開かないという特徴を有し、内部主体は後円部と前方部の境の主軸上あるいは裾部に寄った部分に構築されている。墳丘の中心部に内部主体をもたないという点はいわゆる「変則的古墳」の特徴である（市毛1963・1973、杉山1969）。この種の古墳は常総型古墳と呼ぶ研究者もいるように（安藤1981）[4]、常総地域に数多く、かつ群集墳として認められるものである。また、近年の発掘調査により前方後円形小墳の類例が増加してきているので、若干例をとりあげてみよう。

とりあげるのは千葉県印旛郡栄町小台1・2号墳、佐倉市野中5号墳である。いずれも雲母片岩の箱形石棺を墳丘裾近くの地下に構築している。墳丘企画は、前方部幅が後円部径とほぼ同じで、前方部の設定は主軸上の後円部裾を交点とし、前方部長は2分の1以下、3分の1などと短いものとなっている（図4）。

前述の高野山2号墳などは、後円部・円筒列径で下総型類型の他の古墳と共通点がある。小台1号墳などの内部主体とは地下埋葬という点で共通するが、いまは墳丘企画の上での共通点は見当たらないという点を指摘しておきたい。

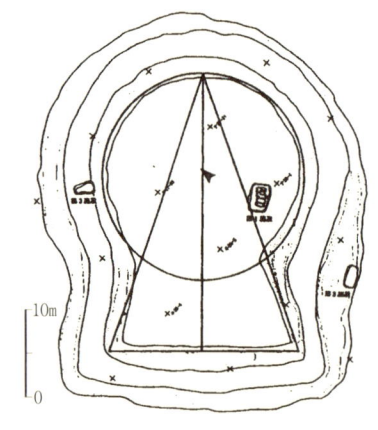

図4　野中5号墳の墳丘企画

4　常陸南部の前方後円墳

下総型埴輪は現在までのところ「下総」以外の地域では、上述の上総の地域に加え栃木県小山市や茨城県つくば市・土浦市・潮来市などからも出土している。境界地域に位置するものが多いが、特に「常陸」南部地域には後期の前方後円墳が数多く築かれている。しかし、墳丘裾確認を経たものは皆無で、企画の検討をするための厳密さに欠けることは否めない。

以前、筆者が常陸南部の前方後円墳を検討した際は測量図の裾線をもとに茨城県つくば市松塚１号墳の墳丘復元をおこなった（日高1998b）。その結果、後円部半径の1.7倍の長さを、主軸線上に延長した点に基準を設けて前方部設定がなされていると考えた。しかし、下総型埴輪類型墳を検討している途上で、本古墳の後円部半径を延長した点から前方部を設定した場合どのようになるか試してみた（図5）。墳丘測量調査における筆者の裾線認識とは、当然のことながらずれてくる。ただし、下総型埴輪類型（高野山類型）と整数値ではないが相似形に近くなる。発掘調査による裾線未確認の現状ではいずれとも決しがたいが、後述する内部主体の石材との関わりを考えたとき看過できない。

　いずれにせよ、今後確認調査などを経て解決すべきものであるから、ひとまず以前考えた墳丘企画をもって「常陸南部類型」とする。ちなみに、同様の墳丘企画をもつものとして茨城県かすみがうら市風返稲荷山古墳、土浦市宍塚１号墳、つくば市大井５号墳があげられる。潮来市大生西１号墳に関しては、顎鬚を蓄えた人物埴輪を出土したことで著名だが、周辺や山武郡域などの墳形に類例はなく、不明とせざるを得ない。

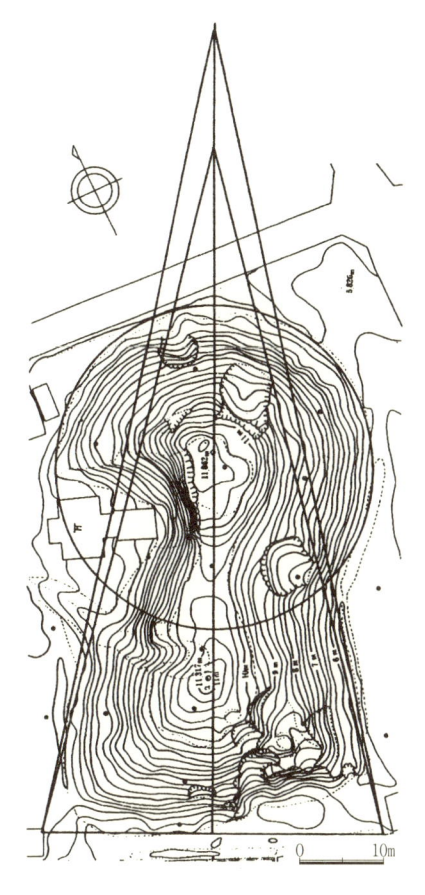

図５　松塚１号墳の墳丘企画

第２節　内部主体について（表１）

１　下総型埴輪出土古墳の内部主体

　内部主体の内訳は、雲母片岩を用いた箱形石棺（6）・竪穴式石室（1）、砂岩を用いた横穴式石室（1）、房州石を用いた横穴式石室（1）、砂岩切石を用いた横穴式石室（3）・箱形石棺（3）、木棺直葬（5）である。雲母片岩は産出地が筑波山麓にあり、砂岩はそれぞれの古墳の周辺で産出するものと思われる。

　雲母片岩の板石・割石を用いた横穴式石室は採用されておらず、箱形石棺・竪穴式石室のみ

第 7 章　下総型埴輪が樹立された前方後円墳形態

表 1　本章で言及する古墳の諸要素

地域	小地域	番号	古墳名	墳形	規模	墳丘企画	埴輪	内部主体	石材	特記すべき副葬品など	文献
常陸	北浦沿岸	1	大生西部1号墳	前方後円	71.5	不明	顎鬚	箱棺	雲母片岩	直刀、鉄鏃、礫床より冠金具、TK209型式期	大場ほか1971
		2	日天月天塚古墳	前方後円	42	下総型	下総	箱棺	雲母片岩	挂甲、直刀、鉄鏃	茂木ほか1998
	出島地域	3	追越十日塚古墳	前方後円	70	？	なし	複室横室(箱棺1)	雲母片岩	白土、赤彩、朱線	霞ケ浦町教育委員会2000
		4	風返稲荷山古墳	前方後円	77	常陸南部型	なし	複室横室(箱棺3)	雲母片岩	頭椎、銅鋺、馬具、TK217型式期	霞ケ浦町教育委員会2000
		5	太子唐櫃古墳	前方後円	？	？	なし	横室(箱棺1)	雲母片岩	—	大野1896、出島村史編さん委員会1971
	桜川下流	6	松塚1号墳	前方後円	62	常陸南部型	なし	未詳	未詳	新治周辺須恵器	日高1998b
		7	宍塚1号墳	前方後円	56	常陸南部型	雲母	箱棺、木直	雲母片岩		国学院大学宍塚調査団1971
	牛久沼周辺	8	大井5号墳	前方後円	46	常陸南部型	なし	未詳	未詳	—	大井古墳群発掘調査団1975
	龍ケ崎	9	長峰17号墳	円	21.6	—	下総(分離)	不明	不明		中村ほか1990
下総	利根川下流	10	城山1号墳	前方後円	70	下総型	下総、下野？	片袖横室(鉄釘木棺)	砂岩	鏡、単龍環、武具、冠金具、馬具、TK43型式期	丸子ほか1978
		11	城山4号墳	前方後円	35	下総型	下総	未詳	未詳	—	財団法人香取郡市文化財センター1993
		12	城山6号墳	前方後円	42	不明	なし	横室・穹窿(鉄釘木棺)	砂岩切石	—	市毛・多宇1974
		13	城山9号墳	前方後円	49	不明	なし	横室	不明		丸子ほか1978
		14	片野23号墳	前方後円	33.5	下総型	下総	木直	—	直刀、鉄鏃	尾崎ほか1976
		15	坂ノ上1号墳	前方後円	37	下総型	下総？	不明	不明		大和田坂ノ上遺跡調査会1988
		16	滑川坂の上4号墳	前方後円	70	下総型？	なし	横室？	不明	中台1号墳から下総型埴輪出土	下総町史編さん委員会1990
		17	菊水山2号墳	前方後円	44	不明	なし	横室(箱棺1)	砂岩割石・雲母片岩	馬具、他に箱棺・木棺あり、TK209型式期	下総町教育委員会1991、荒井・坂本1995
		18	菊水山4号墳	前方後円	23	下総型？	なし	横室	砂岩切石		
	印旛沼周辺	19	吉高山王古墳	前方後円	30	下総型	下総	箱棺	雲母片岩	鞘尻金具、刀子	印旛村教育委員会1977
		20	油作Ⅱ号墳	前方後円	38	下総型	下総	未詳	未詳	—	早稲田大学考古学研究室1961
		21	大木台2号墳	円	18	下総型	下総	木直	—	直刀、刀子、鉄鏃	千葉県文化財センター1996
		22	狐塚古墳	前方後円	49	下総型	なし	片袖？横室	砂岩・片岩	直刀、鉄鏃、TK209型式期	野中ほか1976
		23	野中5号墳	前方後円	32	不明	なし	箱棺、木直2	片岩	直刀、挂甲、馬具？、鉄鏃、TK217型式期	千葉県文化財センター1995
		24	荒海15号墳	前方後円	29	下総型	不明	不明	不明		荒海古墳群発掘調査団1975
		25	浅間山古墳	前方後円	78	山武郡？	なし	複室横室(箱棺1)	雲母片岩	白土、冠金具、ねじり環、馬具、TK217型式期	白井ほか2002
		26	竜角寺112号墳	前方後円	25.2	下総型	下総	箱棺	雲母片岩	—	小牧1994
		27	小台1号墳	前方後円	40.4	不明	なし	箱棺	雲母片岩	直刀、刀子、馬具、湖西Ⅱ-5	安藤ほか1981
		28	小台2号墳	前方後円	40	不明	なし	箱棺	雲母片岩	小沢5期	
		29	道作1号墳	前方後円	48	下総型？	下総	未詳	未詳		飯島ほか1998

124

第2節　内部主体について

地域	小地域	番号	古墳名	墳形	規模	墳丘企画	埴輪	内部主体	石材	特記すべき副葬品など	文献
下総	手賀沼周辺	30	高野山1号墳	前方後円	35	下総型	下総	竪室1、箱棺3	雲母片岩・砂岩切石	直刀、鉄鏃、小沢5期	藤本ほか1969
		31	高野山2号墳	前方後円	22.5	下総型	下総	箱棺	雲母片岩	直刀、鉄鏃、小沢4期	
		32	高野山3号墳	円	17.5	下総型	下総	複室横室（木棺）	砂岩切石	鉄鏃	
		33	高野山4号墳	前方後円	27.5	下総型	下総	箱棺	雲母片岩	直刀、鉄鏃、小沢5期	
		34	我孫子四小古墳	前方後円	35〜40	下総型	なし	複室横室（木棺）	砂岩切石	TK217型式期	
		35	日立精機1号墳	前方後円	46	下総型？	なし	横室（木棺）	砂岩切石	TK217型式期	
		36	日立精機2号墳	前方後円	32	下総型	なし	横室（木棺）	砂岩切石	湖西Ⅱ-5	
	江戸川流域	37	法皇塚古墳	前方後円	58	?	生出塚	片袖横室（鉄釘木棺）	房州石	衝角付冑、挂甲、ねじり環、馬具、鉄鏃	小林ほか1976
		38	明戸古墳	前方後円	40	?	あり	箱棺2	雲母片岩	甲冑、大刀、鈴など出土の伝承あり	市川市史編纂委員会1971、大村1982
		39	目沼7号墳	前方後円	32	下総型	下総	竪室	砂岩	銅釧	埼玉県教育委員会1959
		40	目沼11号墳	円	28	―	下総型	木直?	―	―	杉戸町教育委員会1964
		41	柴又八幡神社古墳	円?	20		下総	横室	房州石	鉄刀、馬具、TK43型式期帆立貝形の可能性あり	谷口ほか2009
上総	木戸川流域	42	朝日ノ岡古墳	前方後円	70	山武郡	下総型客体	横室？	砂岩？	玉類、土器片	千葉県文化財保護協会1990、城倉2006a
		43	宝馬35号墳	前方後円	35	下総型	下総	箱棺、土坑	砂岩切石	鉄鏃、土坑より耳環	財団法人山武郡市文化財センター1996
		44	宝馬127号墳	前方後円	35	下総型	下総	不明	不明	盛土内から小沢3期の坏	武部ほか1982
		45	埴谷3号墳	前方後円	36	山武郡	下総型客体	複室横室、木直	砂岩切石	刀子、鉄鏃、須恵器、木直より直刀、鉄鏃	川戸1957、山武町史編さん委員会1988
	村田川流域	46	小谷1号墳	前方後円	40	不明	下総	木棺直葬?	―	直刀、TK209型式期	高橋康1992
	養老川流域	47	根田130号墳	前方後円	34	不明	下総	木棺直葬2	―	銀製金環、直刀、馬具、鉄鏃、TK43型式期	田中1981

凡例：箱棺…箱形石棺　横室…横穴式石室　木直…木棺直葬　竪室…竪穴式石室
須恵器は型式を田辺昭三編年で記述し、湖西産須恵器は後藤健一編年で記述、土師器は小沢洋編年で記述した。

である。これに関しては石橋充の「広い分布圏」に対する「政治的な性格が希薄である」という認識を支持したい（石橋1995：p.48）。そうすると、他の内部主体は在地の石材（砂岩）を利用した横穴式石室、竪穴式石室、箱形石棺、さらに木棺直葬ということになる。これらの明確な地域的特徴は確認できず、房総北半域で切石石棺・横穴式石室を基本とした中に雲母片岩の箱形石棺がモザイク的に分布するようである。ただし、小谷1号墳、根田130号墳がともに木棺直葬であったことは、墳丘企画・内部主体が在地のものであるところに、下総型埴輪が供給されたことを示しており、他の下総型埴輪出土古墳とは異なる在り方となろう[5]。

そのような中で、東京都葛飾区柴又八幡神社古墳は特異な存在である。低地に立地することに加え、内部主体は房州石を用いた横穴式石室であった。その詳細な構造は不明なものの、東

125

京湾に注ぎ込む今の江戸川・荒川の玄関口に位置している。同古墳の被葬者は武蔵と総の交流の架け橋を担った人物と位置付けられよう（第5章参照）。

さらに、城山1号墳の横穴式石室については先学の指摘どおり、千葉県市川市法皇塚古墳との共通点が認められるものであり（小沢1989）、石材については自然石を一部加工したものを使用している。なおかつ釘付き木棺を納めているものは、同時期では本古墳と法皇塚古墳のみであることは注意すべきである。

2　雲母片岩を用いた内部主体について

千葉県香取市三之分目大塚山古墳の長持形石棺が初現である。同時期の常陸地域については未詳であるが、雲母片岩を用いた石棺の存在する可能性は極めて高い[6]。常陸南部地域では6世紀中葉頃まで雲母片岩を用いた箱形石棺が首長墓（盛土中）で採用されており、その後横穴式石室が導入される。片岩使用横穴式石室は乱石平積みで側壁を構築したものから、部分的に板石を組んだものや板石組へと変遷する。また、単室構造から複室構造へという変化も追え、終末期になると石棺系石室となる（石川1989、稲村1991）。横穴式石室が導入された後、箱形石棺は小円墳や墳丘をもたない主体部（地下埋葬）にまでその裾野が広がるとともに、その出土分布域も広範囲になる（石橋1995）。

雲母片岩板石組横穴式石室は、茨城県かすみがうら市栗村東10号墳（板石の上に割石を積む）が参考となる。出土した須恵器はMT85号窯期と考えられ、同栗田石倉古墳は後続する古墳と考えられる。雲母片岩板石のみの横穴式石室に関しては、行方市玉造大日塚古墳[7]で採集される円筒埴輪の特徴が6世紀中葉～後葉頃の所産と考えられ、このころから板石組横穴式石室がつくられるようになったと思われる。その後、常陸地域の首長墓では、盛んにこの種の横穴式石室がつくられる。

しかし、下総地域では、すぐにこの種の横穴式石室が導入されたわけではなく、おおむねTK209型式期に袖石や閉塞石などの部分的採用（成田市菊水山2号墳や印旛郡酒々井町狐塚古墳および山武市経僧塚古墳など）がなされる。印旛郡栄町浅間山古墳は出土した副葬品や須恵器の特徴はTK217型式期とせざるを得ない[8]。また、墳丘企画は下総型のそれとはまったく異なり、山武郡域の前方後円墳と共通する可能性がある。同古墳の横穴式石室は玄室がほぼ正方形をなし、常陸地域ではつくば市平沢4号墳、石岡市兜塚古墳、かすみがうら市折越十日塚古墳などがあげられる。常陸南部地域では、いわゆる終末期方・円墳にもこの種の横穴式石室が引き続いてつくられており、石棺系石室への変換はTK217型式期以降と考えられる。下総地域の石棺系石室もおおむね同時期以降の所産と思われる。

第 3 節　副葬品と出土土器について（表 1）

1　副葬品について

　まず、馬具を出土した古墳がほとんどないことがあげられる。馬具を副葬していたのは千葉県香取市城山 1 号墳、東京都葛飾区柴又八幡神社古墳、千葉県市原市根田 130 号墳のみである。他については、墳丘が削平されていたり、主体部が盗掘されたりしているものもあることを考慮しなければならないが、出土している古墳の主体部が前述したように他と著しく異なる点は注意すべきであろう。特に柴又八幡神社古墳の鉄地金銅張馬具の存在は、本古墳が円墳とするには躊躇を覚えるものであり、発掘調査により墳丘裾部の詳細は未詳なものの、墳丘長 20 m以上の前方後円墳と推定されている（谷口ほか 2009）。今少し全体像が分かるデータが欲しいものであり、さらなる調査の進展が期待される。

　次に注目されるのは、武具を副葬していた古墳である。城山 1 号墳、茨城県潮来市日天月天塚古墳があげられる。前者は衝角付冑と挂甲、後者は挂甲が出土している。武具を出土している古墳が他にないことを考えると、両者の被葬者は他の古墳のそれとは質的に異なる性格をもち合わせていたと解することもできる[9]。ただし、墳丘縁辺に地下埋葬の主体部を設けている千葉県佐倉市野中 5 号墳は、その第 1 施設（雲母片岩箱形石棺）から直刀、挂甲、鉄鏃、馬具？、須恵器多数が出土している。築造年代は 7 世紀中葉頃と思われ、追葬も考慮しなければならないが、前代の同規模下総型埴輪出土古墳の副葬品を凌駕する内容である。

　その他の古墳の多くは、直刀、鉄鏃、装身具類という組み合わせであり、いわゆる「変則的古墳」の副葬品と同様の在り方を示している。同時期の砂岩切石積・雲母片岩箱形石棺の被葬者と、下総型埴輪を樹立している古墳のそれとの間に副葬品での優劣はつけにくい。

2　出土土器について

　下総型埴輪出土古墳に伴う土器類はそれほど多くはないが、須恵器では TK43 型式期ないし TK209 型式期であり、土師器では小沢編年 4 期ないし 5 期である（小沢 1995）。これらの土器類は、おおむね 6 世紀後葉〜 7 世紀前葉頃の所産と考えられる。これらの特徴は、墳丘上に土器が置かれていることである。すなわち、内部主体の中からはいっさい出土していない。

　同時期の上総（富津・木更津周辺）では、須恵器が副葬品の一部をなしていることはごく当たり前であり、山武郡域の古墳でも横芝光町姫塚古墳のように埴輪列の内側と横穴式石室内の両方から出土している例もあるが、おおむね石室内から出土している。下総の地域では、そ

の後も横穴式石室内に須恵器を副葬することは稀なようで、菊水山2号墳でも墳丘からまとまって須恵器（TK209型式期）が出土している。内部主体に副葬品として須恵器を納めるのは、TK217型式期になってからと思われる。

第4節　前方後円墳形態と課題

　埴輪の生産と供給、さらには古墳の築造との関係については、今まで不明な点が多かった。というのも、古墳の築造にかかる諸段階についての研究が、それぞれ別箇に進められていたことに起因している。しかし、関東地方の埴輪生産の実体は、他地域のそれに比べて具体像がかなり判明していることから、本章で述べたような検討をしたわけである。

　かなり雑駁なものではあるが、下総型埴輪出土古墳の墳丘企画、内部主体、副葬品について共通性と非共通性を検討してきた。その結果、下総型埴輪と墳丘企画に密接な関係があること、内部主体には厳密な共通性は認められず、かつ石材や形態による差異も認められないことを指摘した。また、副葬品の様相などを考慮に入れると、城山1号墳、日天月天塚古墳、柴又八幡神社古墳の被葬者が、他とは異なる性格を有していると考えた。

　下総型埴輪が樹立された古墳はおおむね6世紀後葉〜末頃と考えられるが、埴輪樹立終了後の前方後円墳についても同一の墳丘企画を有していることも指摘し得た。常陸南部地域の前方後円墳の墳丘企画に関しては、共通する可能性を指摘するにとどまったが、今後の確認調査などを経てから再考したい。

　下総型埴輪という限定された資料を用いて古墳築造にかかる相互の関係を素描した。限定された時期・地域であり、これがどこまで普遍化できるかは、今後の課題となる。しかし、埴輪生産と墳丘築造に密接な関係があり、内部主体の石材には明確な共通性が見出せなかったことは、極めて示唆的である[10]。

註
1) 墳丘企画研究には、戦前から今日まで膨大な研究蓄積が存在する。本章は後円部や墳丘長を基準とする区画論は採用していない。それは、墳丘が完全に削平されている古墳は、墳頂平坦面や立面形態、段築などの検討ができないからである。このことから、ひとまず墳丘裾を基準とした平面形の異同を論じる。また、尺度に関しても今回は触れない。
2) 同古墳以外に、山武市埴谷3号墳出土とされる人物埴輪に下総型のそれが存在する（山武町史編さん委員会1988）。同古墳のものかどうか確証は得ていないが、墳丘企画は後円部径と前方部幅がほぼ同じで、前方部長がやや短い形態をもち、山武郡域通有のものである。

3) 同古墳の近隣には成田市中台4号墳（墳長70m）が存在する。測量調査のみであり、墳丘企画の詳細は発掘調査を経てからとせざるを得ないが、前方部が後円部径を凌駕するものと思われる。私案では前方部設定が下総型類型と同様になる。ちなみに成田市中台1号墳（墳形不明）からは下総型埴輪が出土している（下総町史編さん委員会1990）。

4) ただし岩﨑卓也は、栃木県域や茨城県北部域にも同様の古墳が存在することを指摘している（岩﨑1992）。

5) 第1章で品物としての埴輪の流通があった可能性を指摘した。

6) 石岡市舟塚山古墳が築造された段階での石棺導入については、かつて詳述したことがある（日高1998a）。

7) 本古墳からは衝角付冑、挂甲、十字文楕円形鏡板付轡、素環鏡板付轡、鐙鞆、鹿角装刀子、長頸鏃などが出土したと紹介されているが（長谷川1976）、その後、東京国立博物館で購入し詳細な観察をおこなうことができた（日高2008b）。内山敏行によれば、出土した衝角付冑、挂甲などは6世紀後葉ころのものと考えられるようである（内山2003）。しかし、十字文楕円形鏡板付轡はいま少し時期が遡るようにも思われる。追葬などを考慮すべきだろうか。

8) 茨城県かすみがうら市風返稲荷山古墳出土の須恵器はこれまでTK209型式期とされてきたが、詳細に観察するとそれより一段階新しい可能性が高い（日高2000a）。

9) 川西宏幸は甲冑の型式とその分布を検討し、6世紀に挂甲が関東に集中している現象に対して、畿内政権が軍事動員基盤を関東に肩代わりさせた結果ととらえている（川西1986）。

10) 『古事記』垂仁段には、比婆須比賣命の時のこととして「石祝作」と「土師部」を定めるとある。

補論　東国の古墳造りと柴又八幡神社古墳

はじめに

　下総型埴輪は千葉県北部を中心に分布する特徴的な埴輪であり、極めて規格性が高く、同じ埴輪製作工人集団の手になると考えられるものである。同じ埴輪製作工人集団の製品が供給された各古墳それぞれにはいかなる関係性があるのだろうか。具体的には、古墳という墓の諸要素（墳丘・内部主体・副葬品および埴輪など）に、下総型埴輪が樹立された古墳それぞれが関連性を有しているのだろうか。

　古墳造りには選地に始まり、基礎工事、埋葬など多くの場面が存在する。埴輪樹立がどの場面でなされたのかは難しい問題であるが、私は埋葬の場面に伴っておこなわれたものと考えている（日高2011c）。それは、前期古墳などの竪穴系埋葬施設の墓坑内側に埴輪が樹立されている例や、後期古墳の横穴式石室の墓道付近に埴輪が樹立されている例などを参照してのことである。

　本補論では、第6・7章で円墳として記述していた東京都葛飾区柴又八幡神社古墳について、前方後円墳の可能性を示してみたい。問題点も多く存在しているので、あくまでも試案である。

第1節　柴又八幡神社古墳の墳丘企画の検討（試案）

　先に私は、柴又八幡神社古墳の墳丘を円形と考えて、その墳丘企画については保留であるとした（第6・7章参照）。その後、埴輪列や墳丘の裾について発掘調査の成果によりある程度明らかになってきた（谷口ほか2009・2011）。その結果、墳丘の東側で弧状に廻る円筒列と周溝が確認されたほか、西側ではやや直線的な円筒列と周溝、北西側ではくびれ部となる周溝が確認されるとともに周溝内から形象埴輪がまとまって出土した。このことから前方部を西側に向けた前方後円墳である可能性が高まったのである。ただし、墳丘の西側ではいびつに延びる細い溝（周溝か？）が確認されたことから、墳形そのものが不定形となる可能性も指摘された。このことから、報告書では墳丘企画について、積極的な復元はせず、慎重な態度をとっている。

　本稿で、墳丘企画の復元的検討をおこなってみた。これはあくまでも試案であり、根拠薄弱

第1節　柴又八幡神社古墳の墳丘企画の検討（試案）

との謗りは免れないものであることを予めお断りしておきたい。また、墳丘の西側で確認されたいびつに延びる細い溝（周溝か？）については幅がやや細いことや、墳丘裾から円筒列までの距離が墳丘東側のそれよりも長いという問題も存在する。周溝として認識すべきかどうか判断に苦しむものであるが、これが周溝であるならば、別の企画を考える必要があることもお断りしておく。

　上記のような課題がありつつ墳丘企画を復元してみたが、まず報告書の図55に示された断面図により、周溝の墳丘側立ち上がりを墳丘裾として認識した。A—B'は連続した断面ではないが、社殿を真ん中して平行移動したものなので、おおむね墳丘の直径を導き出せる。すなわち直径18.5mで、北西側のくびれ部の裾から前方部へと続く線をもとに前方部の裾線を延長した。くびれ部の幅は南側が不明であるが、発掘区の中では確認できていないことから発掘区外の点にもとめ、幅9.0mと考えた。前方部長はまったく分からないので、後述の印西市吉高山王古墳を参考に10.5m、前方部幅を15.5mととらえてみた。この結果、墳丘長は29mとなった。前方部はもう少し短くなる可能性もある（図1）。

　後円部と前方部の接続の状況から考えると、前方部側面の裾線を後円部側に延長した線の交点が後円部の外に位置することはないと思われる。つまり下総型埴輪類型の前方後円墳企画とは異なることになるが、前述したように前方部が短い前方後円墳の場合はそのような企画とならない。この点は柴又八幡神社古墳の墳形を考える上で重要であると考えられる。前方部が発達した前方後円墳にはならない可能性が高い。このようなことから、同様の企画の前方後円墳を探すと、印西市吉高山王古墳が最も近いと思われる（図2）。

　前方部等の数値は柴又八幡神社古墳の場合は未詳なので、もう少し短くなる可能性もある。試みに同様な規模を有する前方後円墳である成田市荒海15号墳の数値も示しておいたが、前方部幅が大きく異なるものであり、前方部側面裾の設定方法を含めて吉高山王古墳例えばに近似値を求めることができるだろう。

　以上から、不明な点が多いものの、柴又八幡神社古墳の墳丘企画は下総型埴輪類型と考えて大過ないと思われる。ただし、後円部南側の張り出しについては解決されていないので、さらに精査が必要となってくるだろう。前方部前端についても同様である。

表1　吉高山王古墳との比較

	墳丘長	後円部径	円筒列径	くびれ部幅	前方部長	前方部幅
柴又八幡神社古墳	29	18.5	—	9	10.5	15.5
吉高山王古墳	30	22	18	10	8	14
荒海15号墳	29	18	—	11	11	17

補論　東国の古墳造りと柴又八幡神社古墳

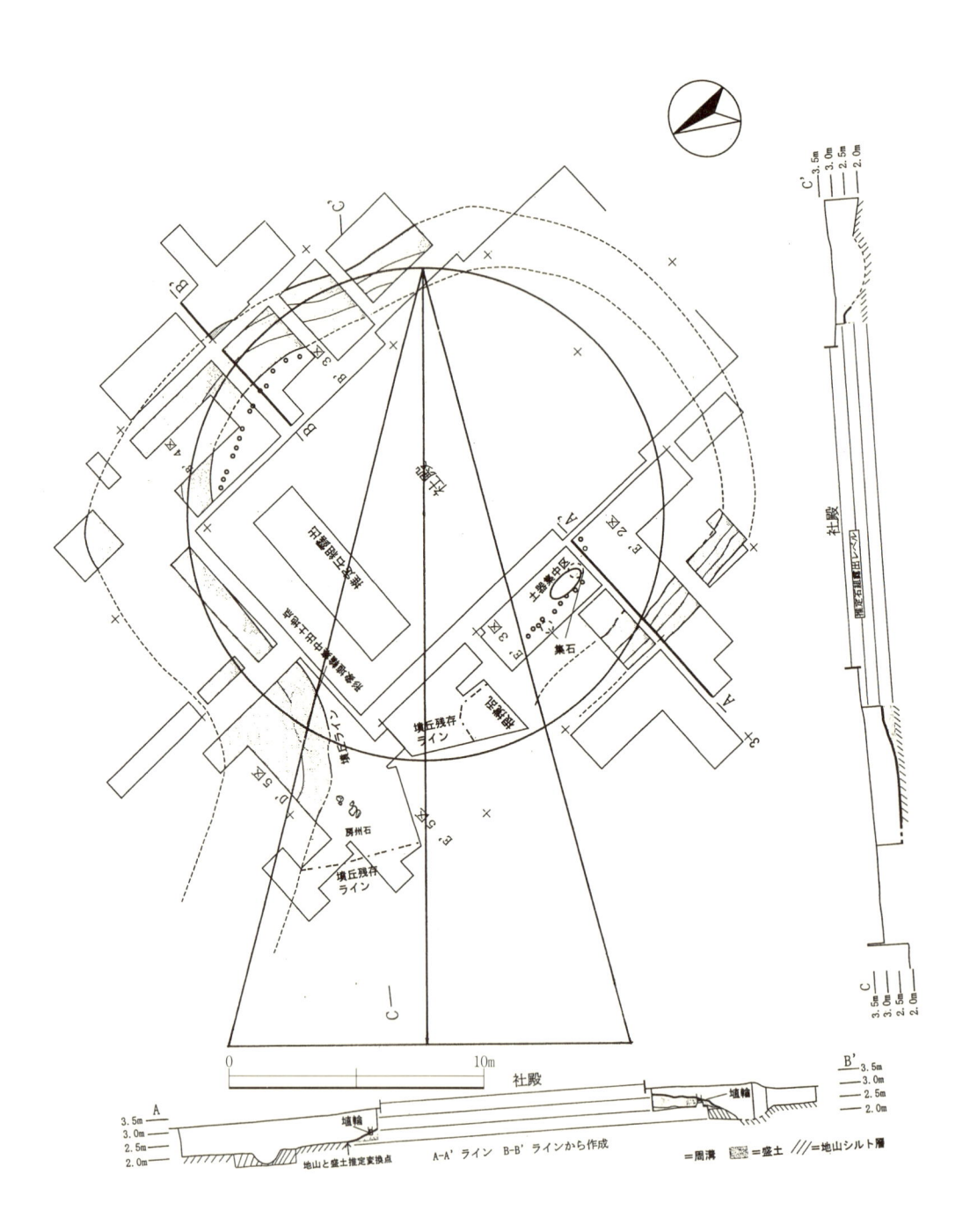

図1　柴又八幡神社古墳の墳丘企画（試案）

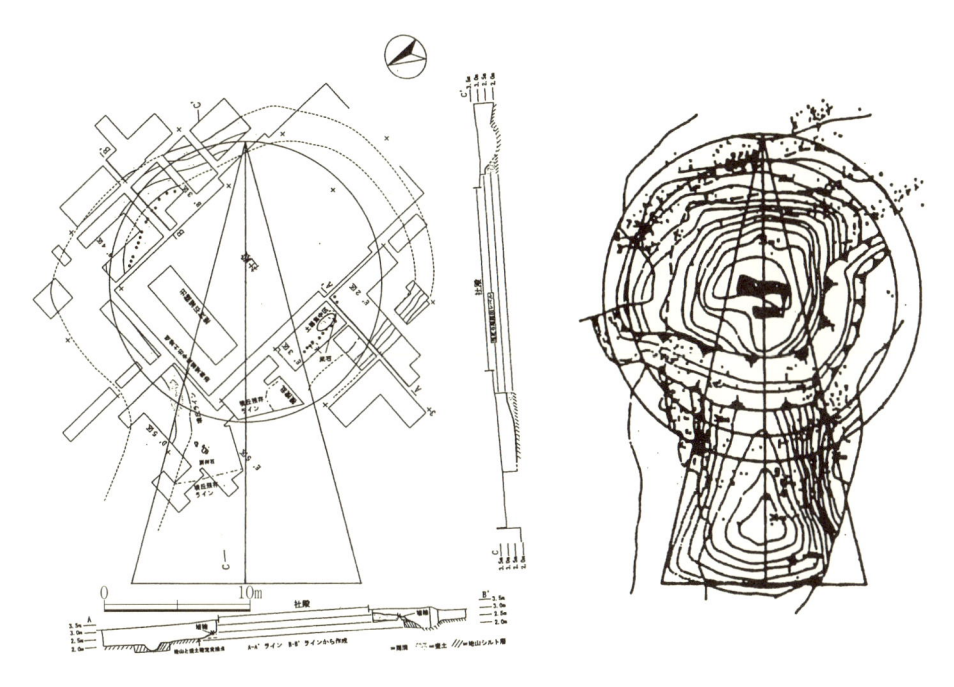

図2　柴又八幡神社古墳（左）と吉高山王古墳（右）の墳丘企画

第2節　古墳造りと埴輪製作

　柴又八幡神社古墳を含めて下総型埴輪が出土した古墳および埴輪樹立終了後の古墳について、その特徴を改めて示すと以下の通りである。
　　①下総型埴輪と墳丘企画に密接な関係がある。
　　②内部主体には厳密な共通性はなく、石材や形態による差異も認められない。
　　③副葬品の特徴は特に見出せないが、武具および馬具を出土する古墳には他にはない特徴
　　　を指摘できる。
　古墳の墳丘企画と埴輪とに相互に共通性が認められることは、埴輪製作工人集団が古墳造りに密接に関わっていたことを示すのではなかろうか。この点は埴輪製作工人集団（土師氏）と喪葬との密接な関わりを示すように思われる。この問題は第8章にて詳述したい。
　下総型埴輪という特徴的な埴輪が成立した背景には、6世紀中葉におこった埴輪生産体制の再編が関わっていると思われ、その工人集団は墳丘企画をも共有した古墳造りに関わっていたと思われるのである。

補論　東国の古墳造りと柴又八幡神社古墳

　柴又八幡神社古墳では鉄地金銅張馬具が副葬されていた点が特筆される。同規模の古墳では同様の副葬品が認められないことから、柴又八幡神社古墳の被葬者は同規模の前方後円墳よりも上位の立場にあった人物と考えられる。武蔵と下総の境界地域であり、低地という河川交通の東京湾からの入口、東京湾への出口に位置する。房総半島南西部からもたらされた房州石（礒石）を内部主体に使用していることからも、玄関口に位置するが故のことであったのだろう。被葬者は、北武蔵地域と上総地域との交流に深く関わった下総地域の人物と考えられるだろう。

おわりに

　柴又八幡神社古墳の発掘調査成果をもとに、下総型埴輪と古墳造りについて憶測も含めて述べてきた。柴又八幡神社古墳の墳丘企画については試案であり、今後の研究の進展により変更される可能性が高いことを改めて指摘しておきたい。

第8章　埴輪製作工人の成立と土師部の研究
―埴輪生産に因んだ地名をめぐって―

はじめに

　埴輪は古墳時代の始まりから存在し、古墳時代の代表的な墳形である前方後円墳が築造されなくなる頃に生産を終了することが知られている。つまり、古墳時代の比較的長期にわたってつくり続けられてきた数少ない物質資料の一つである。さらに埴輪は、その製作遺跡が比較的多く確認されている。須恵器もその製作遺跡が各地で確認されているが、これは古墳時代中期以降につくられるようになったものである。土師器は古墳時代を通じてつくり続けられたものであるが、その製作遺跡はあまり知られていない。つまり、製作から利用・廃棄までを知ることができ、かつ古墳時代を通時的にみることのできるものは埴輪以外にないといっても過言ではない。

　本章では、文献史料や残存地名（以下土師地名とする）などを視野に入れ、埴輪生産地との関係、土師部（土師氏）の成立を何時に求めるべきなのか、試案を述べようとするものである。

第1節　埴輪生産の概観

　前期の埴輪生産に関しては、詳らかでない。しかし、中期前半に位置付けられる香川県高松市中間西井坪遺跡焼成土坑や奈良県奈良市東院地区窯などが窖窯導入以前の状況を端的に示す例である。両者とも近隣の古墳に埴輪を供給するために設置された埴輪焼成遺構であり、おおむね5世紀前半代に操業していたものと思われる。同様の構造の埴輪焼成土坑は三重県鈴鹿市石塚遺跡でも確認されている。いずれも小規模に埴輪が生産されていたと思われる。古墳時代前期についても同様の構造の平窯であったと想定されるのである。

　中期後半代には埴輪生産に窖窯が採用され、同時に全国で生産遺跡が確認されるようになる。ただし、畿内（河内・和泉）を除けば、各地での埴輪生産はまだ小規模であったと推察さ

れる。例えば、福岡県八女市立山山窯跡群は5世紀代のものとしては1基のみであるし、同朝倉郡筑前町山隈窯も須恵器併焼で合計4基である。愛知県内の埴輪窯跡はすべて須恵器併焼であり、1～4基ほどのものばかりである。埴輪窯跡が比較的多数発見されている関東地方においても、5世紀代のものは少ない。茨城県ひたちなか市馬渡窯は5世紀後半代ではC区があり、重複した1・2号窯、焼成前に放棄された3号窯があるのみである。操業時は1基であった可能性が高い。千葉県木更津市畑沢窯も1基のみである。群馬県藤岡市本郷窯は2地点の灰原範囲が300mにも及ぶ大規模窯跡群であるが、5世紀後半のものは比較的狭い範囲に限定される。埼玉県鴻巣市生出塚窯は、確認されている窯の大部分が6世紀代のものである。

　後期には埴輪生産が全国的に拡大するとともに、関東地方においては大規模生産遺跡が出現する。それは、埴輪の樹立される古墳が多くなることと不可分の関係と理解される。関東地方では前述の馬渡窯、本郷窯、生出塚窯とともに、茨城県東茨城郡茨城町小幡北山窯、埼玉県深谷市割山窯、同熊谷市権現坂窯などが大規模生産遺跡と考えられる。大西智和が示した九州・京都・群馬の埴輪樹立古墳の時期別推移によれば（大西1993）、畿内は川西宏幸の編年（川西1978）の4～5期で約6割だが、九州および関東（群馬）は5期で約7割を占めている。埴輪生産が、5期すなわち6世紀に集中するということである。

第2節　埴輪生産遺跡と土師関連地名・人名

　埴輪生産に窖窯が導入されることは、大量生産を可能にし、特に畿内の大王墳が巨大化することと無関係ではあるまい。しかしそれ以外の地域においては、窖窯導入期も画期の1つだが、むしろ6世紀代の各地域における埴輪の大量生産に画期を求めたほうがよいとも思われる。各地での埴輪生産遺跡がすべて発見されているわけではないことも事実だが、ひとまず、現時点での全国の埴輪生産遺跡を集成するとともに[1]、未確認の遺跡を推定する上で、地名および人名に着目してみたい（表1）。地名としては主として「土師」「埴」「羽生（埴生）」、「土生」などの良質粘土に因んだもの、人名は「土師」姓を対象とした[2]。埴輪生産遺跡は管見に触れたもので、北は宮城県、南は熊本県（詳細不明）で、合計114遺跡である。周辺の土師地名については、遺跡地に対応する場合と比較的近在する場所に比定できる場合を記入することとし、推定される市町村を併記した。また、別地域と推定される土師地名などは別欄に記入した。また、埴輪生産遺跡が未確認の県についても参考として地名などを示すこととした。

　一見して近畿地方において埴輪生産遺跡と土師地名が良好に対応していることが分かる。また関東地方でも、前述の大規模生産遺跡とした遺跡と地名がよく対応している。しかし唯一、

表1 埴輪生産遺跡と土師関連地名一覧

	県名	埴輪生産遺跡名	周辺の土師関連地名 (古代〜近世)・人名など	埴輪生産遺跡未確認地域の 土師関連地名・人名など
1	宮城県	仙台市富沢窯		
2		色麻町四釜官林	羽生（中世・大郷町）	
3	山形県	酒田市山谷窯		
4	茨城県	常陸太田市元太田山窯		土師（近世・旧岩間町），羽生（中世・玉造町），羽生（近世・旧桜川村），羽生（近世・旧水海道），土師部里麻呂（那珂郡荒墓郷・正倉院古裂），土師廣万呂（常陸国仕丁），土師部與佐賣（下総国相馬郡意布郷戸籍・取手市？・柏市）
5		ひたちなか市馬渡窯	土師小刀良（台渡廃寺瓦・水戸市），はしかべ	
6		茨城町小幡北山窯	土師神主（面山東遺跡墨書），下土師（中世・茨城町）	
7		常総市陣屋窯		
8	栃木県	佐野市唐沢山窯	埴田郷（和名抄・佐野市）	土師郷（和名抄・足利市），埴崎荘（中世・真岡市），羽生田（中世・壬生町）
9		小山市飯塚窯		
10	群馬県	太田市駒形神社窯		反治郷（和名抄）←伊勢崎市八寸（中世）
11		太田市金井口窯		
12		太田市成塚住宅団地窯		
13		藤岡市本郷窯	土師郷（和名抄・藤岡市）	
14		藤岡市猿田窯		
15		富岡市下高瀬上之原窯		
16	埼玉県	本庄市赤坂窯		羽生荘（中世・羽生市），羽尾（近世・滑川市）
17		本庄市宥勝寺裏窯		
18		本庄市八幡山窯		
19		本庄市蛭川窯		
20		美里町宇佐久保窯		
21		深谷市割山窯		
22		熊谷市姥ヶ沢窯		
23		熊谷市権現坂窯		
24		寄居町末野窯		
25		東松山市桜山窯		
26		吉見町和名窯		
27		鴻巣市馬室窯		
28		鴻巣市生出塚窯	天神（近世・鴻巣市）	
29	東京都	大田区下沼部遺跡		土師角麻呂（武蔵国分寺瓦・豊島郡白方郷），土師部里栖（武蔵国分寺瓦）など，土師部刀自賣（下総国葛飾郡大嶋郷）
30		大田区久ヶ原遺跡		
31	神奈川県	川崎市白井坂窯		
32		横須賀市久里浜窯		
33	千葉県	成田市栗山窯		埴石郷（和名抄・旧長生村または茂原市），埴谷郷（和名抄・山武市）埴生郡埴生郷（和名抄・一宮町），土師宿禰稲守（下総国史生）
34		成田市公津原窯	埴生郡（和名抄・成田市西・南部〜栄町）	
35		木更津市畑沢窯		
36	長野県	岡谷市鬼戸窯		埴科郡（和名抄,万葉集），埴生（近代・旧更埴市），羽生野村（近世・飯田市）
37		諏訪市手長岡窯		
38	静岡県	静岡市前田通窯	埴生郷（和名抄・静岡市），土師宿禰佐美麻呂（駿河国正税帳）	
39		掛川市星川窯		
40		袋井市衛門坂窯	土師部得末呂（藤原木簡・遠江国長田評佐除里・未詳）	
41		磐田市京見塚窯		
42		湖西市峠場窯	土師部小眞木（浜名郡津築郷・旧三ヶ日町）	
43	愛知県	名古屋市東山窯		
44		春日井市下原窯		
45		春日井市桃花園窯		
46		尾張旭市城山窯		
47		尾張旭市卓ヶ洞窯		
48		豊田市上向イ日窯		
49		豊橋市水神窯		
50		豊橋市若宮遺跡		

第 8 章　埴輪製作工人の成立と土師部の研究―埴輪生産に因んだ地名をめぐって―

	県名	埴輪生産遺跡名	周辺の土師関連地名 （古代～近世）・人名など	埴輪生産遺跡未確認地域の 土師関連地名・人名など
51	三重県	津市ヲノ坪窯		波敷野（中世・旧阿山町）、土師御園（中世・度会郡）
52		津市藤谷窯		
53		津市法ヶ広窯	贄土師部（書紀・藤方・津市）	
54		久居市久居窯		
55		鈴鹿市石塚遺跡焼成土坑		
56		鈴鹿市稲生窯	土師（中世・鈴鹿市）	
57		四日市市小杉大谷窯		
58		津市安濃町内多窯		
59	福井県	あわら市鎌谷鎌	羽丹生荘（中世・旧美山町）、羽丹生（近世・福井市）	土師宿禰（越前国正税帳）、土師宿禰鷹甘（越前国）、土師電（平城木簡・若狭国遠敷郡木津郷・高浜町）
60		美浜町興道寺窯	土師安倍（藤原木簡、若狭国三方評耳五十戸・美浜町）	
61	石川県	小松市二ツ梨殿様池窯	埴田（近世・小松市）、能美郡能美郷（和名抄・小松市ほか）	
62	京都府	宇治市西隼上り窯	贄土師部（書紀・宇治市？・八幡市内里？）	土師郷（和名抄・福知山市）、埴見里（条里・綴喜郡）、土師黒庭（山代国班田司史生）、土師連麻呂（山背国愛宕郡大野郷）、丹波の贄土師部（書紀）、大江朝臣（続紀・大江郷・京都市）、土師槙（山背国班田司准判官）、土師部乙山（平城木簡・丹後国竹野郡間人郷・京丹後市）
63		木津川市上人ヶ平窯	吐師（中世・旧木津町）	
64		木津川市音如ヶ谷瓦窯		
65		南丹市園部町徳雲寺窯	埴生（中世・旧園部町）	
66		南丹市園部町シマカケ窯		
67	奈良県	奈良市東院地区窯		埴口（古代・新庄町）、埴安池（万葉集・橿原市）、吐師（近世・川西町）、吐田（中世・御所市）、吐田郷（中世・奈良市）、吐田荘（古代・平群町）、贄土師連（姓氏録）
68		奈良市菅原東窯	土師宿禰古人ほか（改姓→菅原、秋篠、続紀）	
69		桜井市能登窯		
70	大阪府	豊中市青池南畔窯		土師宿禰比良夫（和泉監佑）、土師宿禰廣濱（和泉監主政）、百舌鳥土師連土徳（孝徳天皇殯宮・書紀）
71		豊中市桜塚下原窯		
72		豊中市曽根西町焼成土坑		
73		高槻市新池窯	埴廬（書紀・高槻市）、土室荘（長秋紀・高槻市）	
			濃味郷（和名抄・高槻市）、式内社野見神社	
74		吹田市吹田37号窯		
75		岸和田市松尾池尻		
76		藤井寺市土師の里窯	土師郷（和名抄・河内国志紀郡・藤井寺市）、土師宿禰男成など	
77		羽曳野市誉田白鳥窯	埴生（書紀・羽曳野市）	
78		羽曳野市野々上窯		
79		堺市梅町窯	土師郷（和名抄・和泉国大島郡・堺市）、土塔（土師文字瓦）	
80		堺市赤畑窯		
81		堺市土山窯		
82		堺市日置荘西町窯	土師郷（和名抄・河内国丹比郡・堺市？・松原市？）	
83		堺市日置荘窯		
84	兵庫県	加古川市坂元遺跡		端鹿里（風土記・旧東条町）、波自賀村（風土記・旧神崎町）、埴丘郷（和名抄・旧生野町付近）、土師（近世・旧香寺町）、土田（中世・旧和田山町）、土生（近世・旧香住町、旧南淡町）、但馬の贄土師部（書紀）など
85		相生市那波野丸山3号窯	土師（近世・たつの市）、土師弩美宿禰（風土記・立野・たつの市）	
86	和歌山県	和歌山市森手穂窯	埴崎郷（和名抄・吐前・和歌山市）、埴生里（霊異記・和歌山市・海南市付近）	埴田（中世・旧南部町）、土生（近世・旧田辺町）、御坊市、旧吉備町）、吐生（近世・串本町）、波分（近世・岩出市）
87		和歌山市砂羅谷4-Ⅱ号窯		
88		和歌山市鳴神窯		
89	徳島県	鳴門市大谷	土師郷（和名抄・徳島市）、埴土郷（和名抄・石井町～徳島市）	
90		鳴門市長田遺跡		
91	香川県	高松市中間西井坪窯		埴穴（中世・旧大野原町花稲？）

138

第2節　埴輪生産遺跡と土師関連地名・人名

	県名	埴輪生産遺跡名	周辺の土師関連地名 （古代～近世）・人名など	埴輪生産遺跡未確認地域の 土師関連地名・人名など
92	愛媛県	松山市谷田窯		垣生（近世・新居浜市、旧三瓶町），土生（近代・旧弓削町）
93		松山市古鎌山窯		
94		松山市上野窯		
95		松山市西野大池窯		
96		松山市通谷池窯		
97		松山市西野春日谷窯		
98		松山市三本木窯		
99		松山市八幡原窯		
100		松山市大津原窯		
101		松山市生石八幡窯	埴（垣）生郷（和名抄・松山市南西部）	
102	岡山県	鏡野町塚谷遺跡	土生（近世・旧奥津町）	土師方（中世・旧建部町）
103		赤磐市土井窯	土師郷（和名抄・旧長船町），土師谷村（中世・旧英田町），土生（近世・旧佐伯町）	
104	山口県	萩市円光寺（大井）窯	垣（埴）田駅（和名抄・萩市）	埴生駅（延喜式・旧山陽町），土生（近世・岩国市）
105	島根県	松江市平所窯		波子（志）浦（江津市），野見（風土記・旧赤来町），土師部小龍（大日本古文書・出雲郷），土師当麻・嶋足（大日本古文書・都智郡）
106	福岡県	北九州市潤崎遺跡	埴生郷（和名抄・中間市）	薑村（中世・宗像市武丸字土師上）
107		八女市立山山窯	土師郷（和名抄・山本郡，福岡県南西部）	土師宿禰開成（続紀・大宰府に遣わされる）
108		筑前町山隈窯		
109		小郡市三沢蓬ヶ浦遺跡		
110		飯塚市下ノ谷窯	土師郷（和名抄・桂川町）	
111		飯塚市目尾窯？	土師郷（和名抄・桂川町）	
112		上毛町下唐原大久保窯		
113	佐賀県	唐津市浜玉町仁田遺跡		土師郷（中世・神崎市），土生ヶ里村（近世・旧三日月町），能美郷（和名抄・鹿島市）
114	熊本県	宇木市前田遺跡A地点		土田（中世・小国町）
	福島県	未確認		土平・土津神社（近世・猪苗代町）
	新潟県	未確認		埴生保（中世・柏崎市），羽二生（中世・旧両津市），羽生（近世・糸魚川市），羽生（埴生）田（近世・田上町）
	富山県	未確認		土師（万葉集など・越中国遊行女婦）
	岐阜県	未確認		埴生郷（和名抄・富加町）・半布里（正倉院文書），美濃国には土師部・土師姓が多い（御野国蜂間郡春部里）
	鳥取県	未確認		土師郷（和名抄・智頭町埴師），因幡の贄土師部（書紀），土師首麻呂・麻呂（正倉院文書・大江里，旧船岡町），能美郷（和名抄・鳥取市）
	広島県	未確認		土師（中世・旧八千代町），土生（近世・旧因島市，府中市），能美郷（和名抄・旧豊栄町）
	長崎県	未確認		土師野尾（近世・諫早市）
	大分県	未確認		埴田名（中世・豊後国直入郡直入郷），埴坪村（近世・旧挾間町）
	鹿児島県	未確認		土師浦（中世・阿久根市），土師迫（中世・旧金峰町），土師宿禰山麻呂（周防正税帳に大隅国の人とある）

　埼玉県に関しては土師地名そのものがほとんどない。周知の通り生出塚窯は埼玉古墳群の埴輪を主として生産していた遺跡であり、その周辺でまったく土師関連の地名を見出すことができないことは、大規模生産遺跡という点からみれば奇異な印象を受ける。ただし強いてあげるならば、生出塚窯がある場所は近世に天神と呼ばれたところである。天神という地名に土師氏との関連を求めるのは強引過ぎるだろうか。また、『日本書紀』神代紀によれば、「天穂日命。此出雲臣。武蔵国造。土師連等遠祖也。」とあり、同様の記述は『古事記』にも認められること

から、ここに土師氏—出雲臣（国造・古事記）—武蔵国造の祖が同一の系譜であるという共通点を見出すことができるだろう。なぜ残らなかったのかという疑問点は依然残るが、土師氏と無関係でないことだけは指摘できるだろう。

　注目されるのは、愛知県および静岡県（遠江）に土師地名の痕跡をほとんど見出すことができないことである。これら地域の埴輪生産が、須恵器生産と極めて密接に関わっていることは周知の事実である。いずれも須恵器との併焼窯であり、埴輪の製作技術に須恵器の技法が多用されていることが指摘できる。つまり、他の埴輪生産体制とは異なることが指摘できるわけであり、土師地名が残らないこととの相関が指摘できるのではなかろうか。一方、駿河に位置する埴輪専用の静岡市前田通窯の周辺に「埴生」という地名が残っており、駿河の地域には関東系の埴輪が供給されていたことが分かっている[3]。地域を接する場所において極めて対照的な在り方をすることは、埴輪製作工人集団の有様を解く上で重要である。

　以上、窖窯を用いた埴輪生産遺跡と土師地名には相関があることが指摘できた。そしてこの前提から、埴輪生産遺跡未確認地域の土師地名の周辺に、埴輪生産遺跡発見の可能性が極めて高いと思われる。例えば千葉県山武郡地域は、顎鬚を蓄えた人物埴輪を特徴とする埴輪密集地域であり、その只中に位置する山武市埴谷（上総国武射郡埴屋郷）の地に、埴輪生産遺跡が存在する可能性を指摘したい。

第3節　埴輪生産体制の変革と土師部の成立

　窖窯を利用した埴輪生産遺跡の所在地と土師地名に相関があることを指摘した。このことは、ひとり畿内にのみ適応できるわけではなく、列島全域にいえることである。それは、埴輪生産の大規模化、組織化と深く関わって広まっていったと思われる。

　埴輪生産においては、大正年間の喜田貞吉に始まり今日に至るまで、文献史学から土師部との関連を説く見解がなされてきた[4]。しかし、冒頭に述べたように、一口に埴輪といっても古墳時代の始めから生産され続けられてきたものであり、その最初期から土師部（土部）という集団があったわけではなかろう。ただし、地名との相関から、埴輪生産と土師部（氏）との直接的な関係が認められることは前述の通りである。それでは、4世紀から6世紀末に至る長い埴輪生産史のなかで、いつ集団としての土師部が成立したのだろうか。

　『日本書紀』に記された土師氏の活躍の場は米澤康や直木孝次郎が明らかにしたように多岐にわたっている（米澤1958、直木1960）。すなわち、土器製作（埴輪製作）、軍事、外交、喪葬などである。特に土師氏の起源を記した垂仁32年の条は、埴輪起源説話として夙に知られた

第3節　埴輪生産体制の変革と土師部の成立

ものであり、土師氏が天皇の喪葬をつかさどる由縁であるとも記している。天皇の喪葬としては、孝徳天皇の殯宮を掌った機会以降に認められるようになるが、それ以前は雄略9年（大将軍紀小弓宿禰）、推古11年（征新羅大将軍来目皇子）、皇極2年（吉備嶋皇祖母命）という天皇以外の場合があるに過ぎない。ただし、『律令』職員令や喪葬令には土部によって喪葬を執りおこなう旨が記されていることから、奈良時代には土師氏が広く皇族などの場合に活躍していたことは認められるだろう。喪葬に関わる由縁を記した垂仁紀以降、最初の記録としては上述の雄略9年条となる（仁徳60年条は陵守を土師連の管下に置くとしたもので、直接喪葬に関わったものではない）。つまり、雄略天皇の時にはじめて喪葬に関わる土師氏が登場するのである。さらに、雄略17年条には贄土師部の設定記事が載せられる。雄略朝があらゆる意味で画期であったことは、岸俊男が的確に指摘したところであり（岸1984）、その画期の時期に、土師氏の職掌の主要な部分である喪葬と土器づくりの記述がはじめて登場することは無関係とは思えないのである。

　土師地名との関わりでは、奈良県奈良市にある菅原東窯と東院地区窯という2つの埴輪生産遺跡が重要と思われる。前者は5世紀後半にその操業が始まることが知られており、後者は5世紀前半に操業が始まる。前者はいうまでもなく土師氏との関連を示す「菅原」の地であり、一方、後者の周辺には土師地名は存在しない。ただし両者は、それほど離れていない場所に位置しているので、後者の周辺には土師地名は存在しないと断言するには強引であるとの誹りは免れまい。しかし筆者には、窯の構造、つまり5世紀前半と後半という時期的な違いが残存地名の有無に深く関わっていると考えたい。5世紀前半に操業していた香川県高松市中間西井坪窯の周辺に、土師関連地名がないこともその補強材料になると思われる。

　以上から、畿内における埴輪生産の画期を5世紀後半（雄略朝ころ）に求めたい。それは、前述した埴輪の大量生産の開始期（窖窯導入期）と合致してくると思われる。雄略朝の時期に埴輪製作工人集団としての土師部の成立を求めたいのである。ただしこの時期に、日本列島全域で一律に土師部として埴輪生産がなされたとはいいきれない。

　関東地方で大量生産がはじまるのは、6世紀中葉以降である。他地域ではなお検討する材料に欠けるが、少なくとも関東地方では6世紀中葉に埴輪生産体制の再編がなされ、集団としての土師部の成立をみたと考えたい。それは、舘野和己が明らかにした屯倉制の成立とも深く関わると思われる（舘野1978）。倭王権の各地域における新たな支配体制の確立とともに、部としての新たな生産体制・組織ができたのである。ただし倭王権の支配体制とは、それほど強固なものではなかったと思われる。それは、ほぼ同時期に成立したと思われる国造制について（篠川1996）、和田萃がいうように埼玉古墳群の中規模前方後円墳を武蔵国造家の墳墓ととらえ

第 8 章　埴輪製作工人の成立と土師部の研究―埴輪生産に因んだ地名をめぐって―

ることができるならば（和田 2001）、国造といえども在地首長の大規模前方後円墳に匹敵する墳墓を築きえなかったことになるからである[5]。

　以上のようなさまざまな変革の時期を経て土師部が成立し、その足跡として後世に土師関連地名が残されることになったのであろう。

註
1)　埴輪生産遺跡は、筆者の管見に触れたものと、塩野博の集成（塩野 1976）、笠井敏光の集成（笠井 1992）を参照した。ただし特に奈良県内のものは、かつて古墳が存在しないと考えられていた低地で埴輪が出土した遺跡を埴輪生産遺跡と登録しているものが多い。今日、低地で削平古墳が続々と発見されていることから、確実なもののみを採用した。
2)　古代地名で主として参照したのは『和名類聚抄』であり、『古代地名大辞典』（角川書店）も適宜参考とした。中世～近世にかけては、『角川日本地名大辞典』（角川書店）を参照した。人名については佐伯有清『新撰姓氏録の研究』（吉川弘文館）および『日本古代人名辞典』（吉川弘文館）を参照した。また、土師姓は平安時代に菅原、秋篠、大江に改姓した一族が存在する。特に菅原は後世に天神信仰として各地に広まったものがほとんどで、煩雑となることからひとまず、「土師」に限定することとした。
3)　鈴木敏則氏のご教示による。鈴木氏には東海地域の埴輪生産について多くのご教示を頂いている。
4)　土師部に関する研究は膨大な数にのぼる。紙幅の都合もあり、ここでそのすべてを言及することはできない。序章において、研究史を含めて若干言及したので参照していただきたい。
5)　ただし、国造の墓を中規模前方後円墳とするには異論も多い。私自身は埼玉古墳群の大規模前方後円墳の被葬者が国造である可能性が高いと思っている（日高 2011a）。

第9章　埴輪樹立からみた地域性と階層性

はじめに

　人物埴輪は、数ある形象埴輪の中でも古くから注目、紹介されてきた。現在もなお多くの人々によって、研究が進められてきている。研究の方向性は、主として人物埴輪を含む形象埴輪列の意味するものに、重きが置かれてきたと言えよう。ここで数ある諸説について論及する余裕もないが、水野正好の「埴輪芸能論」（水野1971）が批判も含め、今なお大きな論点となっていることは間違いない。しかし、古墳に立て並べてあった形象埴輪群の意味が、地域、墳形、規模などにかかわらず、すべて同じであったのかどうかという点が、筆者の素朴な疑問として常に存在している。それは、古墳時代の祭祀が地域ごとに異なっていた可能性はないのかということにも繋がり、延いては古墳時代の地域の独立性にも関わってくると考える。本章では形象埴輪（人物埴輪）をとりあげ、形象埴輪の意義についての基礎的作業をおこなうものである。

第1節　分析の視点と方法

　古墳の形、大きさなどに被葬者の階層性が表されていることは、先学の諸研究によって明らかにされているところである。また、被葬者の傍らに埋納される副葬品にも当然差異があったことだろう。それでは、古墳時代前期から後期まで連綿と存在する埴輪には、その階層性が表れるものなのであろうか。この問題は、古墳時代における葬送儀礼を考える上でも極めて重要な点である。また、その具体的な儀礼の要素を復元するためにも必要不可欠な課題であり、かつ首長（被葬者）とはどのような存在なのかを考察する上でも極めて重要な点と考える。すでに円筒埴輪による大きさの違いについては、増田逸朗によって埼玉県行田市埼玉古墳群を中心に実践されたところである（増田1987）。それでは、形象埴輪（特に人物埴輪）には古墳ごとにその階層性が表されるものなのであろうか。

第9章　埴輪樹立からみた地域性と階層性

　このような視点に基づき、本章では人物埴輪の数量的分析をもとにして検討を加えたい。なお、資料的制約のため、検討する人物埴輪は関東地方（福島県を含む）に的を絞って6世紀代を中心に考察したい。

　古墳における形象埴輪を語る場合、極めて基本的なことであるが、埴輪が古墳のどの位置から出土し、どのような種類が存在し、個体数（内訳）はどのようになるのかという点が重要な問題である。しかし、形象埴輪を出土する古墳のすべてが、墳形・規模・出土位置などの判明しているものばかりではなく、墳形・規模・出土位置などが分かっていても、形象埴輪の内容がすべて判明しているわけではない。さらに形象埴輪は多くの場合破片として出土し、全体像の窺い知れるものは少ない。そこで、以下の検討をおこなうものとする。

　①人物埴輪の個体数の検討
　②人物埴輪の器高の検討

　①の検討には、出土埴輪が破片となっていて全体像を復元できない場合にも、どの破片がいくつ存在するかを確認し、破片同士の同一個体性を積極的に認定することによって、ある程度の個体数は確認できる。②の検討には、出土状態が良好で完形に復元できた人物埴輪の器高を検討する。この場合、双脚の立像と半身像とに分割して検討をおこなう。

　なお、古墳の年代は主として円筒埴輪の編年（川西宏幸の編年）を基礎とした（川西1978）。また、須恵器に関しては田辺昭三の編年を便宜的に使用することとする（田辺1981）。検討する古墳の内訳は、前方後円墳35基、帆立貝形古墳13基、円墳39基である（表1）。

第2節　人物埴輪の数と高さの検討

1　人物埴輪の個体数の検討

　まず、基本数を確認しておく。個体数の検討で用いる墳形と規模および埴輪の数が確定できた古墳の内訳は、前方後円墳35基、帆立貝形古墳13基（うち突出遺構1基）、円墳39基である。
　前方後円墳（表2）では、千葉県山武郡横芝光町殿塚古墳（28）が抜きんでていることが分かる。また、同姫塚古墳（27）では墳丘規模の割に40体以上の人物埴輪が出土しており、後述する同地域の山武市経僧塚古墳（81）が、径45mの円墳にして32体もの人物埴輪を出土していることからすると、これらの古墳の人物埴輪数の多さとは、千葉県山武郡域における地域性としてとらえることができよう。表1から導き出せることは、古墳の規模がある一定の大きさ以上になると、人物埴輪の数が増加しているという事実である。墳丘長50m級の前方後円墳の良好な資料が不足しているが、ほぼ墳丘長50m程度がその境界線と考えられる。人物

表1　検討古墳一覧

		古墳名	規模	時期	男	武人	盾持	女	不明	合計	その他の形象埴輪
前方後円墳											
1	茨城県	石岡市丸山4号墳	35	V新 TK43	1	2		4		7	馬
2		小美玉市舟塚古墳	88	V中	7	7	4	1	1	20 (30?)	馬、騎馬?、家、舟?
3		東海村舟塚1号墳	32	V新 TK43	3			1	2	6	家、蓋
4		常陸大宮市騎山4号墳	21	V新	2	2		1		5	鹿
5		取手市市之代3号墳	22	V中	2	1		2		5	馬
6		かすみがうら市富士見塚古墳	105	V古～中			1	1	1	3	鹿、犬、家、動物小像
7	栃木県	小山市絹4号墳	30	V新	1			1	3	5	鞆
8		鹿沼市狼塚古墳	27	V新	3			2		5	馬、靫、大刀
9	埼玉県	熊谷市野原古墳	40	V新	4			2	1	7	馬、大刀、槍、団扇
10		東松山市おくま山古墳	62	V中			4			4	
11		坂戸市塚の越1号墳	30?	V中	2		1			4	馬
12		川越市南大塚4号墳	36	V新 TK217	4			4		8	馬、家、盾、靫、大刀、槍
13		行田市埼玉瓦塚古墳	67	V中 TK10	12	6	1	7		26	馬、鹿、犬、水鳥、家、盾、大刀
14		加須市小沼耕地1号墳	34	V中～新 TK10				4	3	7	馬、鹿、犬、猪、水鳥、家、盾、大刀
15		桶川市ひさご塚古墳	41	V新 TK209	2			1	6	9	
16	群馬県	高崎市観音山古墳	97	V新 TK43	7	5	1	7		20	馬、鶏、家、盾
17		高崎市保渡田八幡塚古墳（A区）	102	V古	9	2		2	23	37	馬、水鳥、鶏
18		伊勢崎市境町天神山古墳	124	V中	5	1		4	1	11	馬、犬、猪、鶏
19		太田市新田二ッ山1号墳	74	V新	2				10	12以上	馬、鳥、家、靫、槍、翳
20		榛東村高塚古墳	60	―TK10		1		1		2	馬、家、盾、大刀、靫、鞆、弓、器台
21	千葉県	市原市山倉1号墳	45	V新	9			4		13	馬、水鳥、鶏、大刀、翳
22		山武市森台7号墳	26	V中～新	3			2	1	6	馬
23		芝山町殿部田1号墳	33	V中	2	4		5		11	馬、家
24		宝馬1号墳	25	Vs新	1			1	2	4	靫
25		宝馬127号墳	34	V新	8			4	1	13	馬
26		高田木戸前1号墳	40	V新	3			9		12	鶏、家、大刀
27		横芝光町姫塚古墳	58	V新 TK43	31			9		40	馬
28		殿塚古墳	88	V新	40			15		55	馬、牛、犬、猪、水鳥、鷹、家、靫、鞆、翳
29		山武市朝日ノ岡古墳	76	V新	4			2		6 (多数)	馬、水鳥、鶏
30		横芝光町小川台5号墳	30	V中	5	4				14	馬、鹿、水鳥、鶏、家
31		我孫子市高野山1号墳	36	Vs新	1	1	2	2	5	11	馬、靫
32		香取市片野11号墳	32	V新	6	2				8	馬
33		片野23号墳	33	Vs新	1			2	3	6	家
34		城山1号墳	68	Vs新 TK43	10	2		3		15	馬、家、猪?
35		城山5号墳	51	V新 TK43	2					2	
帆立貝形古墳											
36	茨城県	水戸市杉崎コロニー87号墳	30	V中 TK10	1	1		1		3	
37	栃木県	上三川町西赤堀狐塚古墳	25	V新	3			2	1	6	馬、盾、靫、団扇
38	埼玉県	熊谷市女塚1号墳	46	V古	2	1	4			7	
39	群馬県	高崎市保渡田Ⅶ遺跡（突出遺構）	40?	V古 TK47	10	2	16	3	6	37	馬、犬、猪、家、盾、蓋、壺
40		上芝古墳	18	V中	2			2	2	8	馬
41		前橋市内堀M-1号墳	35	V中～V新	3		1			5	馬、家、盾、靫、鞆、大刀、槍、帽子、翳
42		太田市塚廻り1号墳	26	V中 MT15			4	2		6	馬、靫、大刀
43		塚廻り3号墳	23	V中	4			5		9	盾、大刀
44		塚廻り4号墳	29	V古～中				6		10	馬、家、盾、大刀
45		大泉町古海松塚11号墳	32	Ⅳ TK208	2+			3		5+	馬
46	千葉県	市原市御蓙目浅間神社古墳	30	V新	2			1	1	4	馬、猪、鹿、鶏
47	神奈川県	横須賀市蓼原古墳	28	V新	2			3	2	7	馬、家
48	福島県	泉崎村原山1号墳	20	V古 TK23	6		2	1	2	11	馬、鷹

第9章　埴輪樹立からみた地域性と階層性

		古墳名	規模	時期	男	武人	盾持	女	不明	合計	その他の形象埴輪
円墳											
49	茨城県	筑西市女方3号墳	24	V新?				1	6	7	馬
50		つくば市下横場塚原34号墳	26?	Vs新	9		1	2	2	14	馬、鹿
51		取手市大日仏島	18	Vs新?	5			1	1	7	馬、鶏、靱
52		かすみがうら市粟田石倉古墳	21	V新 TK209		1		2	3	6	馬、盾
53		水戸市杉崎コロニー88号墳	20	V新	2			2	2	6	馬、鶏
54		ひたちなか市鉾ノ宮2号墳	16	V新	1			2	1	4	馬、器財
55		常陸太田市端竜古墳	11	V新	3			1		4	馬、犬?
56		茨城町トノ山古墳	20	V中	1					1	
57	栃木県	足利市葉鹿熊野古墳	15	V新?	4			3	1	8	馬、家、靱、大刀、翳
58		真岡市鶏塚古墳	22	V新	3	1		5	1	10	鶏、盾、靱、大刀、舟
59		亀山大塚古墳	35	V新	2			1	1	4	
60	埼玉県	寄居町小前田9号墳	17	V新 TK43	2			3	2	7	馬
61		小前田10号墳	22	V新	2	1		4	2	9	馬、盾、靱
62		小前田11号墳	10	V新	1			3	1	5	
63		熊谷市三ケ尻林4号墳	20	V新 TK209	2				5	7	馬、家、靱、大刀
64		嵐山町屋田5号墳	22	V新	2			1	1	4	馬、家、盾
65		行田市酒巻14号墳	42	V新	7			4		11	馬、靱、大刀
66		埼玉2号墳	23	V中 MT15					2	2	馬
67		神川町諏訪ノ木古墳	14	V新	3			2	3	8	
68		本庄市御手長山古墳	42	V新 TK217	2					2	馬、家
69		上里町寺浦1号墳	15	V中	1			2		3	馬
70		東松山市古凍7号墳	17	V中	2				1	3	
71	群馬県	高崎市下條1号墳	9	V新 TK10	1			1	1	3+	馬、家、靱
72		下條2号墳	7	V新 TK43	4			3	1	8	馬、家、盾、靱、鞄、大刀
73		富岡市富岡5号墳	30	V中 TK10	3			3		6	馬、盾、靱、鞄
74		芝宮79号墳	17	V新 TK43	4			1	3	8	馬、鳥、家、靱、大刀、帽子、蓋、団扇
75		伊勢崎市五目牛13号墳	28	V新 TK209	1			2	3	6	馬
76		石山南古墳	16	—	1				1	2	馬
77		前橋市白藤F-2号墳	22	V古 TK47				1	1	2	
78		太田市オクマン山古墳	36	V新?	3	2			5	10	馬、家、靱、大刀、翳
79		前橋市今井神社2号墳	40	V新 TK209	1	2				3	馬、靱
80	千葉県	市原市南向原4号墳	22	V中 TK47				2	3	5	馬
81		山武市経僧塚古墳	45	V新	10			17	5	32	馬、犬、水鳥、家、靱
82		成田市竜角寺101号墳	25(45)	V中 TK10	2	2	4	6	3	19	馬、犬、猪、鹿、水鳥、家
83		正福寺1号墳	20	V中	2			1	2	5+	馬、水鳥
84		流山市東深井7号墳	14	V新	2					2	鶏、魚
85	神奈川県	厚木市登山1号墳	20	V新	4	1		4		9	馬、鶏、鳥、家
86	福島県	相馬市丸塚古墳	30	IV〜V古	4			2		6	馬
87		会津坂下町経塚1号墳	24	V中	2	1		3	1	7+	馬、騎馬、鶏、鳥、家、高坏

　埴輪の個体数が、15体を超えるものとそうでないものに分けることができよう。さらに、墳丘長60m以下の古墳では、墳丘長20m級のものと30・40mを超えるもので、やや個体数の推移が認められよう。さらに、20〜40m級の個体数推移を延長していくと、墳丘長67mの埼玉県行田市埼玉瓦塚古墳（13）が26体、墳丘長88mの茨城県小美玉市舟塚古墳（2）が20（30?）体、墳丘長102mの群馬県高崎市保渡田八幡塚古墳（17）が37体と、規模と個体数にある程度の対応関係がある。つまり前方後円墳の場合、墳丘長20〜30m級の古墳が5体前後であるのを起点とし、40m級の古墳が12〜14体、さらに前述の3例の古墳がそれぞれ典型と

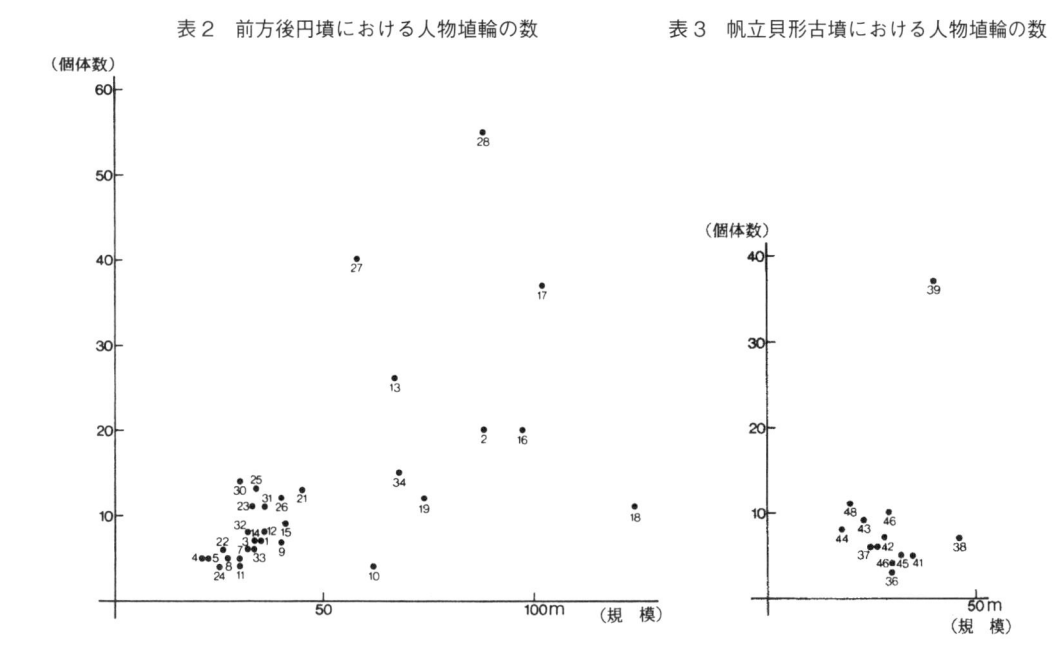

表2　前方後円墳における人物埴輪の数　　　表3　帆立貝形古墳における人物埴輪の数

　なり、墳丘規模による人物埴輪の数に差異が存在するのである。これらのことから、墳丘長60mを超える前方後円墳で人物埴輪の個体数が極端に少ないもの、例えば62mの埼玉県東松山市おくま山古墳（10）では盾持ち人埴輪が4体出土しているが、これなどは発掘部分や破片資料の問題でさらに個体数が増加するものと考えられる。

　帆立貝形古墳（表3）は、合計13基と資料数が少ないが、墳丘長18mから46mまで、ほぼ5～10体の間に固まっていることが分かる。つまり、帆立貝形古墳に関しては墳丘規模の大小があまりないかわりに、人物埴輪の数においてもあまり差異が存在しないといえるだろう。

　しかし、群馬県高崎市保渡田Ⅶ遺跡（39）は、他と比較にならないほど人物埴輪の出土数が多い。報告者の若狭徹は当初、同保渡田二子山古墳に伴う突出遺構としてとらえていたが（若狭1990）、辰巳和弘（辰巳1992）や橋本博文（橋本1992）は帆立貝形古墳の削られたものとしてとらえている。その後、若狭は二子山古墳や周辺地の発掘調査の成果により、別区ではなく帆立貝形古墳として認識するようになった（若狭2010）。表中の規模は帆立貝形古墳の後円部が内側に削られたとした場合の復元長を元にしたが、同遺跡の性格に深く関わることであるので、やや長くなるが詳しくみていくことにする。

　仮に帆立貝形古墳が削られたものであったとするならば、他の帆立貝形古墳における形象埴輪の樹立位置からすると、くびれ部から前方部にかけて並んでいたということになる。確かに保渡田Ⅶ遺跡の場合、形象埴輪の出土状態は両くびれ部と「後円部」が削られた部分（TS-N

第9章 埴輪樹立からみた地域性と階層性

区）である。しかし、先に前方後円墳における人物埴輪の数を述べたように、40mの前方後円墳としても類例が存在しない。まさに隣にある同保渡田八幡塚古墳中堤A区（17）において出土した人物埴輪と同規模の樹立数となり、墳丘長100m級の前方後円墳と40m級の帆立貝形古墳が、墳丘規模に倍以上の差異が存在しながら、人物埴輪に関しては数からいえば同規模となってしまうことになる（ただし、同遺跡の場合盾持ち人が16体と極めて多いことが特筆されるが、仮に盾持ち人の数を差し引いたとしても人物埴輪の数は21体であり、いずれにしても他の古墳とは掛け離れた存在といえる）。さらに、前述したように、千葉県山武郡域に関しては、他地域の墳丘規模と形象埴輪の数の相関関係ではとらえられない独自性が存在するが、北関東を見渡してみても墳丘長40mの帆立貝形古墳・前方後円墳でこれほど多くの形象埴輪を出土したものは皆無である。また、保渡田Ⅶ遺跡よりも墳丘規模の大きい埼玉県熊谷市女塚1号墳（38）が、確認できるだけで7個体しか人物埴輪を出土していないのは奇妙である。女塚1号墳は周溝を全掘したわけではないが、墳裾はある程度発掘しており、ことに形象埴輪が多数出土した前方部に関してはほぼ全掘しており、多少数の増加はあっても10体前後であろう。以上の点から、保渡田Ⅶ遺跡の「突出遺構」は帆立貝形古墳の削られたものではなく、保渡田二子山古墳に伴う「別区」ととらえたほうが、より蓋然性が高いのではないか。人物埴輪の数の多さ、種類の多さに対しても、そのように解釈したほうが説明はつくと考えられる。

円墳（表4）は、合計30基を検討対象としたが、一見して千葉県山武市経僧塚古墳（81）が抜きんでていることが分かる。同古墳は墳丘規模が45mで二重堀をもつ、円墳としても破格のものである。さらに同古墳は山武郡域に所在しており、殿塚・姫塚古墳を筆頭に、墳丘規模のわりに形象埴輪を多数出土する前方後円墳がいくつも築かれる地域である。このことから、経僧塚古墳が形象埴輪を多数樹立させていることも理解できよう。経僧塚古墳はひとまず考慮の外に置くとして、他の29基の古墳を検討してみると、総数10体までの間で一つのまとまりが認められるとともに、それに外れるものとが存在する。総数10体を超えるものをみると、墳丘規模が25mを超える古墳に限定できる。この中で径25mの千葉県成田市竜角寺101号墳（82）は、19体の人物埴輪を出土しているが二重堀をもっており、この堀の直径は45mに達するものである。さらに、茨城県つくば市下横場塚原34号墳（50）は現状では径26mの円墳と推定されているが、この数値は墳丘変形後の現状であり、

表4 円墳における人物埴輪の数

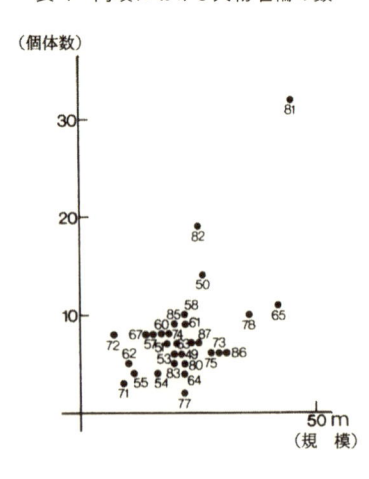

148

今後墳丘確認調査をおこなえば墳丘規模などの変更される可能性がある。また、径36mの群馬県太田市オクマン山古墳（78）は不明な点が多く、個体数の増加も在り得る。

これらのことを総合すると、円墳の場合10体以下のものは径25mまでの間でまとまりをもっており、抜きんでるものは存在しないが、10体を超えるものとなると墳丘規模も大きくなるという傾向が大まかにいえよう。

2　人物埴輪の高さの検討

まず基本数を確認しておく。高さの検討で用いる墳形と規模および人物埴輪の高さが確定できた古墳の内訳は、前方後円墳22基、帆立貝形古墳7基、円墳21基、突出遺構1基である。なお、胡座や倚座、弾琴などの座っている人物埴輪に関しては、高さの比較から除外した。

半身像の人物埴輪（表5）では、高さが100cmを超えるものとそうでないものとに分けられる。100cmを超えるものには、径45mの円墳である千葉県山武市経僧塚古墳（81）、墳丘長58mの前方後円墳である千葉県山武郡横芝光町姫塚古墳（27）、墳丘長97mの前方後円墳である群馬県高崎市観音山古墳（16）があげられる。このうち、姫塚古墳は表中では98cmの馬子のみであるが、女子埴輪に復元すると100cmを超えるものが存在する。これらの古墳からいえることは、経僧塚古墳は前述の通り円墳としても規模・形状とも抜きんでる存在であり、姫塚古墳は中規模前方後円墳であるが個体数は抜きんでるもの、観音山古墳は100m級の大前方後円墳である。つまり、墳丘規模の大きな古墳は半身像の人物埴輪も大きいという傾向が窺える。

その他の古墳の状況は、径7mの円墳である群馬県高崎市下條2号墳から墳丘長68mの前方後円墳である千葉県香取市城山1号墳まで墳形と規模の関係というより、一つの古墳の中で大きさにバリエーションが存在することが分かる。しかし、そのバリエーションも人物埴輪の大きさが飛び抜けて大きくなるものは存在せず、同一古墳の中でまとまりをもっていることも事実である。

双脚の人物埴輪（表6）では、半

表5　半身人物埴輪の高さ

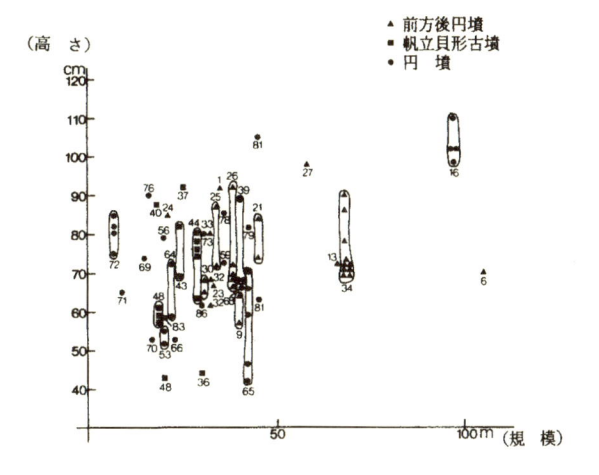

表6　双脚人物埴輪の高さ

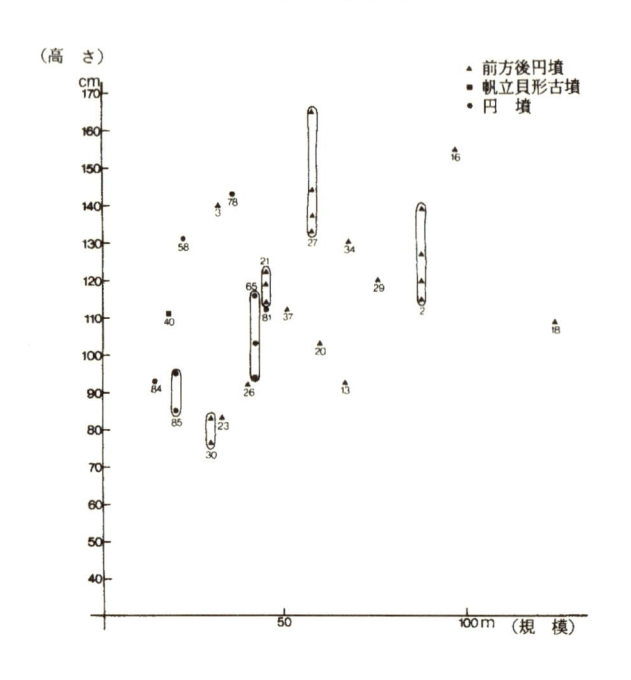

身像の検討結果に比べ墳形・規模と人物埴輪の高さに明確な相関関係が存在するようである。すなわち、径20mの円墳である神奈川県厚木市登山1号墳（85）では85・95cmであり、径42mの円墳である埼玉県行田市酒巻14号墳（65）では94・103・116cm、墳丘長45mの前方後円墳である千葉県市原市山倉1号墳（21）では114・119・122cm、墳丘長88mの前方後円墳である茨城県小美玉市舟塚古墳（2）では115・120・127・139cmというように高さに一定の傾向が認められる。人物埴輪の数の検討で数の多さが指摘できた千葉県姫塚古墳（27）は、高さでも他の古墳とは異なった傾向が認められる。

　以上のように、人物埴輪の高さについても墳形・規模との相関関係が認められ、特に双脚の人物埴輪にはそれが如実に表れていることが分かる。

第3節　まとめと結論

　以上の検討で、人物埴輪は古墳ごとの墳丘形態・規模にかなり左右されて樹立数、そして高さまでも一定の階層性が存在していたことが判明した。また、地域的に数・高さに偏りがあることも判明した。ことに数の差異は、古墳における埴輪について考える際、その具体的な様相を知る手掛かりとなる。つまり冒頭に述べた通り、埴輪が表しているものが何なのか、またその表しているものがはたして画一的であったのかどうか、この点に関して筆者の考えるところを述べ、結論としたい。

　人物埴輪を中心とする形象埴輪群をめぐる解釈としては、おおむね以下のような諸説が存在する。

①	葬列	後藤守一、滝口　宏、市毛　勲（殯を含む）
②	殯	和歌森太郎、増田精一、若松良一、橋本博文
③	殯宮儀礼	森田克行
④	首長権（霊）継承儀礼	水野正好、橋本博文、須藤　宏
⑤	①②④の存在	小畑三秋
⑥	披葬者の顕彰碑的性格のもの	杉山晋作、和田　萃
⑦	供養・墓前祭祀	高橋克壽、車崎正彦、梅沢重昭
⑧	他界における王権祭儀	辰巳和弘
⑨	集落や居館での祭祀・墓前祭祀・生前の儀礼	坂　靖
⑩	神宴儀礼	小林行雄、森田　悌、日高　慎
⑪	殉死の代用から来世生活	増田美子
⑫	死後の世界における近習	塚田良道

　これらの諸説のなかで、⑤や⑥⑨の他はどちらかというと形象埴輪のバリエーションを排除した説であるといえよう。すなわち形象埴輪の表している祭祀は10mにも満たない円墳から100mを超えるような前方後円墳まで、一律に同じものであるということを出発点としているのである。

　しかし、今回の検討によって、墳丘形態・規模によって人物埴輪に階層差が存在することが判明し、また地域性の存在も判明した。このことは、一つの解釈を当てはめることに疑問を投げ掛ける結果といえるかもしれない。古墳時代の祭祀は関東地方の人物埴輪を例にとってみても、かなりのバリエーションが存在していた可能性もあり、これが全国各地となればなおさらであろう。人物埴輪をめぐる解釈として、文献史学の岡田精司は「ことに、考古学者の間では、大嘗祭を古墳祭祀や人物埴輪と結びつけて論じる傾向がある。古代の葬制と神祇祭祀は別個のものであったし、古代首長の儀礼は地域ごとに個性に富んだ儀礼がおこなわれていた可能性が大きい（岡田1983：p.27）」と述べている。聞くべき意見である。

　つまり、埴輪祭祀をすべて、葬送儀礼のうちの一場面と解釈するのではなく、墳丘形態・規模などに表れた被葬者の立場や地域性によって、それぞれが異なった場面を表していると解釈したほうがよいのかもしれない。そうなると杉山晋作の「古墳の被葬者の生前の活動のうちもっとも記念すべき業績を場面として残す顕彰碑的意図（杉山1986：p.15）」によって形象埴輪が立て並べられたとする説は魅力的である。

　しかし、巨大古墳から小規模古墳まで、形象埴輪に表されている場面という意味では共通点も見出せよう。いずれにせよ、いままでの形象埴輪（人物埴輪）論に欠けていたもの、すなわ

ち人物埴輪の細かな分析と形象埴輪群像としての具体的な個々の動作の意味（場面）を突き詰めていった上で、総体として形象埴輪の表している意義を考える必要があろう。

おわりに

　以上人物埴輪を題材にとり、古墳における使われ方の違いを数量によって検討してきた。墳丘における樹立位置や、他の形象埴輪との関係などには一切触れることができなかった。本来ならば密接に関わる他の形象埴輪を含め、論を進めていく必要があろう。他日を期したい。

終章　東国古墳時代埴輪生産組織の考古学的研究

第1節　埴輪生産の組織

　ここまで、主として人物埴輪の共通表現検討という手法をもとにして、埴輪生産の実体を考究してきた。その中で6世紀の関東地方における埴輪の生産と供給について、同一生産地の製品の供給範囲が50km内外にまとまり、かつその範囲を超えて点在する資料の存在もあることを示した（第3・5章参照）。これまで関東諸地域について記述してきたが、詳細に検討をおこなう機会をもった千葉県山武郡横芝光町殿塚古墳・姫塚古墳出土埴輪ついて[1]、胎土に雲母と片岩、さらに大粒の長石・石英を多く含んだ一群があることが判明した。それは、顎鬚を蓄えた男子像であり、数ある同様の表現の埴輪とは着衣表現や製作技法が異なっている。胎土（砂礫）の特徴から、茨城県の筑波山周辺で製作された埴輪と共通していることが想定された。

　ここでは、殿塚古墳・姫塚古墳出土埴輪の整理調査で明らかになった、筑波山周辺産埴輪の長距離供給という事象に着目し、その在り方を検討するとともに、改めて埴輪の長距離供給のもつ意味について考究していきたい。

1　筑波山周辺産埴輪について（図1）

　筑波山周辺産埴輪については、石橋充がすでに霞ケ浦周辺について、その分布を明らかにしている（石橋2004）。そこでは、雲母を胎土に含むもの（a）と長石や石英の粗い粒子を多く含むもの（b）について、筑波山系から遠く離れていない場所で生産された可能性を指摘している。筆者も同様に考えており、a・bともに筑波山系のなかで土浦入り周辺地域（桜川流域）に生産地がある可能性が極めて高い。また雲母を含む埴輪については、以前から千葉県側でも発見されており、それらを紹介した平岡和夫は、生産地への積極的な論及はないものの[2]、同一埴輪製作工人集団の製品ととらえ、その時期を6世紀中葉から7世紀初頭ころとされている（平岡1982）。

終章　東国古墳時代埴輪生産組織の考古学的研究

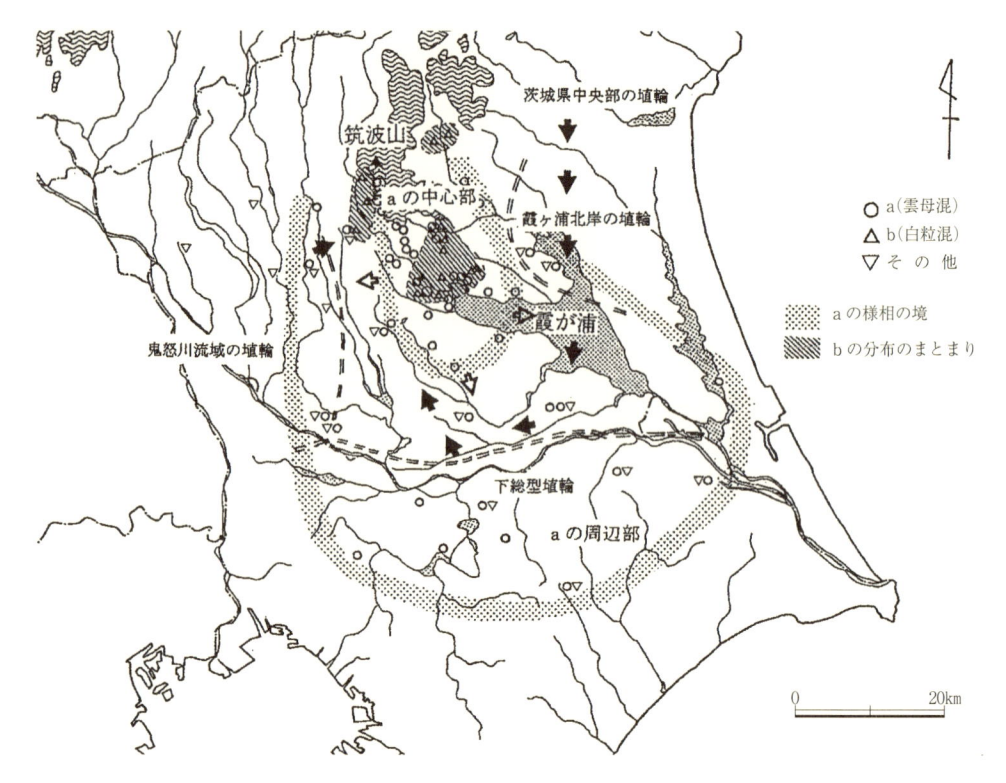

図1　石橋充による筑波山周辺産埴輪の分布

　雲母を胎土に含む埴輪については、鉱物として見た場合、白雲母と黒（金）雲母の2種がある。もともとの粘土鉱物や岩石由来の鉱物の差異を示している可能性があり、石橋充は白雲母を「両雲母花崗岩」に、黒（金）雲母を「斑状花崗閃緑岩」に対応する可能性を指摘しており、それは筑波山麓における岩石の表面分布と対応している可能性を示した（石橋2004：p.14註1）。大きくみたときに、筑波山の南および東側と西側とに分離できる可能性がある。

　雲母の白と黒（有色）の差については、「雲母の風化の度合いの違いであり、すぐさま生産地を示すわけではない」と、以前に私は地質学者との対話で指摘されたことがある。しかし、白雲母を含む埴輪と、黒（金）雲母を含む埴輪が存在し、それらは1古墳中に混在しないようであることは、数ある出土埴輪を観察した際に感じていたことでもある。ただし、詳細に観察、分析を経た上で結論付ける必要があることは言うまでもない。今はひとまず雲母を含む埴輪として論を進めていきたい。

2　姫塚古墳の顎髭を蓄えた双脚男子像

　姫塚古墳における筑波山周辺産埴輪の特徴を述べていこう。殿塚古墳にも同様の特徴を有す

る埴輪が存在するが、整理作業が途上であり、姫塚古墳の埴輪に限定して論述していく。ただし、殿塚古墳・姫塚古墳の人物埴輪の造形技法について論述した杉山晋作の研究によれば、論文（杉山2008：p.6）掲載の写真4-2・3の腕が殿塚古墳の筑波山周辺産埴輪である。特徴は姫塚古墳のものと共通する。また、殿塚古墳・姫塚古墳の人物埴輪で、これまで写真等で公開されているなかには（滝口1963、滝口ほか1988）、筑波山周辺産埴輪は掲載されていない。私どもがおこなっている殿塚古墳・姫塚古墳の整理作業中に確認された埴輪であり、姫塚古墳のものはすべて小破片となっていて残存状況は悪い。ただし、腕の破片の数からは、3～4個体の双脚像（男子）があったようで、いずれも顎鬚を蓄えた男子像と思われる。

　まず、姫塚古墳における顎鬚を蓄えた双脚男子像の造形的な特徴を述べてみたい。全体的な形状や文様構成、彩色、焼成具合にもそれぞれに特徴を有しているが、ここでは、袖、履（靴）、結び紐、鬚の貼りつけ方法からその特徴に迫ることにする。まず、それぞれの特徴を述べていこう。また下記の諸特徴は、女子像のそれとはやや異なるものであり、おおむね顎鬚を蓄えた双脚男子像に当てはまるものであることを指摘しておく。

　袖・腕は、袖の表現と腕そのものの製作技法に違いがある。A類は袖の断面がO字形で中実粘土棒の腕が貼りつけられているものであり、杉山の研究によれば、論文（杉山前掲：p.6）掲載の写真4-1～3などがそれにあたる。B類は袖の断面が逆U字形で中実粘土棒の腕が貼りつけられているものであり、杉山の研究によれば、論文（杉山前掲：p.7）掲載の写真5-5がそれにあたる。C類は袖の断面が逆U字形で先端に掌をつけるものであり、杉山の研究によれば、論文（杉山前掲：p.7）掲載の写真5-6がそれにあたる。特にC類は独特なもので、袖の先端に手のひらを造形した粘土を挿し込む（というより貼りつける）製作技法である。常陸地域によくみられる、中空の腕の手首付近から先に粘土棒を挿し込む製作技法（黒澤2010）との関連性を指摘できるかもしれない。

　履（靴）は、粘土板あるいは粘土塊、中空技法で履（靴）を表現したものがある。A類は粘土板で履（靴）を表現し、天井が平らな円形の台部から履（靴）が突出しており、筑波山周辺産埴輪にだけみられるものである。B類は粘土板で履（靴）を表現し、天井が平らな円形の台部から履（靴）は突出せず、姫塚古墳の完形品に復元された「背丈の高い男」がこれに該当する（滝口ほか前掲：p.5）。C類は中空技法で履（靴）を表現し、天井が平らな円形もしくは少し楕円形ぎみの台部から履（靴）は突出せず、履（靴）に刺突文を多用するという特徴がある（無文もある）。図録などには掲載されていない。D類は粘土塊で履（靴）を表現し、ドーム状の天井をもつ楕円形の台部から履（靴）が突出しており、姫塚古墳の完形品に復元された「豊かなひげの男」や「行列最後尾の男」がこれに該当する（滝口ほか前掲：pp.22-23）。第2章に

終章　東国古墳時代埴輪生産組織の考古学的研究

おいて関東地方の人物埴輪における履（靴）について検討を加えたが、姫塚古墳にはない表現のものも分類に加えているので、煩雑になるが双方の対応関係を以下に示しておく。なお第2章分類のa類、e類は姫塚古墳では存在しない。

　　本章分類 A 類―第2章分類 c 類に相当
　　本章分類 B 類―第2章分類 b 類に相当
　　本章分類 C 類―第2章分類 なしに相当
　　本章分類 D 類―第2章分類 d 類に相当

　結び紐は、粘土紐をリボン状にして貼りつけたものである。A類は結んだ環と紐の両端が表現されているものであり、筑波山周辺産埴輪にだけみられるようである。B類は結んだ環のみが表現されているものであり、図録掲載のものでは「三角冠の男」あるいは「背丈の高い男」がこれに該当する（滝口ほか前掲：pp.21-22）。C類は結び紐の表現がないものであり、図録掲載のものでは「豊かなひげの男」あるいは「行列最後尾の男」がこれに該当する（滝口ほか前掲：pp.22-23）。

　顎鬚の貼りつけ方法は、首筋から胸にかけて浮いているか貼りついているかという違いがある。A類は三角形の粘土板を浮かせて表現しており、筑波産周辺産埴輪および図録掲載のものでは「三角冠の男」や「ひざまずく男」、「背丈の高い男」や「老人の首」、「鍔広帽をかぶる男子」などがこれに該当する（滝口ほか前掲：pp.21-23）。B類は三角形の粘土板を顎から胸にかけて貼りつけて表現しており、図録掲載のものでは「豊かなひげの男」あるいは「行列最後尾の男」がこれに該当する（滝口ほか前掲：pp.22-23）。

　以上、袖・腕、履（靴）、結び紐、顎鬚の貼りつけ方法について説明してきた。図2はそれぞれの分類と相関を示したものである。すなわち、袖・腕、履（靴）、結び紐、顎鬚の貼りつけ方法の順に組み合わせを示すと以下の5種類のようになる。

・A―A―A―A
・A―B―B―A
・A―C―B―A
・B―C―B―A
・C―D―C―B

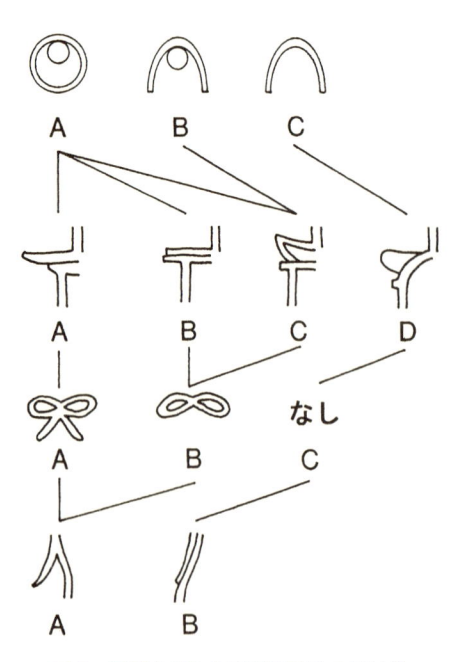

図2　顎鬚を蓄えた双脚男子像の諸特徴

第1節　埴輪生産の組織

　袖と腕のA類が最もバリエーションのある組み合わせをもっている。履（靴）のD類を除くすべてに組み合わさり、結び紐はC類を除いて組み合わさり、顎鬚はA類のみというものである。袖と腕のB類は履（靴）ではC類、結び紐はB類、顎鬚はA類という組み合わせのみである。袖と腕のC類は他とまったく共通点が見出せないものであり、すべての特徴が唯一の組み合わせとなっているが、この違いはかつて、姫塚古墳の埴輪の作者について作風の違いから論述した小林行雄のすぐれた先行研究とも共通する（小林1974）、最近では城倉正祥も詳細に論じている（城倉2006b・2009）。

　大きくみたとき、袖と腕のA類とC類には大きな差がある。すなわち、中実の腕を肩口に挿し込んでつくるか、それとも逆U字とはいえ半中空ともいえる腕（袖）を肩口に接合するかということは、製作技法上の大きな差と考えるからである。そのことからすれば、袖と腕のB類はA類のバリエーションとして理解できるかもしれない。それは顎鬚の貼りつけ方法の差にも共通している。ただし、履（靴）が中空となっている点は注意すべきであろう。なぜなら千葉県千葉市人形塚古墳において、袖・腕はC類でB類の顎鬚をもつ双脚男子像の履（靴）が中空となっており、一方袖・腕はB類で顎鬚が三角形の粘土板を浮かせてはいないものの胸までは至っていない個体の履（靴）は、中実のもので履（靴）に刺突文を多用するという特

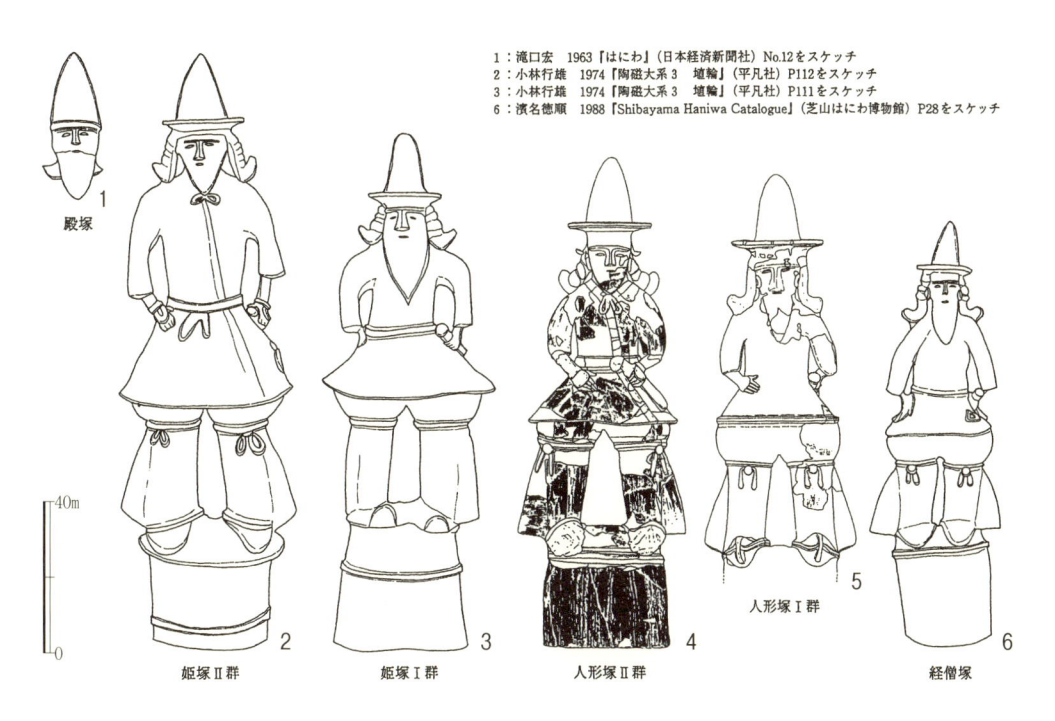

図3　城倉正祥による顎鬚を蓄えた双脚男子像の分類

1：滝口宏　1963『はにわ』（日本経済新聞社）No.12をスケッチ
2：小林行雄　1974『陶磁大系3　埴輪』（平凡社）P112をスケッチ
3：小林行雄　1974『陶磁大系3　埴輪』（平凡社）P111をスケッチ
6：濱名徳順　1988『Shibayama Haniwa Catalogue』（芝山はにわ博物館）P28をスケッチ

1　殿塚
2　姫塚Ⅱ群
3　姫塚Ⅰ群
4　人形塚Ⅱ群
5　人形塚Ⅰ群
6　経僧塚

徴をもっているのである。いずれも台部は楕円形でドーム状の天井をもっていることから、姫塚古墳の履（靴）のD類を基本としているが、履（靴）は中実と中空があるというものなのである（図3：城倉2006b）。

　ここまで、姫塚古墳の顎髭を蓄えた双脚男子像の諸特徴について詳述してきた。袖・腕、履（靴）、結び紐、顎鬚の貼りつけ方法の諸特徴と組み合わせからは、筑波山周辺産埴輪はA―A―A―Aの組み合わせであり、それは筑波山周辺産埴輪以外には認められないようである。雲母を含む筑波山周辺産埴輪は比較的砂っぽい胎土をもち、焼成は極めて良好なものである。それに対して、他の4種類の組み合わせのものは、胎土の特徴では特に違いはない。ただし、A―B―B―Aの組み合わせは焼成が良好なものが多いようである。次には、石橋充が明らかにした筑波山周辺産埴輪の分布域を超えて確認できる筑波山周辺産の顎鬚を蓄えた双脚男子像について考究していきたい。

3　筑波山周辺産の顎鬚を蓄えた双脚男子像の長距離供給先

　前項において殿塚古墳・姫塚古墳で筑波山周辺産の顎鬚を蓄えた双脚男子像が出土していることを示したが、袖・腕その他の特徴が他の顎鬚を蓄えた双脚男子像と異なっていた。

　雲母を多く含む筑波山周辺産の顎鬚を蓄えた双脚男子像の良好な出土例は存在しないが、茨城県つくば市中台2号墳が参考になる（図4-1～8：吉川ほか1995）。残存状況が悪いものの、袖・腕以下の分類は、A？―？―？―Aという組み合わせである。顎の表現（輪郭）をもち、その下から顎鬚をはやすような表現となっている。姫塚古墳の顔部分の破片でも同様なものがあり、筑波山周辺産の顎鬚を蓄えた双脚男子像の一つの特徴といえるかもしれない。

　栃木県真岡市若旅大日塚古墳の顎鬚を蓄えた双脚男子像の袖・腕以下の分類は、A？―？―A―Aである（図4-9：和田1901、小森1984）。顎の表現（輪郭）をもち、その下から顎鬚をはやすような表現となっている。残存部分の特徴から、筑波山周辺産と考えられる。近接する若旅鏡塚古墳出土の円筒埴輪は内面の底部付近までハケ調整を施しており（図4-10～12：小森前掲）、後述の石下16号墳出土の円筒埴輪と共通する。大日塚古墳・鏡塚古墳と、若旅富士山古墳群には筑波山周辺産埴輪が継続して供給されたようである。

　栃木県芳賀郡市貝町石下16号墳の双脚男子像の袖・腕以下の分類は、A―A―A―？である（図4-13～15：東京国立博物館1980、小森1990、秋元・飯田1999）。残念ながら、顔面部分は残存していないが、胸に剥離痕がないので、おそらく三角形の粘土板を浮かせて表現する顎鬚A類であったと思われる。同古墳出土の形象埴輪は東京国立博物館にも所蔵品があり、A類となる袖・腕が確認され、A類となる履（靴）も確認できる（東京国立博物館前掲）。また、内

第1節　埴輪生産の組織

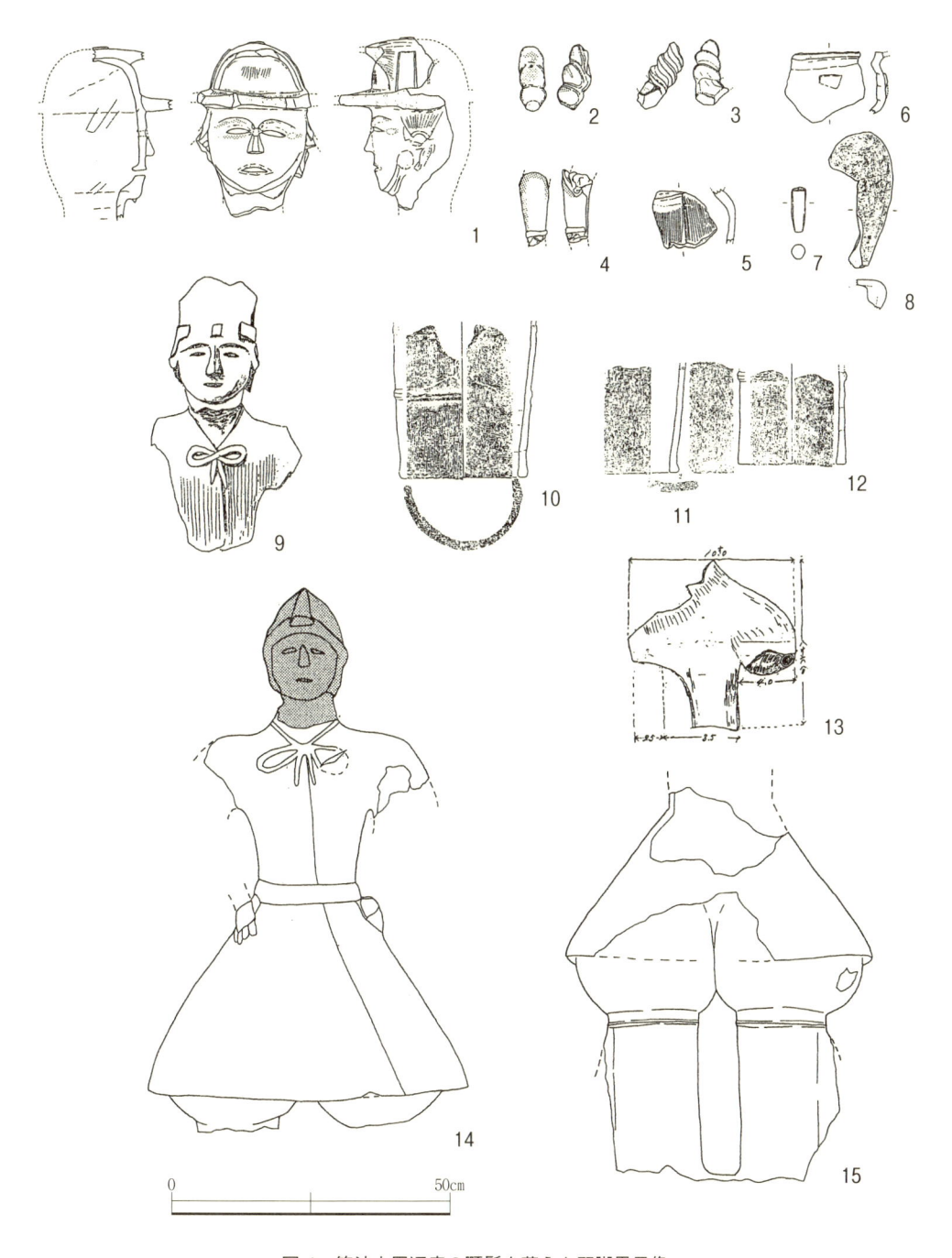

図4　筑波山周辺産の顎鬚を蓄えた双脚男子像
1～8. 中台2号墳　9. 若旅大日塚古墳　10～12. 若旅鏡塚古墳の円筒埴輪　13～15. 石下16号墳

159

表1　筑波山周辺産の顎鬚を蓄えた双脚男子像

	古墳名	墳形	規模	袖・腕	履（靴）	結び紐	顎鬚
1	千葉県横芝光町姫塚古墳	方円	58	A	A	A	A
2	千葉県横芝光町殿塚古墳	方円	88	A	?	?	A
3	茨城県つくば市中台2号墳	円	36	A？	?	?	A
4	栃木県真岡市若旅大日塚古墳	方円	30以上	A？	?	A	A
5	栃木県市貝町石下16号墳	円	30	A	A	A	?
	栃木県真岡市若旅鏡塚古墳	方円	?	円筒（内面ハケメ多用）			

面の底部付近までハケ調整を施した円筒埴輪が出土している[3]。

　以上が、確実に筑波山周辺産と考えられる埴輪の長距離供給先である。表1にこれらの諸特徴をまとめた。埴輪の長距離供給はひとり筑波山周辺産のものに限らず、さまざまな産地の埴輪に類例がある。次には長距離供給の方法あるいはルート、そして背景に迫ってみたい。

4　埴輪の長距離供給・地域間交流の背景

　筆者は第3・5章において、技術の共有という視点も含めて同一埴輪製作工人集団による埴輪の長距離供給の具体像について示した。多くの事例は河川沿いに運ばれたと推定される分布を示している。埴輪という重量物を運搬する場合、最も合理的に運ぶことができるのは河川を媒介にした舟運ということになろう。小型の円筒埴輪といえども、1つの古墳に供給する量ということになれば舟で運んだほうがより大量に運べるはずである。

　とはいえ河川のみを運搬の手段としたとは思えないような分布を示すものもある。例えば、福島県須賀川市塚畑古墳には、常陸型人物埴輪（日高2000c）の影響を受けたと考えられる分離造形の人物埴輪が存在する（阿部1999）。また、栃木県真岡市鶏塚古墳でも常陸型の影響を受けたと考えられる分離造形の人物埴輪が存在する。前者は、那珂川あるいは久慈川を遡って運搬された後、陸上交通によって運ばれ、その後阿武隈川を下ったのだろうか。後者は、那珂川を遡って、陸上交通によって運ばれ、その後小貝川あるいは鬼怒川を下ったのだろうか。やや遠回りとも思われるので、一端霞ケ浦に出てから桜川を遡って、小貝川を横断して運ばれたのであろうか。

　第3章で示した埼玉県深谷市上敷免や群馬県伊勢崎市赤堀町出土の武装男子にみえる、常陸型の影響をうけたと考えられる首甲の表現などは、霞ケ浦を介し現利根川を遡って長距離を運ばれたか工人そのものが移動したかのどちらかであろう。さらに栃木県那須烏山市塙平古墳出土の人物埴輪にも分離造形の人物埴輪脚部の存在が知られている（烏山町史編集委員会1978）。胎土は茨城県ひたちなか市周辺の埴輪と共通する印象をもった[4]。那珂川を遡ってもたらされたものであろう。

それでは、筑波山周辺産の埴輪はどのようなルートで千葉県山武郡横芝光町殿塚古墳・姫塚古墳へ、あるいは栃木県真岡市若旅大日塚古墳、栃木県芳賀郡市貝町石下 16 号墳などにもたらされたのであろうか。栃木県のものは、筑波山周辺で生産されたものが霞ケ浦に注ぎこむ桜川を遡って、小貝川を横断して若旅大日塚古墳へ、桜川をかなり遡っていき石下 16 号墳へと運ばれたと考えるのが妥当だろう。山武郡の殿塚古墳・姫塚古墳へも霞ケ浦（香取海）を介して水運で運ばれ、千葉県側で陸揚げされた後、栗山川を下ってもたらされたのであろうか。顎鬚を蓄えた双脚男子像の分布は、千葉県側では山武郡の各古墳と千葉市人形塚古墳、そして香取市（旧佐原市）内出土品（野間 1942）が知られている（第 3 章参照）[5]。香取市（旧佐原市）内出土品は顎鬚が胸に貼りついているものだが顎の表現があり、服の結び目の表現はない。顎から下は姫塚古墳のものと共通している可能性もあるが、顎から上は筑波山周辺産の埴輪の影響も指摘できそうではある。つまり、両者の折衷のような顎鬚を蓄えた双脚男子像であるとも思われる。資料の実見は叶っておらず所蔵先も未詳なので、詳細な製作技法は未検討である。しかし、山武郡域に運ばれた筑波山周辺産埴輪が、可能性としてそのような資料の知られる佐原周辺で陸揚げされたと理解できないだろうか。

　群馬県地域については、第 3 章で述べた垂下帯付き美豆良をもつ人物埴輪はまとまりとして認識できようが、それ以外に特徴的な共通表現をもついわば「一型」[6]という埴輪を見出すのは難しい。一方、特徴的な胎土（骨針、結晶片岩）の存在から、図 5 に示したように藤岡市本郷埴輪製作工人集団あるいは猿田埴輪製作工人集団の製品の供給範囲が地図上に描かれるようになった（志村 1995）[7]。また利根川中流域には、角閃石安山岩を胎土に含む埴輪の分布がみられる（中里 2000）。

　図 6 は埴輪製作工人集団を同じくする製品が濃密に分布する範囲と、長距離に供給された古墳との位置関係を示したものである。特徴的な製作技法をもとにした「一型」の埴輪の分布範囲と、同一埴輪製作工人集団の製品供給範囲は、おおむね 50 km 内外で収まっていることが分かる。関東地方の場合、同一埴輪製作工人集団の製品認識が可能となるのは 6 世紀以降である。それ以前の 5 世紀段階では、「型」の認識はおろか同一埴輪製作工人集団の製品を抽出することが困難である場合も多い[8]。例えば茨城県の霞ヶ浦周辺においては、5 世紀末ころの築造と考えられる墳丘長 90 m 前後の前方後円墳出土埴輪がそれぞれまったく異なった特徴を有しており、一方 6 世紀中葉以降になると共通の特徴や規格などをもつ埴輪も確認できるようになる（日高 2001）。この時期に埴輪製作工人集団の再編があり、集団としてのまとまり（個性）が顕在化してくると思われる。群集墳の増加（埴輪樹立古墳の増加）に伴う生産量の増加が埴輪そのものに斉一化を促し、「型」を成立せしめたと考えられはしないだろうか。

終章　東国古墳時代埴輪生産組織の考古学的研究

```
K.  本郷埴輪窯跡
L.  猿田埴輪窯跡
1.  堀ノ内遺跡
2.  戸塚神社古墳
3.  高峯古墳
4.  宗永寺裏東塚古墳
5.  七輿山古墳
6.  平井地区1号古墳
7.  皇子塚古墳
8.  土合4・5号古墳
9.  神保下條1・2号古墳
10. 多胡村95号古墳
11. 桐渕11号古墳
12. 堂山稲荷古墳
13. 吉田2号古墳
14. 簗瀬二子塚古墳
15. 平塚古墳
16. 本郷的場古墳・稲荷塚古墳
17. 少林山台2号古墳
18. 情報団地遺跡5号古墳
19. 綿貫観音山古墳
20. 若宮八幡北古墳
21. オトカ塚古墳
22. 小泉大塚遺跡3号古墳
23. 王山古墳
24. 遠見山古墳
25. 高塚古墳
26. 八幡塚古墳
27. 波志江今宮遺跡4・7号古墳
28. 地蔵山古墳群
29. 宮下西遺跡
30. 石山南所在古墳
31. 洞山古墳群
32. 今井神社2号墳
33. 中二子古墳
34. 峯岸山古墳群
```

図5　志村哲による結晶片岩・海綿骨針化石分布（上）と藤岡産埴輪の供給範囲（下）

ただし、すべての埴輪製作工人集団にそれぞれを特徴付ける「型」が成立するわけではない。埼玉県地域では、生出塚遺跡を中心として円筒埴輪には最下段の伸長化と最上段の短縮化、底部径の矮小化あるいは底部調整などが特徴としてあげうることが、数値化をおこなうことにより明確となっており（山崎2000）、角閃石安山岩を胎土に含む利根川流域の埴輪にもその特徴は認められる（中里2000）。しかし、茨城県の霞ヶ浦周辺では、前述のように共通の特徴や規格を有する埴輪がある一方、円筒埴輪のなかには6世紀を通じて形態上の変化に乏しいことも事実である（日高2003a）。いずれにせよ、6世紀代になると他にはない共通表現をもつ埴輪が

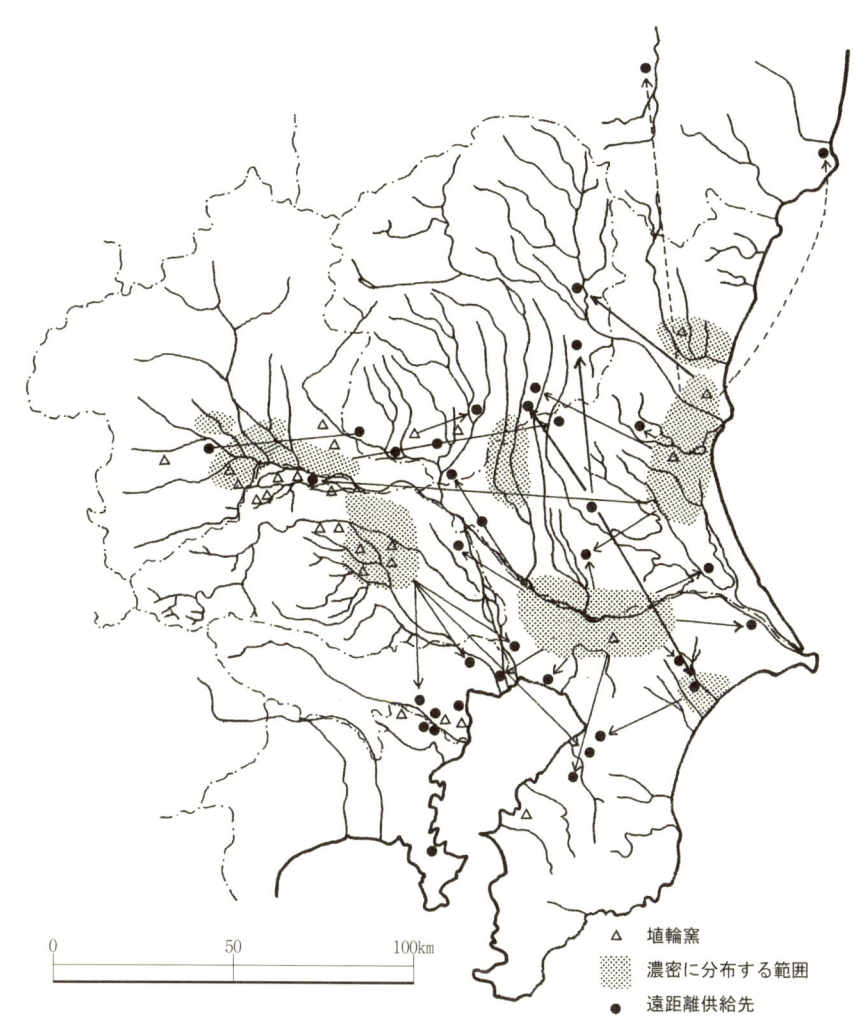

図6　埴輪の供給範囲と遠距離供給先（技術の共有を含む）

顕在化してくるという事実は、極めて重要である。筆者はこの現象に対して、第8章において土師部の成立と古墳時代社会組織や支配体制の国家的再編が関わっていると考えた。もとより埴輪だけでこれらを語るのは早計であろうし、古墳時代のあらゆる要素を考慮してのみ語ることのできる課題であることはいうまでもない。

　ここまで埴輪の分布範囲と、同一埴輪製作工人集団の製品供給範囲をめぐって、その実体を述べてきた。関東地方において6世紀中葉以降は、埴輪生産量がそれ以前と比べると飛躍的に伸びた時期である。そのような時期に埴輪製作工人集団としての「型」が成立したことは、古墳時代史のなかで極めて大きな画期と認めることができるだろう。いずれにしても、筆者が安定供給範囲として理解した50km内外（第5章参照）を超えて埴輪が供給される場合（工人

の移動などの技術の共有も含めて)、両地域に地域間交流を促す理由があったはずである。政治的繋がり（意図）も視野に入れておかなくてはならないが（坂本1996）、政治的意図とは別のいわば商品のような流通網（経済的繋がり）にのって埴輪が運搬された可能性もあるのではないかと考えている。図6に示した直線あるいは矢印、点線間に、政治的繋がりと経済的繋がりという2つの地域間交流の形が含まれると思われる。いずれであるかを決するのは困難であるが、墳丘企画や石室・石材など複合的に共通する場合には（同一地域内での共通性も含めて）、政治的繋がりを考えたほうがよいのだろう。

　ここまで、殿塚古墳・姫塚古墳の整理調査のなかで明らかになった筑波山周辺産埴輪を中心に6世紀後半代の関東地方の地域間交流の一部を考えてきた。姫塚古墳における顎鬚を蓄えた双脚男子像の製作技法には、大きく2つの差異があることは前述の通りである。顎鬚を蓄えた双脚男子像という括り方でいえば非常に近しい造形であるが、個々の技術に着目するとかなり大きな差があることもまた確かである。工人集団の差異を反映していることは間違いない。わざわざ筑波山周辺から埴輪を搬入してこなければならない理由を考えていかなくてはならないが、現在の筆者には明確な答えは見いだせていない。ただし、霞ケ浦周辺における首長墓の動向は注意しておく必要があるだろう。筑波山周辺で顎鬚を蓄えた双脚男子像はつくば市中台2号墳、潮来市棒山2号墳、同市大生西1号墳、行方市矢幡、伝筑波郡が知られており、この他茨城町小幡北山埴輪窯でも出土が伝えられている（第3章参照）。殿塚・姫塚古墳の埴輪と胎土が共通するのは中台2号墳である。中台2号墳の近辺で同時期の首長墓を探すとなると、茨城県小美玉市玉里古墳群の首長墓やかすみがうら市域の首長墓が知られているが（日高2010）、埴輪に共通性はあまり見られない。このことから、政治的繋がりを想定することは難しいのではなかろうか。同様の顎鬚を蓄えた双脚男子像は茨城県北部地域などでも出土しており、それらの詳細な検討が必要となってくるが、政治的意図とは別のいわば商品のようなかたちで流通網にのって埴輪が供給されたと考えられないだろうか。

第2節　埴輪の意義

　埴輪の意義に関してさまざまな意見があることは序章で示した通りである。私の考える埴輪の意義については別稿にて明らかにしたいが、そもそも古墳という墓に埴輪を立て並べるということについて、基本的な疑問が存在する。それは古墳構築の各段階を考えた時、埴輪はいつ古墳に立て並べられたのだろうか、という素朴な疑問である。ここでは埴輪樹立に関する基本的な整理をおこなって、その上で改めて埴輪の意義について考えてみたい。

1 埴輪が立て並べられた場所について

　埴輪の意義を考える前に、埴輪が古墳に立て並べられた場所について、形象埴輪を中心にこれまでの発掘調査の成果から列挙すると以下のようになる。

　　・墳頂部
　　・墳丘テラス面および横穴式石室前庭部周辺
　　・墳丘外の堤上
　　・造出および周辺
　　・出島上や中島上
　　・前方部上
　　・墳丘から離れた兆域端

　当初、前方後円墳の後円部墳頂において方形埴輪列として出発したものが、くびれ部等に造出が出現するとそちらへも埴輪が並べられるようになる。さらに、墳丘の外へと埴輪列の位置が変化し、堤上さらには横穴式石室が導入されるとその入り口付近に並べられるようになる（坂1988：図7）。墳丘の中段に埴輪列が展開するものなどは、横穴式石室との関わりで考えた

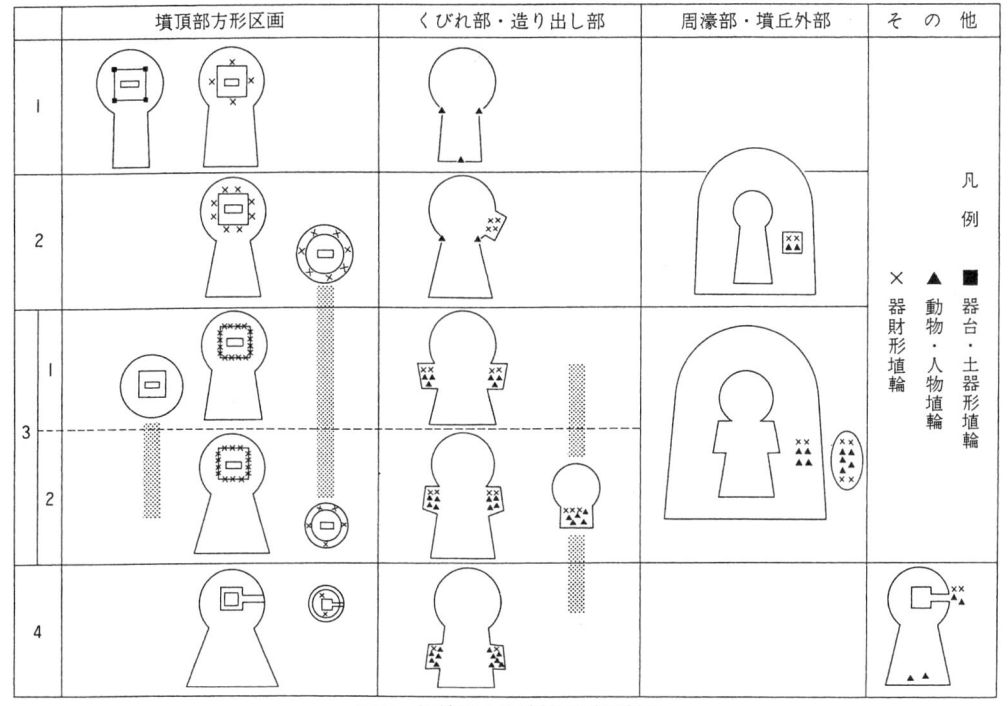

図7　坂靖による埴輪配列の変遷

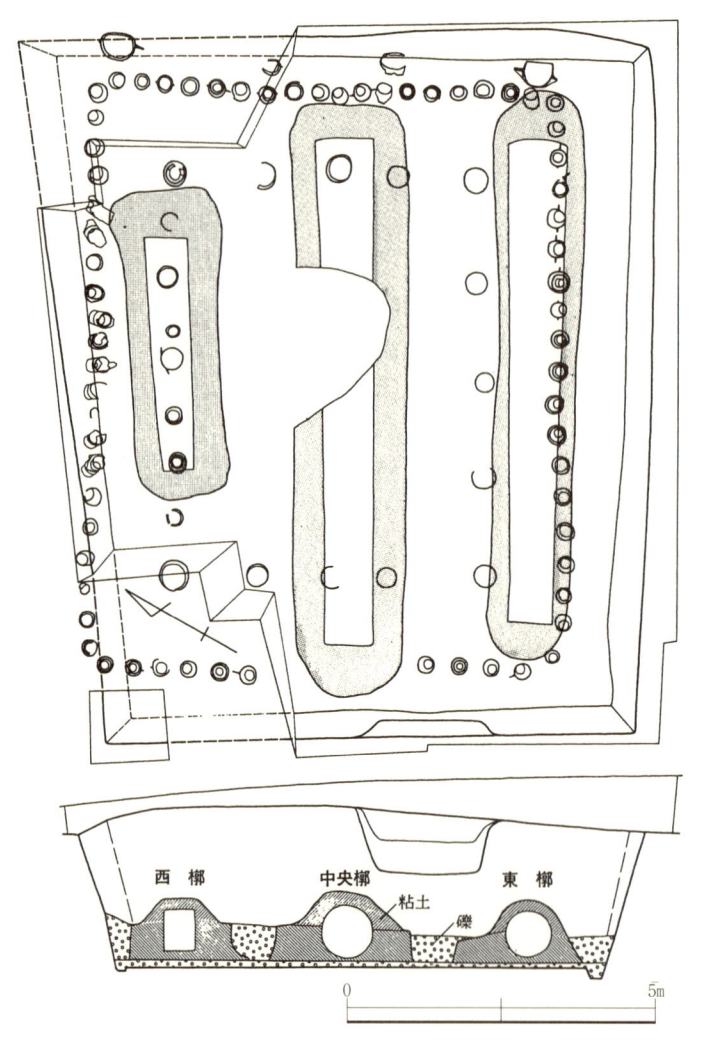

終章　東国古墳時代埴輪生産組織の考古学的研究

図8　石山古墳の埴輪配列

ほうがよいだろう。

　埴輪はいつ並べられたのか。竪穴系の内部主体の場合、しばしば墓坑の内側に埴輪が並べられている例が認められる。例えば、三重県伊賀市石山古墳（京都大学文学部博物館 1993：図8）、京都府八幡市ヒル塚古墳（桝井ほか1990：図9）などでは埋葬が終わって墓坑を埋めた後、埴輪を樹立したことが分かっている。このことからすれば、埴輪とは死者の埋葬段階の最後に置かれたものと考えることもできよう。ただし、主体部と切りあいのない形での埴輪樹立の場合前後関係を知ることは難しい。石山古墳やヒル塚古墳の場合でも、主体部の墓坑と関わらない

第2節　埴輪の意義

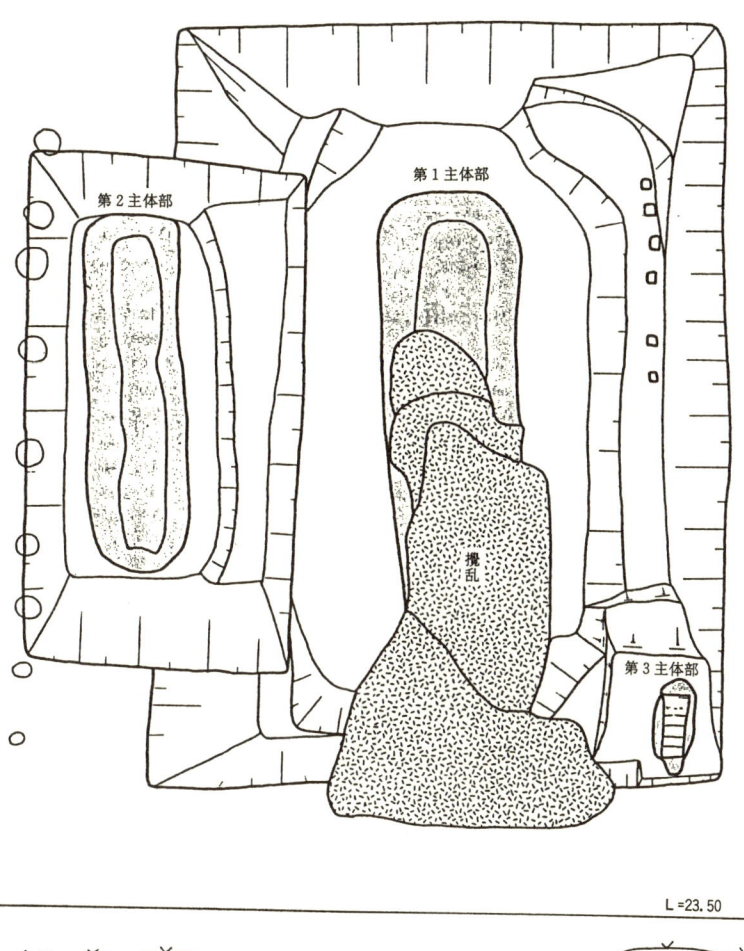

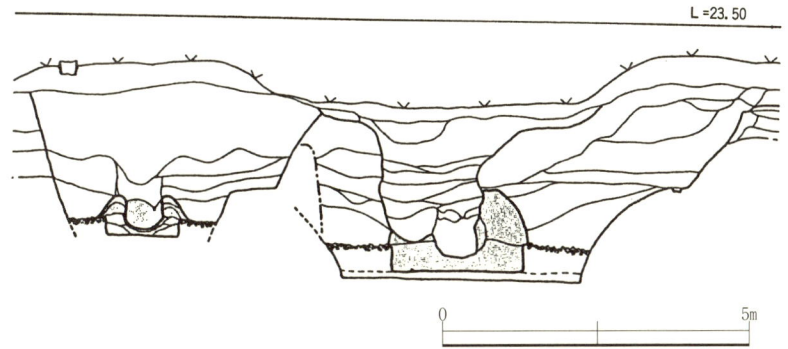

図9　ヒル塚古墳の埴輪配列（左端の円形が埴輪列を示す）

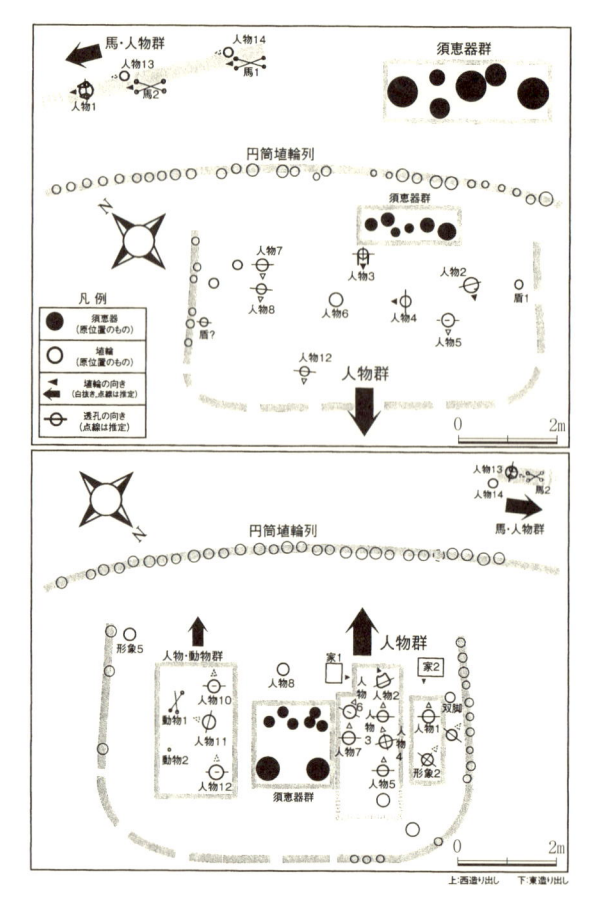

終章　東国古墳時代埴輪生産組織の考古学的研究

図10　井辺八幡山古墳造出周辺における埴輪・須恵器出土状況

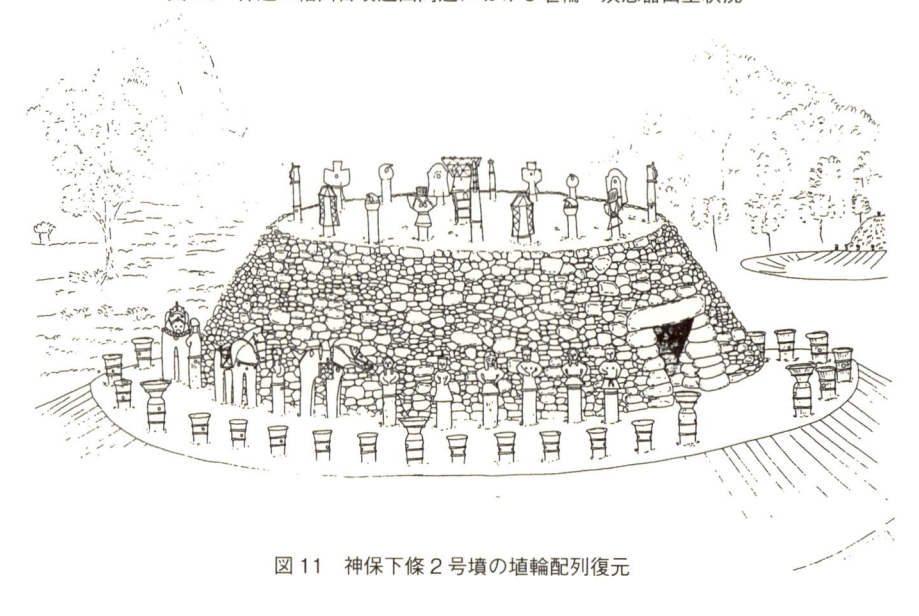

図11　神保下條2号墳の埴輪配列復元

墳丘テラス面の埴輪などは事前に立て並べていたことも想定される。

　古墳時代後期に多くみられる、中堤上や帆立貝形古墳の前方部上、くびれ部の造出、前方後円墳の墳丘テラス面に立て並べられた形象埴輪群などは、その樹立時期が埋葬前であるのか、埋葬時であるのか分からない。古墳が寿墓であるとするならば、形象埴輪に共通表現が存在することは埴輪のつくり置きを示唆しており、生前に発注されているのではないかと考えられるが、

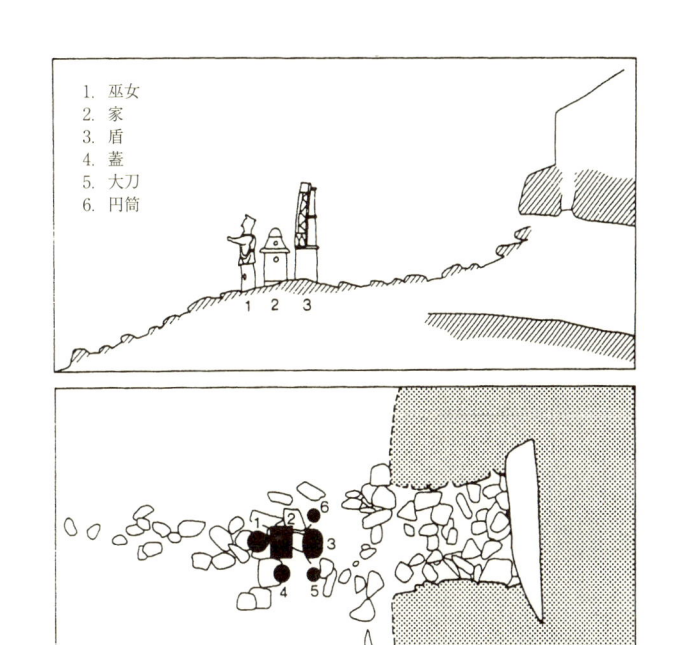

```
1. 巫女
2. 家
3. 盾
4. 蓋
5. 大刀
6. 円筒
```

図12　勢野茶臼山古墳の埴輪配列復元

そのことからすれば埋葬前に樹立されていた可能性もある。しかし、古墳時代前期以来の伝統がなおも続いているとするならば、埋葬時ととらえることができよう。横穴式石室の前やそこから繋がるテラス面などに埴輪が樹立されているものがあることから、私自身は埋葬時（埋葬終了時）に埴輪が立て並べられたものと推察している。

　和歌山県和歌山市井辺八幡山古墳の東西くびれ部造出に立て並べられた形象埴輪群についても埋葬時に立て並べ、底を打ち欠いた須恵器大甕などを置いたのではなかろうか（森ほか1972、松田ほか2007：図10）。群馬県高崎市神保下條2号墳の小規模円墳の埴輪群（右島1992：図11）も横穴式石室への埋葬時に埴輪が立て並べられたと考えたい。奈良県生駒郡三郷町勢野茶臼山古墳では、横穴式石室の前庭部に女子、家、蓋、盾、大刀、円筒埴輪が並べられていた（伊達1966、若松1988：図12）。これなどは、横穴式石室の埋葬時（あるいは終了時）に並べられたものであろう。

2　埴輪配列の全国的共通性について

　古墳に立て並べられる埴輪は、1列に立て並べられるものと群像として何列もの配列として立て並べられる場合がある（市毛1985）。立て並べられた形象埴輪群に共通した要素が存在することは、多くの研究者によって夙に明らかにされてきたところである（水野1971・1974、橋

終章　東国古墳時代埴輪生産組織の考古学的研究

本 1980、若松 1992b など）。また、配置されたそれぞれの形象埴輪群に共通する区分けが存在し、それらが削除や変形を伴いながら全国的に存在することも明らかにされてきた（塚田 1996・2007、犬木 2007・2008）。これらの諸研究は形象埴輪の意義を考える上でいずれも極めて重要な視点を提示しており、それぞれの要素が全国各地で共通しているということは、埴輪の意義を考える上でも示唆に富むものである。

配置された区分け要素のすべてを備えている例が大阪府高槻市今城塚古墳である（森田 2009・2011a・2011b など：図13)。そこでは、柵形埴輪で1～4区として区画された中に、それ

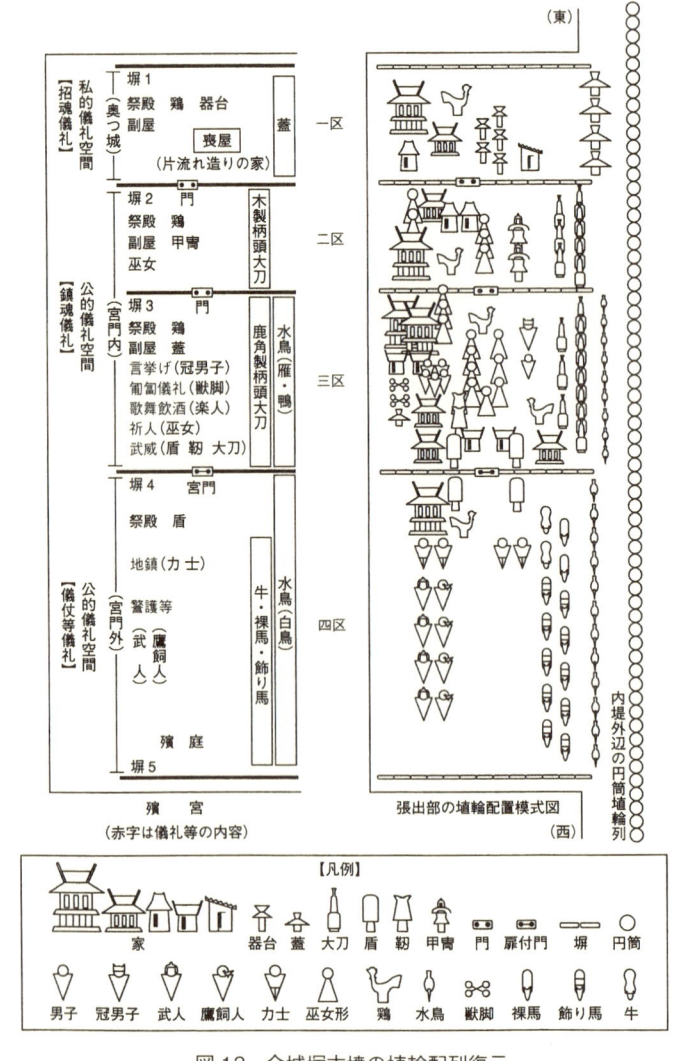

図13　今城塚古墳の埴輪配列復元

第 2 節　埴輪の意義

表 2　場面構成要素一覧

構成要素	中心儀礼場面			動物中心場面			家中心場面			墳丘守護場面	
	対面	飲食	音楽	馬列	狩猟	武人	家	鶏	器財	盾持	力士
原山 1 号墳	?	○	○	○	○?	?	?	?	?	○	○
丸塚古墳	○	○	?	○	?	?	?	?	?	?	?
神谷作 101 号墳	○	?	?	○	?	○	○	○	○	?	?
今城塚古墳	3 区			4 区			2 区			4 区 ?	

ぞれ時間と空間を異にした場面が再現されているようである。これらの場面の縮小版や削除されたものが各地の古墳の埴輪配列に認められるようである（犬木 2008）。

　筆者は、東北地域の形象埴輪を検討した際、同様の視点で埴輪配列を考えたことがある（日高 2011b）。福島県西白河郡泉崎村原山 1 号墳（福島県教育委員会 1982、今津 1988）、福島県相馬市丸塚古墳（今津 1988）、福島県神谷作 101 号墳（福島県 1964、今津 1988）の埴輪配列は不明な点も多いものの、構成される要素として、中心儀礼場面、動物中心場面、家中心場面、墳丘守護場面の 4 つがあると考えた。そして、今城塚古墳の区画でいうならば、それぞれ 3 区、4 区、2 区、4 区？に相当すると認識したのである（表 2）。埴輪樹立の数では縮小されているが、中心儀礼場面では対面・飲食・音楽など、動物中心場面では馬列・狩猟・武人など、家中心場面では家・鶏・器財など、墳丘守護場面では盾持ち・力士などが場面構成要素として存在し、それぞれの場面が判明していない古墳についても発掘された地点の隣接地などで確認される可能性を指摘した。

　全国各地で確認される埴輪配列に共通点が見出せるということは、埴輪として表現された場面が共通していた可能性を示している。それでは、今城塚古墳の埴輪配列の縮小版とはいかなる意味がこめられていたのだろうか。それは、水野正好が形象埴輪群像に対して、「発想のもとは朝廷にあり、この点を巧みに媒体として、各地の首長を容認する手段として各地に埴輪祭式を拡げ配布していくのであって、政治色のきわめてつよいものであった（水野 1974：p.153）」と評価したことが極めて蓋然性の高いことであったと思われるのである。

3　埴輪の樹立と古墳葬送儀礼

　これまで埴輪の意義に関しては、「首長権（霊）継承儀礼」、「殯（殯宮儀礼）」、「葬列」、「生前顕彰」、「供養・墓前祭祀」、「他界における王権祭儀」、「被葬者が主宰した祭祀」、「神宴儀礼」、「殉死の代用から来世生活」、「死後の世界における近習」、「政治・祭祀行為の表示」、「現生の来世への投影」など正に多様な解釈がある。

終章　東国古墳時代埴輪生産組織の考古学的研究

　これらの諸説については一長一短があり、あるいはいずれも捨てがたい魅力的な解釈である。私は被葬者が生前において神を祭る儀礼（神宴儀礼）をおこなっている姿ととらえているが、それは、埴輪が生前に発注されているのではないかと考えているからである（日高 2000b）。また、動物埴輪を中心とした場面は被葬者生前の場面のうち、狩猟あるいは馬列を再現したものであると考えている（日高 2002b）。

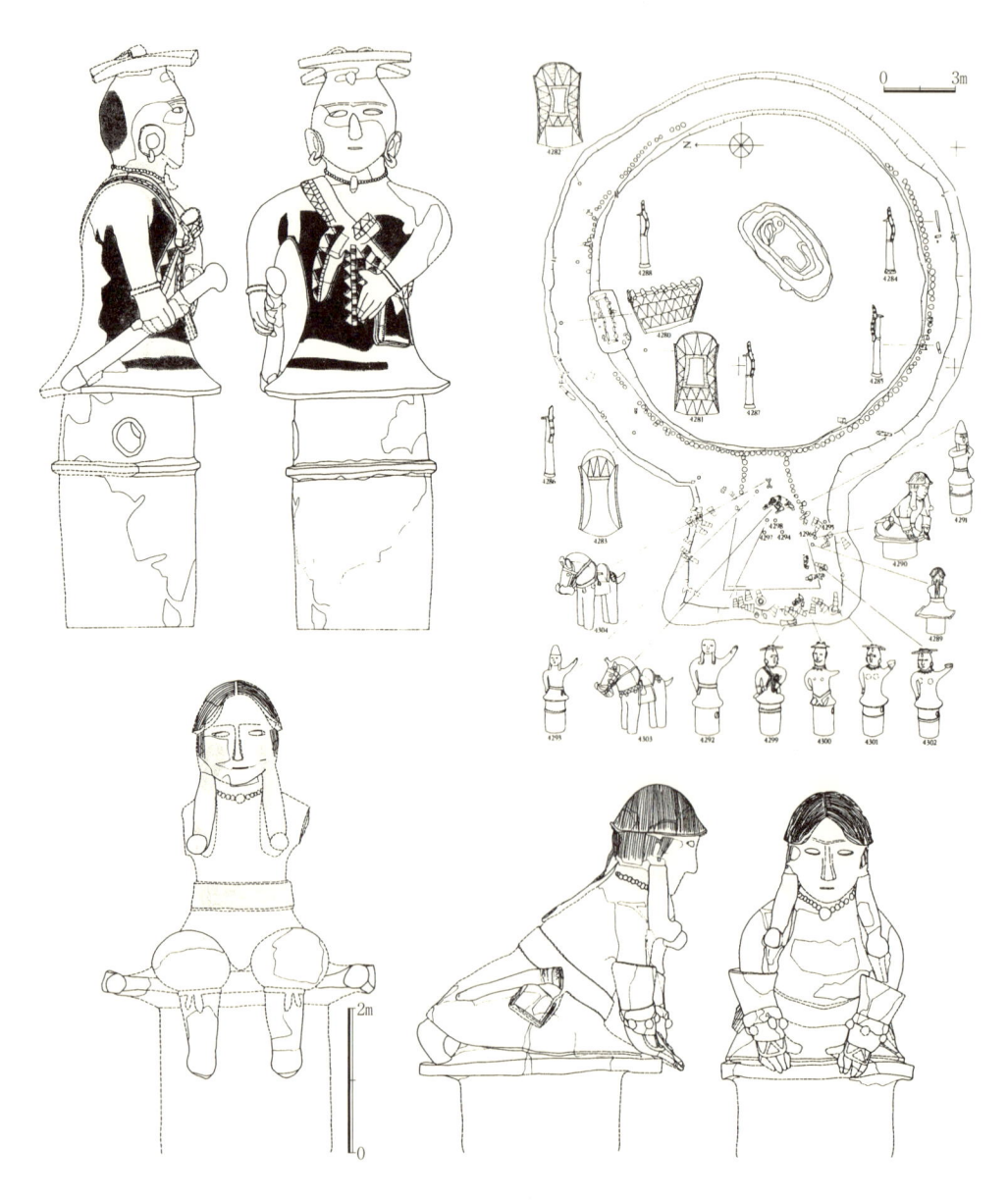

図14　塚廻り4号墳の埴輪と配列復元

ただし、被葬者生前の場面であるならば、被葬者が生前に首長権を継承した時の儀礼を再現したと考えてもよいのではないかと思われてくる。しかし、律令以前の大王就任儀礼にとって欠かせない宝器の授受や宣命・拝礼の儀式のうち（岡田1983）、宝器の授受という場面が[9]、形象埴輪の中に再現されているとは思えない。確かに群馬県太田市塚廻り4号墳（石塚ほか1980：図14）にみる大刀を持つ女子埴輪の存在は、宝器の授受を思わせるが、この他には類例がなく、むしろ飲食供献儀礼を中心とした場面が一般的であると考えたほうが理解しやすいのではなかろうか。

埴輪樹立についての基本的な問題を述べてきたが、埴輪がいつ立て並べられたのかという問題を含めて、古墳築造における葬送儀礼にはいかなる諸段階・場面があるのだろうか。和田晴吾は墳丘や、内部主体等でおこなわれていたと考えられる古墳祭祀について、前期古墳から後期古墳の墳丘や内部主体構築過程の違いなどを踏まえて詳細に整理した。すなわち、地鎮儀礼、納棺・埋納儀礼、墓上儀礼、墓前儀礼などを古墳構築の各段階と対比させてまとめたのである（和田1989・2009など）。また土生田純之は古墳構築にあたって、さまざまな場面で儀礼が執りおこなわれたであろうことを示している。古墳の選地に始まり、基礎工事、埋葬など多くの場面で儀礼がおこなわれたと考えたのである。また、実際の発掘調査成果から、それらの場面で儀礼がおこなわれたことを示した。具体的には、「土器を用いたものと焚火の二種、およびこれらの複合形態」があるとした（土生田1998c：p.217）。

先学の卓見に導かれながら、古墳築造における葬送儀礼の諸段階・場面を改めて示すと以下のようになる[10]。

 0. 墳丘築造中―築造の各段階において儀礼をおこなう→旧表土上や墳丘中での儀礼
 1. 死の確認―死を受け入れずに甦りを図る→居宅や古墳とは別の場所での儀礼
 2. 死の決定―死を受け入れ死者から生者への何らかの移行を図る→居宅での儀礼？
 3. 死者の埋葬―死者を埋葬することで完全に生者との関係を断つ→埋葬施設および墳丘最終段階での儀礼（埴輪樹立はこの段階と思われる）
 4. 死者の慰撫―埋葬後に追悼儀礼をおこなう→墳丘上あるいは横穴式石室前庭部での儀礼

前述した通り埴輪は3. 死者の埋葬場面において樹立されたものと考えている。古墳構築の最終段階において、生前発注されていた埴輪を立て並べて古墳への埋葬は終了したのである。第1章で論じた共通表現の埴輪の存在は、共通表現の人物や馬などの埴輪がつくり置きされていたことを示しており、それらの埴輪が複数の古墳へと供給されたのであろう。このことからも、埴輪製作が被葬者の死後に発注されたのではなく、予め製作されていたものと考えたほうがよい。さらに推敲するならば、被葬者の生前に埴輪製作が発注されたと解することもできよ

う[11]。

　かつて、若松良一は古墳における埴輪の多様性について、追加樹立の可能性を指摘した（若松1982）。多様性については、埴輪製作工人集団の違いや集団内での工人差による見かけ上の型式差の可能性もある。ただし、追加樹立があったとすれば、それは追葬時であったと思われ、埴輪樹立は埋葬時であると考えることができよう。

第3節　埴輪研究の課題

1　埴輪同工品論をめぐって

　現在の埴輪の研究は、生産体制をめぐってハケメ工具の異同などをもとにした同工品論がその中心に躍り出た感が強い。特に、下総型埴輪に関しての犬木努の研究（犬木1994・1995・1996・2005）や、生出塚埴輪製作工人集団に関しての小橋健司の研究（小橋2004・2005）、城倉正祥の研究（城倉2007a・2008・2009・2010a・2010b・2011）などがあげられる。

　犬木努の研究は同一古墳で出土する埴輪製作工人が複数の古墳のなかで、製作本数を異にしながら供給されていることを明らかにしており、「ある工人の製品が、特定の古墳には多数確認されていても、別の古墳ではごく少量しか確認できないような事例も散見されており、一古墳で見出されている埴輪製作本数の多寡のみから、埴輪生産にかかわる「労働編成」を論じるには、十分に慎重な検討が必要である（犬木2005：p.17）」とされた。また、「大型墳では埴輪工人の人数が多く、小型墳では埴輪工人の人数が少ないという大まかな傾向が認められる。―中略―埴輪の在庫管理が行われていたとすれば、大型墳でも小型墳でも、本数の多寡にかかわらず同様な人数構成を示す筈であり、上記のような傾向は、古墳造営のたびにその古墳に樹立する埴輪だけを限定的に生産していたことを示す状況証拠（犬木前掲：pp.18-19）」としたのである。極めて重要な指摘であるが、果たして複数の古墳から出土した同一埴輪製作工人の製品とはいかなる時間のなかで製作されたものなのだろうか。古墳造営のたびに必要な本数だけ埴輪を製作したのだろうか。私は、複数の古墳から出土する同一埴輪製作工人の製品の存在は、埴輪のつくり置きを示しているのではないかと推察する。古墳の規模と工人の数の多寡に関しては、工人の埴輪製作本数の多寡に起因していると考えられないだろうか。

　城倉正祥の研究は北武蔵地域の埴輪窯跡出土埴輪をもとに、周辺の古墳出土の埴輪にも目配りをした詳細な研究であり、生出塚埴輪製作工人集団を拠点生産地と位置付け、馬室・和名・桜山・姥ヶ沢・権現坂の各埴輪製作工人集団を衛星生産地と位置付けることで、図15に示したような埼玉古墳群を頂点とする階層秩序のもとで「拠点・衛星二重構造型」の生産体制が確

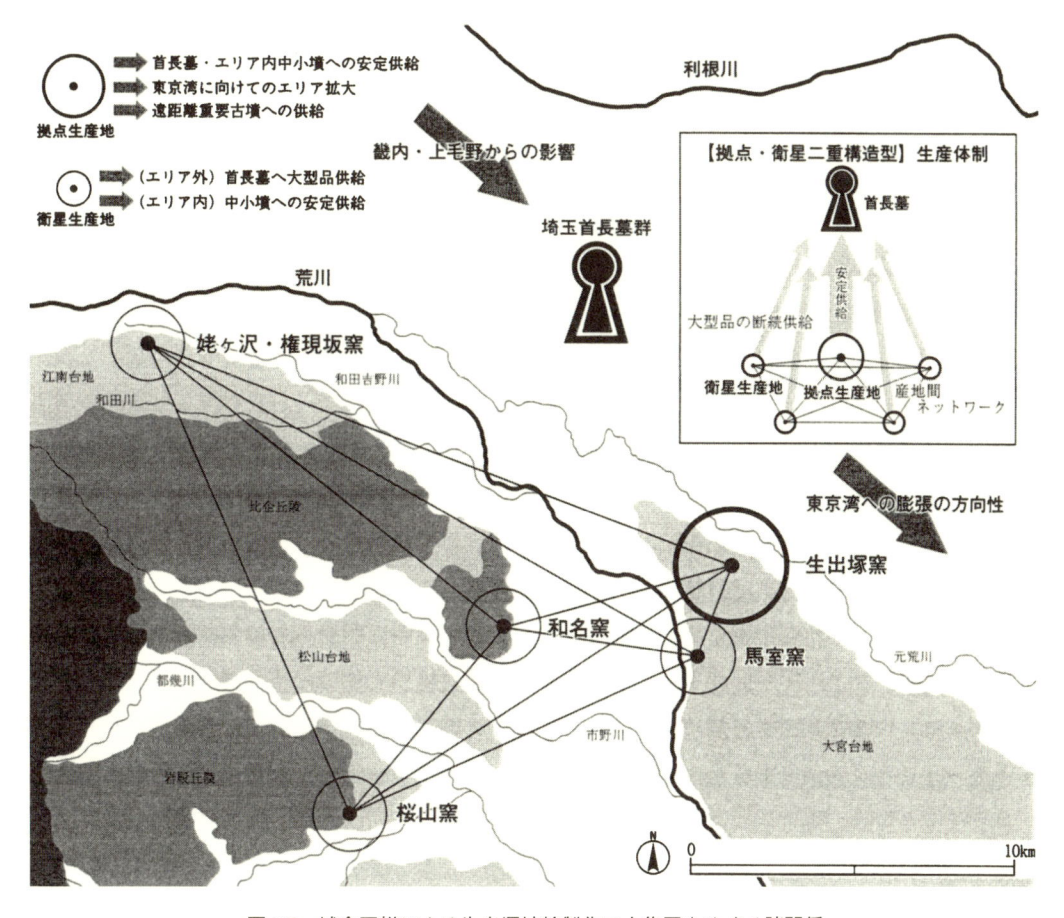

図15　城倉正祥による生出塚埴輪製作工人集団をめぐる諸関係

立したという（城倉2011：pp.69-70）。かつて、山崎武が生出塚窯と馬室窯との比較の中で、「生出塚の工人と馬室の工人が同じ人間で、例えば荒川流域に供給する場合には馬室で作り、元荒川で供給する場合には生出塚を利用したと推定することも可能ではないか（山崎1993：pp.52・60）」との指摘をおこなっていることも想起される。拠点生産地があり、その周りに影響を受けつつ生産をおこなっていた複数の生産地が存在していたと考えることができよう。

　以上のように、各生産地と供給地との関係を証明していく上で、同工品分析は極めて重要な研究である。今後も、各地で出土する埴輪が何処で製作された埴輪であるかを考究していく上で継続的な研究が必要となってくるだろう。一方で、私がここまで述べてきたような共通表現検討も埴輪製作工人集団とその製作品を追究していく上で重要な視点であると考えている。また、第4章で示したような巨視的にみた埴輪の地域性という観点も必要なものであると考える。さらに、埴輪の胎土分析を積極的に進めていくことで新たな見解を得ることもできるだろう。

2　東アジア歴史世界の中の埴輪

　筆者は埴輪や壁画、副葬品などにみる横坐り乗馬に注目して古墳時代を東アジア歴史世界の中で理解していく視点を示したことがある（杉山・井上・日高1997、日高2007）。それは、かつて田村実造がアジアの4つの歴史世界を詳細に論じたうちの、東アジア歴史世界のなかの日本列島という相対化の必要性を強く感じていたからである（田村1990）。もちろん日本列島という地理的・歴史的環境からは、北アジア歴史世界との関わりも当然あったはずである。このことについて、かつて北海道余市郡余市町大川遺跡出土品をめぐって若干考えたことがある（日高2003b）。そこでは北からと日本列島の西からとの交流の様を素描した。

　太田博之は埼玉県行田市酒巻14号墳出土の朝鮮半島起源の服飾・器物を表現した埴輪をとりあげて、「筒袖人物埴輪を実際に関東へ移動・往来する機会のあった朝鮮半島出身者をモデルとし、古墳時代後期後半に至って新規に造形されるようになった人物埴輪の一器種（太田2010：p.124）」と理解し、被葬者と朝鮮半島との強いつながりを示していると考えた。古墳時代を東アジア歴史世界の中で位置付ける一つの方法である。さらに酒巻14号墳の埴輪は、被葬者の生前の活動を色濃く反映しているものであり、埴輪が被葬者の生前の場面であるとする私の意見とも合致してくる。

　古墳時代をひとり日本列島の中でのみ理解しようとせず、広く東アジア歴史世界と結び付けていかなければならない。埴輪研究の重要な課題の一つとして提示しておきたい。

註
1)　国立歴史民俗博物館で殿塚古墳・姫塚古墳の整理作業を始めたのは平成8年（1996）年2月からである。その後、今日に至るまで多くの方々と共に作業を進めてきており、近年は総括にむけて写真撮影をしている。本章の内容はこれまで整理作業に携わった方々との対話等も基にしている。
2)　平岡和夫は轟俊二郎の研究（轟1973）を引用しつつ、下総地域を行動範囲としていたとも述べている。
3)　那須烏山市郷土資料館に保管されている同古墳出土品実見にあたっては、秋元陽光氏、賀来孝代氏にお世話になった。殿塚古墳・姫塚古墳の整理作業を共におこなっている加藤一郎氏、山田俊輔氏、米澤雅美氏らと実見・検討することができた。
4)　本例の実見にあたっては秋元陽光氏、賀来孝代氏にお世話になった。
5)　イギリス大英博物館にも顎鬚を蓄えた双脚人物埴輪が収蔵されている。千葉県経僧塚古墳や同人形塚古墳と顎鬚の表現などと共通する部分が多い。
6)　上半身と下半身を別々につくる「常陸型埴輪」（日高2006）、「下総型埴輪」、萩原恭一のいう

「山武型埴輪」（萩原 1999）などや「生出塚産埴輪」などが型として認識できる一群である。
7) ただし、結晶片岩を胎土に含むという特徴を有している地域として埼玉県北西部の児玉郡域がある。埴輪製作遺跡も多く所在する地域であるが、各古墳出土埴輪との対応は未詳な部分も多く、今後の検討課題である。
8) それに対して、東海地方では須恵器の技法を多用した埴輪が基本であり、赤塚次郎によって尾張型埴輪が提唱されている（赤塚 1991・1997）。それによれば、尾張型埴輪の顕在化は早くも 5 世紀前半にはじまっているようである。ただし、他地域への拡散には 2 次拡散期と終焉的拡散期があり、後者は 6 世紀第 2 四半期ころのことであったという。
9) 各地の首長たちも、配下の群臣が参列する中、宝器の授受や宣命・拝礼の儀式があっただろう。また、岡田精司が大王就任儀礼における壇（高御座）の存在を詳細に検討したように（岡田 1983：pp.10-15）、自らの宮（居宅）あるいはその近傍で特別な小さい壇をつくり執りおこなわれた儀礼であると考える。考古学的にこれらの壇状構築物が確認された例はないが、豪族居館と目される遺跡のなかの無遺構部分などに本来あったのではないかと憶測してみるが、今後の調査進展を待ちたいと思う。
10) 埋葬施設内の副葬品配置や横穴式石室追葬の際の片付けなども葬送儀礼の一段階であり、語りきれなかった葬送儀礼のほうが多岐にわたるものであることを記し、他日を期したい。
11) 各地の首長墳と中小円墳とで埴輪製作に違いがあったことも想定される。すなわち、前者は注文製作され、後者はつくり置きから入手するといった可能性はある。しかし、いずれにしても生前に製作されていた可能性は高いのではなかろうか。

図版出典一覧

第1章
　図1：1. 山崎 1987a ／ 2. 山崎 1987b ／ 3. 山崎 1987b ／ 4. 山崎 1987b ／ 5. 山崎 1987b ／ 6. 東京国立博物館 1986　44-2 を写真トレース／ 7. 田中ほか 1988 ／ 8. 門脇ほか 1994 ／ 9. 金井塚 1984　第18図を写真トレース／ 10. 門脇ほか 1994

　図2：1. 小橋ほか 2004 ／ 2. 小橋ほか 2004 ／ 3・4. 中島・安武 2013

　図3：1. 東京国立博物館 1980　28-7 を写真トレース／ 2. 斎藤ほか 1960 ／ 3. 那珂町史編纂委員会 1988 ／ 4. 若松 1988　16 を写真トレース／ 5. 大塚 1974　図版 134 を写真トレース／ 6. 梅沢ほか 1998 ／ 7. 梅沢ほか 1979　88 を写真トレース／ 8. 東京国立博物館 1986　6-3 を写真トレース／ 9. 瀧瀬 1986 ／ 10. 城倉 2006a ／ 11. 石坂ほか 1986 ／ 12. 梅沢ほか 1979　85 を写真トレース／ 13. 城倉 2006a

　図4：1. 中島ほか 1988 ／ 2. 足利市文化財総合調査団 1982

第2章
図版はすべて筆者作成

第3章
　図1：1. 山崎 1987b ／ 2. 小橋ほか 2004 ／ 3. 滝口ほか 1988　5頁の写真をトレース／ 4. 石塚ほか 1980 ／ 5. 東京国立博物館 1980　図版番号 41-1 を写真トレース／ 6. 浜名ほか 1980

　図2〜5・7・9・11・12　筆者作成

　図6：1. 諸星ほか 1978 ／ 2. 東京国立博物館 1980　図版番号 60-4 を写真トレース／ 3・4. 水戸市立博物館 1983　写真 67・66 を写真トレース／ 5. 東京国立博物館 1980　図版番号 37-1 を写真トレース

　図8：1. 安藤ほか 1988 ／ 2. 東京国立博物館 1983　図版番号 174-1 を写真トレース／ 3. 武部ほか 1982 ／ 4. 中島ほか 1988 ／ 5. 梅沢ほか 1998

　図10：1. 安藤ほか 1988 ／ 2. 東京国立博物館 1980　図版番号 38-2 を写真トレース

第4章
　図1：1. 伊野 1990 ／ 2. 林ほか 1989 ／ 3. 伊達 1966 ／ 4. 十河 1991 ／ 5〜6. 入江ほか 1995

　図2：1・2. 永井 2002 ／ 3〜6. 上野・中西 1985 ／ 7. 徳田・清喜 2001 ／ 8. 伊達ほか 1972 ／ 9. 田中ほか 1989

　図3：1・2. 杉原 1985 ／ 3. 穂波町教育委員会 1997 ／ 4〜6. 川述 1984 ／ 7〜9. 伊崎ほか 1983

　図4：1〜3. 西田ほか 1990 ／ 4・5. 鈴木 2001 ／ 6〜9. 栗原ほか 2005

　図5：1〜6. 白井・鈴木 2004

　図6：1〜7. 伊藤ほか 1995

図版出典一覧

図7：1～3. 樫田1992
図8：1. 大河内・山崎1984／2. 江川・藤沢1991／3～8. 関本2002／9～13. 金井塚1994b／14. 斎藤ほか1980／15. 若狭ほか2000
図9：1～3. 杉山ほか2006
図10：1～4. 大塚・小林1971／5・6. 辰巳ほか2005

第5章
図版はすべて筆者作成

第6章
図1：1. 藤本ほか1969に加筆／2. 山田古墳群遺跡調査会1982に加筆／3. 財団法人山武郡市文化センター1996に加筆／4. 早稲田大学考古学研究室1961に加筆／5. 荒海古墳群発掘調査団1975に加筆／6. 印旛村教育委員会1977に加筆
図2：1. 藤本ほか1969に加筆／2. 小牧1994に加筆／3・4. 藤本ほか1969に加筆／5. 千葉県文化財センター1996に加筆
図3：1. 丸子ほか1978に加筆／2. 尾崎ほか1976に加筆／3. 財団法人香取郡市文化財センター1993に加筆
図4：1. 千葉県文化財保護協会1990に加筆／2. 高橋康1992に加筆／3. 田中1981に加筆／4. 谷口ほか1992／5. 中村ほか1990に加筆／6. 杉戸町教育委員会1964に加筆
図5：1. 埼玉県教育委員会1959に加筆／2. 茂木ほか1998に加筆
図6：筆者作成

第7章
図1：藤本ほか1969に加筆
図2：丸子ほか1978に加筆
図3：1. 藤本ほか1969に加筆／2. 野中ほか1976に加筆に加筆／3. 荒井・坂本1995に加筆
図4：千葉県文化財センター1995に加筆
図5：日高1998bに加筆

補論
図1：谷口ほか2011に加筆
図2：谷口ほか2011に加筆、印旛村教育委員会1977に加筆

終章
図1：石橋2004
図2：筆者作成
図3：城倉2006b
図4：1～8. 吉川ほか1995／9～12. 小森1984／13. 小森1984／14～15. 秋元・飯田1999
図5：志村1995

図6：日高 2006 に加筆
図7：坂 1988
図8：京都大学文学部博物館 1993
図9：桝井ほか 1990
図10：松田ほか 2007
図11：右島 1992
図12：若松 1988
図13：森田 2011a
図14：石塚ほか 1980
図15：城倉 2011

引用・参考文献一覧

赤塚次郎　1991「尾張型埴輪について」『池下古墳』愛知県埋蔵文化財センター　pp.34-50

赤塚次郎　1997「須恵器系埴輪の拡散」『伊達先生古稀記念古文化論叢』pp.309-323

赤星直忠　1938「横須賀市に於ける形象埴輪の出土に就いて」『考古学雑誌』28-6　pp.394-410

赤星直忠　1967『厚木市登山古墳調査概報』(厚木市文化財調査報告　第8集) 厚木市教育委員会

赤坂　亨　2000「風返稲荷山古墳の再測量調査」『風返稲荷山古墳』霞ヶ浦町教育委員会　pp.25-27

秋元陽光・飯田光央　1999「三王山星宮神社古墳出土の埴輪」『栃木県考古学会誌』20　pp.55-89

浅田芳朗　1958「埴輪本質論覚書」『古代学研究』第19号　pp.4-11

足利市史編さん委員会　1979『近代足利市史』第3巻　史料編　足利市

足利市文化財総合調査団　1982「7. 丸木古墳群」『足利市文化財総合調査年報Ⅲ』足利市教育委員会　pp.28-38

阿部知己　1999「福島県埴輪カタログ　中通り編その一」『福島考古』40　pp.71-82

新井　悟　2000「茨城県玉里村舟塚古墳の再測量報告」『駿台史学』109　pp.135-147

新井仁ほか　1994『下高瀬上之原遺跡』財団法人群馬県埋蔵文化財調査事業団

荒井世志・坂本行広　1995「下総町菊水山2号墳」『事業報告Ⅳ』香取郡市文化財センター　pp.37-47

荒海古墳群発掘調査団　1975「荒海古墳群第15号墳発掘調査報告」『成田市の文化財』第六輯　pp.40-60

安藤鴻基　1974「千葉県木更津市畑沢埴輪窯址の調査速報」『古代』57　早稲田大学考古学会　pp.35-37

安藤鴻基　1976「埴輪祭祀の終焉」『古代』59・60合併号　pp.26-37

安藤鴻基　1981「「変則的古墳」雑考」『小台遺跡発掘調査報告書』芝山はにわ博物館　pp.151-158

安藤鴻基　1983「房総埴輪の推移」『房総風土記の丘年報』6　千葉県立房総風土記の丘　pp.36-41

安藤鴻基　1988「房総の埴輪について」『千葉県成田市所在竜角寺第101号古墳発掘調査報告書』千葉県文化財保護協会　pp.134-143

安藤鴻基ほか　1981『小台遺跡発掘調査報告書』芝山はにわ博物館

安藤鴻基ほか　1988『竜角寺古墳群第101号古墳発掘調査報告書』千葉県文化財保護協会

飯島伸一ほか　1998「道作1号墳の調査について」『印西の歴史』創刊号

飯塚武司　1984「北武蔵における埴輪生産の展開」『法政考古学』9　pp.1-33

飯塚武司　1985「東京都・神奈川県地域における埴輪編年」『埴輪の変遷』(第6回・三県シンポジウム資料) 北武藤古代文化研究会ほか　pp.211-226

伊崎俊秋ほか　1983『立山山古墳群』八女市教育委員会

石川　功　1989「茨城県における横穴式石室の様相」『第10回三県シンポジウム東日本における横穴式石室の受容』pp.834-919

石川正之助　1981「高塚古墳」『群馬県史』資料編3　原始古代3・古墳時代　pp.391-397

石倉亮治・安井健一　2000『主要地方道成田松尾線ⅩⅠ』財団法人千葉県文化財センター
石坂　茂ほか　1986『荒砥北原遺跡・今井神社古墳群・荒砥青柳遺跡』群馬県教育委員会
石塚久則ほか　1980『塚廻り古墳群』群馬県教育委員会
石橋　充　1995「常総地域における片岩使用の埋葬施設について」『筑波大学先史学・考古学研究』6　pp.31-56
石橋　充　2004「「筑波山系の埴輪」の分布について」『埴輪研究会誌』8　pp.1-16
市川市史編纂委員会　1971『市川市史 第一巻 原始・古代』吉川弘文館
市毛　勲　1963「東国における墳丘裾に内部施設を有する古墳について」『古代』41　早稲田大学考古学会　pp.19-26
市毛　勲　1964「人物埴輪顔面の赤彩色について」『考古学雑誌』50-1　pp.11-29
市毛　勲　1968「赤い埴輪（茨城編）―人物埴輪顔面の赤彩色についてⅡ―」『茨城考古学』1　pp.20-30
市毛　勲　1969「本邦古代における黥面と顔面彩色―人物埴輪顔面の赤彩色についてⅢ―」『考古学雑誌』54-4　pp.48-59
市毛　勲　1971「千葉県山武郡成東町経僧塚古墳の調査」『史観』83　pp.96-97
市毛　勲　1973「「変則的古墳」覚書」『古代』56　早稲田大学考古学会　pp.1-29
市毛　勲　1974a「茨城の埴輪考」『月刊かしま灘』1-3　pp.1-4
市毛　勲　1974b「前方後円墳における長方形周溝について」『古代学研究』71　pp.1-9
市毛　勲　1976a「房総人物埴輪顔面の赤彩色法―人物埴輪顔面の赤彩色についてⅣ―」『古代』59・60合併号　早稲田大学考古学会　pp.16-25
市毛　勲　1976b「はにわをめぐる10の謎」『歴史読本』21-11　pp.94-108
市毛　勲　1980「人物埴輪における目と口の様式的研究」『古代探叢』早稲田大学出版部　pp.317-348
市毛　勲　1984『増補・朱の考古学』（雄山閣考古学選書12）雄山閣
市毛　勲　1985「人物埴輪における隊と列の形成」『古代探叢Ⅱ』早稲田大学出版部　pp.353-368
市毛　勲　1991a「人物埴輪における姿態別服飾について」『古代探叢Ⅲ』早稲田大学出版部　pp.449-469
市毛　勲　1991b「髪形と身体装飾」『古墳時代の研究3　生活と祭祀』雄山閣　pp.45-51
市毛　勲　1992「人物埴輪顔面のヘラガキについて」『考古学雑誌』77-4　pp.1-16
市毛　勲・多宇邦雄　1974「千葉県香取郡小見川町城山発見石棺群と城山6号墳の調査」『古代』58　pp.26-36
市毛　勲ほか　1971『舟塚原古墳第一次発掘調査概報』（千葉県埋蔵文化財抄報1）千葉県教育委員会
一柳隆芳ほか　1987『蓼原』（横須賀市文化財調査報告書　第13集・第1分冊）横須賀市教育委員会
伊野近富　1990「塩谷古墳群平成元年度発掘調査概要」『京都府遺跡調査概要』38　（財）京都府埋蔵文化財調査研究センター
伊藤久美子ほか　1995『古村積神社古墳発掘調査報告書（その2）』岡崎市教育委員会
伊藤　純　1984「古代日本における黥面系譜試論」『ヒストリア』104　pp.1-18

引用・参考文献一覧

伊藤　鈍　1987「古墳時代の黥面」『季刊考古学』20　雄山閣　pp.38-42
糸原　清　1993「よみがえる人物埴輪」『房総の文化財』3　p.1
稲村　繁　1986「群馬県における馬形埴輪の変遷」『ミュージアム』425　pp.4-20
稲村　繁　1991「茨城県における横穴式石室の変遷（1）」『博古研究』創刊号　pp.21-29
稲村　繁　1997「第3節　家形埴輪」『厚木市登山1号墳出土埴輪修理報告書』厚木市教育委員会　pp.22-30
稲村　繁　1999『人物埴輪の研究』同成社
井上義安　1995『水戸市北屋敷古墳』
井上裕一　2004「動物埴輪資料」『山内清男考古資料14』奈良文化財研究所　pp.57-100
犬木　努　1994「下総型埴輪考―同工品論の視点から―」『はにわのとも』1　pp.23-27
犬木　努　1995「下総型埴輪基礎考」『埴輪研究会誌』1　pp.1-36
犬木　努　1996「埴輪製作における個体内・工程別分業と種類別分業」『埴輪研究会誌』2　pp.1-30
犬木　努　1997a「茨城県猿島郡境町百戸出土人物埴輪の再検討」『MUSEUM』549　pp.47-71
犬木　努　1997b「1996年の歴史学界―回顧と展望―　四」『史学雑誌』106-5　pp.25-31
犬木　努　2005「下総型埴輪再論―同工品識別の先にあるもの―」『埴輪研究会誌』9　pp.1-22
犬木　努　2007「形象埴輪「列状配置」の本義」『志学台考古』7　pp.1-21
犬木　努　2008「形象埴輪「列状配置」についての補遺」『埴輪の風景』六一書房　pp.215-220
猪熊兼勝　1977『埴輪』（日本の原始美術　6）講談社
茨城県史編さん委員会　1974『茨城県史料 考古資料編・古墳時代』　茨城県
茨城県立歴史館　1990『茨城の古墳』
今津節生　1983「森台7号墳出土の埴輪について」『千葉県山町森台古墳群の調査』青山学院大学森台遺跡調査団　pp.118-147
今津節生　1988『東国の埴輪』福島県立博物館
今津節生　1992「登山1号墳出土埴輪の年代と系譜」『登山1号墳出土遺物調査報告書』厚木市教育委員会　pp.82-87
今津節夫ほか　1992『登山1号墳出土遺物調査報告書』厚木市教育委員会
入江正則ほか　1995『日置荘遺跡』大阪府教育委員会・（財）大阪文化財センター
岩﨑卓也　1984「後期古墳が築かれるころ」『土曜考古』9　pp.1-16
岩﨑卓也　1992「関東地方東部の前方後円形小墳」『国立歴史民俗博物館研究報告』44　pp.53-77
印旛郡市文化財センター　1991『財団法人印旛郡市文化財センター年報・7』平成2年度
印旛郡市文化財センター　1993『財団法人印旛郡市文化財センター年報・9』平成4年度
印旛村教育委員会　1977『吉高山王遺跡』
上野利明・中西克宏　1985「大賀世2・3号墳の出土遺物について」『紀要』I（財）東大阪市文化財協会　pp.1-37
宇田敦司　1996『南羽鳥遺跡群I』（印旛郡市文化財センター発掘調査報告書　第112集）
内山敏行　2003「後期古墳の諸段階と馬具・甲冑」『後期古墳の諸段階』東北・関東前方後円墳研究

会　pp.43-58
梅沢重昭　1987「綿貫観音山古墳の埴輪祭式」『討論群馬・埼玉の埴輪』あさを社　pp.161-170
梅沢重昭　1990「観音山古墳の発掘調査」『藤ノ木古墳と東国の古墳文化』群馬県立歴史博物館　pp.58-80
梅沢重昭ほか　1979『群馬のはにわ』群馬県立歴史博物館
梅沢重昭ほか　1998『綿貫観音山古墳Ⅰ　墳丘・埴輪編』群馬県教育委員会
江川隆・藤沢敦　1991『菅沢2号墳』山形市教育委員会
海老原幸ほか　1981『棒山古墳群発掘調査報告書』潮来町教育委員会
大井古墳群発掘調査団　1975『大井古墳群発掘調査概要』
大川　清　1964『安蘇山麓古代窯業遺跡』窯業史研究所
大河内光夫・山崎義夫　1984『天王壇古墳』本宮町教育委員会
太田博之　2001『旭・小島古墳群―前の山古墳―』本庄市教育委員会
太田博之　2003『宥勝寺裏埴輪窯跡・宥勝寺北裏』本庄市教育委員会
太田博之　2010「朝鮮半島起源の服飾・器物を表現する埴輪について」『古代』123　早稲田大学考古学会　pp.111-127
大谷猛・橋本真紀夫・中島広顕・佐々木彰・下津弘・山路直充・加藤晃・谷口　榮　1994「東京低地周辺の埴輪胎土分析報告」『博物館研究紀要』2　葛飾区郷土と天文の博物館　pp.1-81
大塚初重　1974「那珂郡東海村関係資料」『茨城県史料 考古資料編・古墳時代』　茨城県　pp.236-239・376
大塚初重　1976「4　埴輪と埴輪窯跡」『茨城県史料 考古資料編・古墳時代』　茨城県　pp.39-43
大塚初重・小林三郎　1968「茨城県・舟塚古墳Ⅰ」『考古学集刊』4-1　pp.93-114
大塚初重・小林三郎　1971「茨城県・舟塚古墳Ⅱ」『考古学集刊』4-4　pp.57-103
大塚初重・小林三郎　1976『茨城県馬渡における埴輪製作址』(明治大学文学部研究報告考古学　第六冊)
大塚初重ほか　1989『小幡北山埴輪製作遺跡』茨城町教育委員会
大西智和　1993「地域性の発現からみた円筒埴輪の導入と展開の再構築」『九州考古学』68　pp.49-63
大野雲外　1897『東京人類学雑誌』140　巻末図版
大野雲外・柴田常恵　1903「(根岸武香家資料) 図版考説」『東京人類学会雑誌』207　pp.352-371
大野延太郎　1896「常陸國霞ケ浦沿岸旅行談」『東京人類学会雑誌』121　pp.286-291
大場磐雄ほか　1971『常陸大生古墳群』潮来町教育委員会
大橋泰夫　1990「下野における古墳時代後期の動向」『古代』89　pp.151-186
大村　直　1982「明戸古墳の測量調査」『市立市川博物館年報』10　pp.21-23
大森信英　1955『常陸国村松村の古代遺蹟』
大和久震平　1976「塙平古墳」『栃木県史　資料編考古1』栃木県　pp.616-617
大和田坂ノ上遺跡調査会　1988『大和田坂ノ上遺跡』下総町教育委員会
岡田精司　1983「大王就任儀礼の原形とその展開」『日本史研究』245　pp.1-32

岡林孝作　1991「冠・帽」『古墳時代の研究　8　副葬品』雄山閣　pp.92-103
岡本健一　1994「埼玉将軍山の横穴式石室について」『調査研究報告』7　埼玉県立さきたま資料館　pp.47-54
岡本健一　1997『将軍山古墳』埼玉県教育委員会
小栗明彦　1997「光州月桂洞1号墳出土埴輪の評価」『古代学研究』137　pp.31-42
尾崎喜左雄　1964「群馬県北群馬郡高塚古墳」『日本考古学年報』12　pp.128-129
尾崎喜左雄ほか　1976『下総片野古墳群』芝山はにわ博物館
小沢　洋　1989「千葉県における横穴式石室の受容」『第10回三県シンポジウム東日本における横穴式石室の受容』pp.268-289
小沢　洋　1995「房総の古墳後期土器」『東国土器研究』4　pp.131-153
小畑三秋　1990「埴輪配列の意義」『京都府平尾城山古墳』（古代学研究所研究報告第1輯）財団法人古代学協会　pp.145-183
小渕良樹ほか　1980『広木大町古墳群』埼玉県遺跡調査会
小山市史編さん委員会　1981『小山市史』史料編・原始古代　小山市
笠井敏光　1992「埴輪の生産」『古墳時代の研究』9　雄山閣　pp.209-221
樫田　誠　1992『矢田野エジリ古墳発掘調査報告書』小松市教育委員会
霞ケ浦町教育委員会　2000『風返稲荷山古墳』
門脇伸一ほか　1994「白山2号墳」『行田市文化財調査報告書　第30集』行田市教育委員会　pp.55-71
金井塚良一　1979a「野本将軍塚古墳の謎」『歴史読本5月号』新人物往来社（のち1980『古代東国史の研究』埼玉新聞社　pp.120-136に再録）
金井塚良一　1979b「稲荷山古墳と武蔵国造の争乱」『歴史と人物6月号』中央公論社（のち1980『古代東国史の研究』埼玉新聞社　pp.137-153に再録）
金井塚良一　1984「県立博物館が収蔵・保管する比企郡出土の形象埴輪について」『埼玉県立博物館紀要』10　pp.3-25
金井塚良一　1994a『はにわ屋高田儀三郎聴聞帳』新人物往来社
金井塚良一　1994b「人物埴輪の伝播と河内」『古代を考える　東国と大和王権』吉川弘文館　pp.95-182
金井塚良一ほか　1986『日本の古代遺跡・31埼玉』保育社
金井塚良一ほか　1987『討論群馬・埼玉の埴輪』あさを社
金砂郷村史編さん委員会　1989『金砂郷村史』
金谷克己　1951「形象埴輪始原論序説」『考古学論攷』1　pp.79-86
金谷克己　1958「埴輪の意義」『相模女子大学紀要』4　pp.16-31
金谷克己　1962『はにわ誕生』（ミリオン・ブックス146）講談社
神尾明正　1952「金鈴塚の砂と石とについて」『古代』6　早稲田大学考古学会　pp.13-15
神尾和歌子　2001「人物埴輪樹立の意義」『三重大史学』創刊号　pp.33-68

神山　崇　1980「殿部田 1 号墳出土の円筒埴輪」『上総殿部田古墳』芝山はにわ博物館　pp.77-86
亀井正道　1966「衣服と装身具」『日本の考古学』Ⅴ　河出書房新社　pp.211-237
亀井正道　1977a「祈りの形象―埴輪」『土偶・埴輪』（日本陶磁全集　3）中央公論社　pp.54-64
亀井正道　1977b「踊る埴輪出土の古墳とその遺物」『ミュージアム』310　pp.4-23
烏山町史編集委員会　1978「古墳時代」『烏山町史』烏山町　pp.14-18
軽部慈恩　1955「千葉県山武郡板附不動塚古墳」『日本考古学年報』4　日本考古学協会　pp.122-123
軽部慈恩　1957a「千葉県山武郡朝日ノ岡古墳」『日本考古学年報』5　日本考古学協会　pp.76-77
軽部慈恩　1957b「千葉県山武郡大堤権現塚前方後円墳の発掘調査」『古代』25・26 合併号　早稲田大学考古学会　pp.21-31
軽部慈恩　1958「千葉県山武郡西の台古墳」『日本考古学年報』7　日本考古学協会　pp.141-143
軽部慈恩・平沢一久　1964「茨城県出島村風返、稲荷塚前方後円墳の発掘調査」『日本考古学協会昭和 39 年度大会研究発表要旨』日本考古学協会　pp.15-16
川戸　彰　1957「千葉県山武郡埴谷古墳群調査概報」『上代文化』27　pp.28-33
川那辺隆徳　1987「人物埴輪配置の再検討」『滋賀史学会誌』6　pp.3-21
川西宏幸　1973「埴輪研究の課題」『史林』56-4　pp.108-125
川西宏幸　1977「淡輪の首長と埴輪生産」『大阪文化誌』2-4　pp.13-46
川西宏幸　1978・1979「円筒埴輪総論」『考古学雑誌』64-2・4　pp.1-70・pp.90-105
川西宏幸　1986「後期畿内政権論」『考古学雑誌』71-2　pp.1-42
川西宏幸　1988『古墳時代政治史序説』塙書房
川述昭人　1984『立山山 13 号墳』八女市教育委員会
瓦　片生　1903「埴輪円筒に就て」『考古界』2-9　pp.12-16
岸　俊男　1984「画期としての雄略朝」『日本政治社会史研究　上』塙書房　pp.11-49
岸本直文　1992「前方後円墳築造規格の系列」『考古学研究』39-2　pp.45-63
岸本直文　1995「前期前方後円墳の変遷」『前期前方後円墳の再検討』埋蔵文化財研究会　pp.1-2
喜田貞吉　1921「埴輪考」『民族と歴史』5-5　pp.13-28
北武蔵古代文化研究会・群馬県考古学談話会・千曲川水系古代文化研究所　1985　『埴輪の変遷』（第 6 回・三県シンポジウム資料）
京都大学文学部博物館　1993『紫金山古墳と石山古墳』
忽那敬三　2010『王の埴輪―玉里舟塚古墳の埴輪―』明治大学博物館
倉林真砂斗　1994「墳形の違い」『国府台』5　pp.33-52
倉林真砂斗　1996「房総における前方後円墳秩序」『国府台』6　pp.8-47
栗原雅也ほか　2005『神内平古墳群』細江町教育委員会
車崎正彦　1980「常陸久慈の首長と埴輪工人」『古代探叢』早稲田大学出版部　pp.349-365
車崎正彦　1987「房総豪族層の動向」『古代』83　pp.83-99
車崎正彦　1988「埴輪の作者」『早大所沢文化財調査室月報』34　pp.2-8
車崎正彦　1992「関東」『古墳時代の研究 9・埴輪』雄山閣　pp.29-39

引用・参考文献一覧

車崎正彦　1999「東国の埴輪」『はにわ人は語る』山川出版社　pp.133-179
黒澤彰哉　2010「腕の製作技法と顔の作風から見た茨城の人物埴輪」『茨城県立歴史館報』37　pp.1-32
黒澤彰哉ほか　2004『茨城の形象埴輪』茨城県立歴史館
群馬県立歴史博物館　1993『はにわ―秘められた古代の祭祀―』
群馬県立歴史博物館　2009『国宝武人ハニワ、群馬へ帰る！』
江南町史編さん委員会　1995『江南町史』資料編1　考古　江南町
古河市史編さん委員会　1986『古河市史』資料　原始・古代編
国學院大學考古學資料館　1976『国學院大學考古學資料館要覧』関東の古墳時代文化
国学院大学穴塚調査団　1971『常陸穴塚』
小暮仁一　1981「オクマン山古墳」『群馬県史』資料編3　原始古代3・古墳時代　pp.941-948
木暮昌典ほか　1990『成塚住宅団地遺跡Ⅰ』太田市教育委員会
古代学研究会　1984「特集　各地域における最後の前方後円墳」『古代学研究』102～106
後藤守一　1927『日本考古学』四海書房
後藤守一　1931a「埴輪の意義」『考古学雑誌』21-1　pp.26-50
後藤守一　1931b「着裳の埴輪女子発見」『考古学雑誌』21-8　pp.61-62
後藤守一　1933a「埴輪の意義を論じて古代の祭祀に及ぶ」『国史学』14　pp.1-17
後藤守一　1933b『上野国佐波郡赤堀村今井茶臼山古墳』（帝室博物館学報第六冊）
後藤守一　1935「前方後円墳雑考」『歴史公論』4-7　pp.25-44
後藤守一　1936「所謂袈裟衣着用埴輪について」『考古学論叢』第三輯（のち1942『日本古代文化研究』河出書房　pp.271-294に再録）
後藤守一　1937「埴輪より見たる上古時代の葬礼」『斎藤先生古稀記念論文集』（のち1942『日本古代文化研究』河出書房　pp.257-270に再録）
後藤守一　1940「上古時代の帽に就て」『人類学雑誌』55-5（のち1942『日本古代文化研究』河出書房　pp.366-399に再録）
後藤守一　1941a「上古時代の天冠」『史潮』10-3・4（のち1942『日本古代文化研究』河出書房　pp.319-365に再録）
後藤守一　1941b「上古時代衣服の形式」『古代文化』12-7（のち1942『日本古代文化研究』河出書房　pp.295-318に再録）
後藤守一　1942『埴輪』（アルス文化叢書15）アルス
後藤守一　1942『日本古代文化研究』河出書房
後藤守一ほか　1931「鶏塚古墳発見の埴輪」『考古学雑誌』21-9　pp.21-44
湖南省博物館　1959「長沙両晋南朝隋墓発掘報告」『考古学報』1959-3　pp.75-103
小橋健司　2004「山倉1号墳出土埴輪について」『市原市山倉古墳群』市原市文化財センター　pp.185-208
小橋健司　2005「山倉1号墳出土埴輪から見た生出塚遺跡」『埴輪研究会誌』9　pp.23-68

小橋健司ほか　2004『市原市山倉古墳群』市原市文化財センター
小林三郎ほか　1976『法皇塚古墳』（市立市川博物館研究調査報告・3）市立市川博物館
小林行雄　1935「小型丸底土器小考」『考古学』6-1　pp.1-6
小林行雄　1944「埴輪論」『史迹と美術』15-4　pp.105-114
小林行雄　1960『埴輪』（陶器全集1）平凡社
小林行雄　1974『埴輪』（陶磁大系3）平凡社
小林行雄　1976（初出1949）「黄泉戸喫」『古墳文化論考』平凡社　pp.263-281
小牧美知枝　1994『大畑Ⅰ-3遺跡』印旛郡市文化財センター
小森哲也　1984「若旅富士山古墳群」『真岡市史　第1巻』真岡市　pp.470-483
小森紀男　1990「石下古墳群」『市貝町史　第1巻』市貝町　pp.460-502
近藤義郎　1998『前方後円墳の成立』岩波書店
近藤義郎　2005『前方後円墳の起源を考える』青木書店
近藤義郎・春成秀爾　1967「埴輪の起源」『考古学研究』13-3　pp.13-35
埼玉県教育委員会　1959『古墳調査報告書』3
埼玉県教育委員会　1978『馬室埴輪窯跡群』（埼玉県埋蔵文化財調査報告　第7集）
埼玉県立さきたま資料館　1993「すすむ将軍山古墳の解明」『さきたま』5　p.2
埼玉県立さきたま資料館　1994「県内主要古墳の調査（Ⅲ）―戸場口山古墳・中の山古墳範囲確認調査―」『調査研究報告』7　pp.1-14
財団法人香取郡市文化財センター　1993『城山四号墳』
財団法人山武郡市文化財センター　1996『山田・宝馬古墳群（宝馬93-42地点）』
西藤清秀ほか　1997『鳥の山古墳調査概報』学生社
斎藤国夫　1994「愛宕山古墳」『行田市文化財調査報告書　第31集』行田市教育委員会　pp.6-35
斎藤　忠　1988『古典と考古学』学生社
斎藤　忠ほか　1974『茨城県史料 考古資料編・古墳時代』　茨城県
斎藤　忠ほか　1960『三昧塚古墳』茨城県教育委員会
斎藤　忠ほか　1980『埼玉稲荷山古墳』埼玉県教育委員会
坂井利明　1966「千葉県芝山町高田木戸前第1号墳発掘調査概報」『塔影』1　本郷学園　pp.83-104
坂詰秀一　1965「神奈川県白井坂埴輪窯跡」『武蔵野』44-2・3　pp.2-20
坂本和俊　1996「埼玉古墳群と无耶志国造」『群馬考古学手帳』6　pp.65-88
笹生　衛　1987「椎名崎古墳群・人形塚古墳発掘調査概要」『研究連絡誌』19　pp.1-4
笹森紀己子ほか　1987『稲荷塚古墳周溝確認調査報告』（大宮市文化財調査報告　第23集）大宮市教育委員会
佐原　眞　1993『騎馬民族は来なかった』日本放送出版協会　pp.30-32
澤田秀実　1990「東北日本における前方後円墳の出現とその様相」『法政考古学』15　pp.43-61
澤田秀実　1993「前方後円墳の成立過程」『東京都埋蔵文化財センター研究論集』12　pp.1-38
山武考古学研究所　1989『千葉県九十九里地域の古墳研究』

山武町史編さん委員会　1988『山武町史　通史編』山武町
塩野　博　1976「日本はにわ製作遺跡総覧」『歴史読本』21-11　pp.123-136
塩谷　修ほか　1990『第3回特別展　常陸のはにわ』土浦市立博物館
篠川　賢　1996『日本古代国造制の研究』吉川弘文館
篠原幹夫　1992『芝宮古墳群』(富岡市埋蔵文化財発掘調査報告書　第12集)富岡市教育委員会
柴田常恵　1929「上野国箕輪町上芝古墳」『人類学雑誌』44-6　pp.353-364
島田貞彦　1929「埴輪土物の配置について」『史林』14-4　pp.71-85
志村　哲　1985「藤岡台地における埴輪の様相」『埴輪の変遷』(第6回・三県シンポジウム資料)北武蔵古代文化研究会ほか　pp.181-201
志村　哲　1990～1992『七輿山古墳』(範囲確認調査報告書Ⅴ～Ⅶ)藤岡市教育委員会
志村　哲　1995「本郷埴輪窯跡とその周辺」『日本考古学協会1995年度茨城大会シンポジウム2関東における埴輪の生産と供給』日本考古学協会　pp.34-39
下津谷達男　1969『流山市東深井古墳群』千葉県教育委員会
下総町教育委員会　1991『下総町内遺跡発掘調査報告　菊水山2号墳・立花遺跡1990年度』
下総町史編さん委員会　1990『下総町史　原始古代・中世史料集』下総町
下村登良男　1973『三重県神前山1号墳発掘調査報告書』明和町教育委員会
城倉正祥　2004「製作組織からみた埴輪の形態変化」『溯航』pp.51-70
城倉正祥　2005a「同工品分析と埴輪製作組織論」『早稲田大学大学院文学研究科紀要』50-4　pp.75-86
城倉正祥　2005b「同工品分析による埴輪製作組織の復元」『埴輪研究会誌』9　pp.69-88
城倉正祥　2005c「埴輪生産の多様性」『古代文化』57-10　pp.15-34
城倉正祥　2006a「埴輪の系統―朝日の岡古墳出土埴輪をめぐって―」『埴輪研究会誌』10　pp.1-50
城倉正祥　2006b「人形塚古墳出土埴輪の分析」『千葉東南部ニュータウン35―千葉市椎名崎古墳群B支群―』千葉県教育振興財団　pp.461-483
城倉正祥　2007a「北武蔵の埴輪生産と地域社会」『史観』157　pp.93-115
城倉正祥　2007b「千葉県香取市城山5号墳出土人物埴輪」『埴輪研究会誌』11　pp.149-158
城倉正祥　2008「北武蔵における埴輪生産の定着と展開」『古代文化』60-1　pp.97-107
城倉正祥　2009『埴輪生産と地域社会』学生社
城倉正祥　2010a「生出塚産円筒埴輪の編年と生産の諸段階」『考古学雑誌』94-1　pp.1-50
城倉正祥　2010b「生産地分析からみた北武蔵の埴輪生産」『考古学研究』57-2　pp.38-58
城倉正祥　2011『北武蔵の埴輪生産と埼玉古墳群』(科学研究費補助金研究成果報告書)奈良文化財研究所
白井久美子・芳賀正和　1996「古墳に使用された礒石」『土筆』4　pp.142-149
白井久美子ほか　2002『印旛郡栄町浅間山古墳発掘調査報告書』千葉県史料研究財団
白井秀明・鈴木京太郎　2004「辺田平1号墳出土の埴輪について」『浜北市史　資料編　原始古代中世』浜北市　pp.719-784
白石太一郎　1975「ことどわたし考」『橿原考古学研究所論集　創立35周年記念』吉川弘文館

pp.347-371

白石太一郎　1979「近畿における古墳の年代」『月刊考古学ジャーナル』164　pp.21-26

白石太一郎　1985「年代決定論（二）」『岩波講座日本考古学1・研究の方法』岩波書店　pp.217-242

白石太一郎　1992「関東の後期大型前方後円墳」『国立歴史民俗博物館研究報告』44　pp.21-51

白石真理　1991「馬渡埴輪製作遺跡・小幡北山埴輪製作遺跡」『月刊考古学ジャーナル』331　pp.2-7

末永雅雄　1947『埴輪』大八州出版（のち1987『はにわ読本』雄山閣として増補復刊）

杉崎茂樹　1987『二子山古墳』（埼玉古墳群発掘調査報告書　第5集）埼玉県教育委員会

杉崎茂樹　1988『丸墓山古墳・埼玉1～7号墳・将軍山古墳』（埼玉古墳群発掘調査報告書　第6集）埼玉県教育委員会

杉崎茂樹ほか　1985a『鉄砲山古墳』（埼玉古墳群発掘調査報告書　第2集）埼玉県教育委員会

杉崎茂樹ほか　1985b『愛宕山古墳』（埼玉古墳群発掘調査報告書　第3集）埼玉県教育委員会

杉崎茂樹ほか　1986『瓦塚古墳』（埼玉古墳群発掘調査報告書　第4集）埼玉県教育委員会

杉戸町教育委員会　1964『杉戸町目沼遺跡』

杉原清一　1985『常楽寺古墳』仁多町教育委員会

杉山晋作　1969「所謂「変則的古墳」の分類について」『茨城考古学』2　pp.18-26

杉山晋作　1976「房総の埴輪（一）」『古代』59・60合併号　早稲田大学考古学会　pp.1-51

杉山晋作　1983「人物埴輪頭部における装身表現」『季刊考古学』5　雄山閣　pp.47-51

杉山晋作　1986「古代東国の埴輪群像」『歴博』16　国立歴史民俗博物館　p.15

杉山晋作　1991「人物埴輪の背景」『古代史復元7　古墳時代の工芸』講談社　pp.41-56

杉山晋作　1992「有銘鉄剣にみる東国豪族とヤマト王権」『新版古代の日本8　関東』角川書店　pp.149-179

杉山晋作　2008「殿塚古墳・姫塚古墳出土人物埴輪の造形技法」『埴輪研究会誌』12　pp.1-10

杉山晋作・井上裕一・日高　慎　1997「古墳時代の横坐り乗馬」『古代』103　早稲田大学考古学会　pp.157-186

杉山晋作ほか　1991『西の台古墳』千葉県教育委員会

杉山晋作ほか　2004「猿田Ⅱ遺跡の調査」『国立歴史民俗博物館研究報告』120　pp.277-481

杉山晋作ほか　2006『富士見塚古墳群』かすみがうら市教育委員会・国士舘大学考古学研究室

鈴木一男　1999『飯塚古墳群Ⅲ―遺構編―』小山市教育委員会

鈴木一男　2001『飯塚古墳群Ⅲ―遺物編―』小山市教育委員会

鈴木重信　1990「川崎市高津区末長久保台出土の埴輪」『川崎市文化財調査集報』25　川崎市教育委員会　pp.39-67

鈴木敏則　1994「淡輪系埴輪」『古代文化』46-2　pp.39-50

鈴木敏則　2001「浜松市郷ヶ平4号墳確認調査報告」『静岡県の前方後円墳―個別報告編―』静岡県教育委員会　pp.513-550

須藤　宏　1991「人物埴輪のもつ意味」『古代学研究』126　pp.26-32

関本寿雄　2002『古海松塚古墳群』大泉町教育委員会

十河稔郁　1991「日置荘遺跡」『堺市文化財調査報告』52　堺市教育委員会

高崎光司　1992『新屋敷遺跡―B区―』(埼玉県埋蔵文化財調査事業団報告書　第123集) 財団法人埼玉県埋蔵文化財調査事業団

高田大輔　2010『東日本最大級の埴輪工房　生出塚埴輪窯』新泉社

高梨俊夫　1994「房総における埴輪の生産と流通」『千葉県文化財センター紀要』15　pp.178-196

高橋一夫・本間岳史　1994「将軍山古墳と房州石」『埼玉県史研究』29　pp.21-38

高橋克壽　1988「器財埴輪の編年と古墳祭祀」『史林』71-2　pp.69-104

高橋克壽　1992「器財埴輪」『古墳時代の研究9　埴輪』雄山閣　pp.90-108

高橋克壽　1994「埴輪生産の展開」『考古学研究』41-2　pp.27-48

高橋克壽　1996『埴輪の世紀』講談社

高橋克壽ほか　2005『奈良山発掘調査報告Ⅰ』奈良文化財研究所

高橋健自　1911「支那発掘土偶及其埴輪との関係」『考古学雑誌』1-11　pp.22-36

高橋健自　1913『考古学』聚精堂

高橋健自　1920『日本埴輪図集』歴史参考図刊行会

高橋健自　1922『古墳と上代文化』雄山閣

高橋健自　1925「殉死と埴輪」『中央史壇』11-2　pp.113-119

高橋健自　1927『日本服飾史論』大鐙閣

高橋健自　1929『埴輪及装身具』(考古学講座12) 雄山閣

高橋康男　1992『市原市小谷1号墳』(市原市文化財センター調査報告　第45集) 市原市文化財センター

滝口　宏　1956「千葉県芝山古墳群調査速報」『古代』19・20合併号　早稲田大学考古学会　pp.49-64

滝口　宏　1963『はにわ』日本経済新聞社

滝口　宏ほか　1951『上総金鈴塚古墳』千葉県教育委員会

滝口　宏ほか　1988『Shibayama Haniwa Catalogue』芝山はにわ博物館

滝沢　誠　1994「筑波周辺の古墳時代首長系譜」『歴史人類』22　pp.91-112

瀧瀬芳之　1986『小前田古墳群』(埼玉県埋蔵文化財調査事業団報告書　第58集) 財団法人埼玉県埋蔵文化財調査事業団

竹石健二　1964「茨城県新治郡出島村所在稲荷塚古墳発掘略報」『日本大学史学会研究彙報』8　pp.105-107

竹石健二　1965「茨城県新治郡出島地方に所在する高塚墳墓の性格と今後の問題点」『日本大学史学会研究彙報』9　pp.66-76

武部喜充ほか　1982『山田・宝馬古墳群』山田古墳群遺跡調査会

伊達宗泰　1966「勢野茶臼山古墳」『奈良県史跡名勝天然記念物調査報告』23　奈良県教育委員会

伊達宗泰　1978『埴輪』(カラーブックス424) 保育社

伊達宗泰ほか　1972「烏土塚古墳」『奈良県史跡名勝天然記念物調査報告』27　奈良県教育委員会

辰巳和弘　1990『高殿の古代学』白水社

辰巳和弘　1992『埴輪と絵画の古代学』白水社
辰巳和弘　1996『「黄泉の国」の考古学』講談社
辰巳和弘ほか　2005「新島襄が写生した埴輪」『同志社大学歴史資料館館報』8　pp.1-31
舘野和己　1978「屯倉制の成立」『日本史研究』190　pp.1-30
田中清美ほか　1989『長原・瓜破遺跡発掘調査報告』Ⅰ　大阪市文化財協会
田中新史　1981「根田古墳群」『上総国分寺台発掘調査概報』上総国分寺台調査団・市原市教育委員会　pp.6-19
田中新史ほか　1987『「王賜」銘鉄剣概報』吉川弘文館
田中広明　1994「「国造」の経済圏と流通」『古代東国の民衆と社会』（古代王権と交流2）名著出版　pp.69-98
田中広明　1995「関東西部における律令制成立までの土器様相と歴史的動向」『東国土器研究』4　pp.155-178
田中　信ほか　1988『南大塚古墳群』川越市遺跡調査会
田中正夫　1991『小沼耕地遺跡』（埼玉県埋蔵文化財調査事業団報告書　第100集）財団法人埼玉県埋蔵文化財調査事業団
田中　裕　1996「前方後円墳の規格と地域社会」『考古学雑渉・西野元先生退官記念論文集』西野元先生退官記念会　pp.142-158
田辺昭三　1966『陶邑古窯址群Ⅰ』（平安学園創立九十周年記念・研究論集10）真陽社
田辺昭三　1981『須恵器大成』角川書店
谷口　榮　1991『柴又八幡神社遺跡』（葛飾区遺跡調査会調査報告　第15集）葛飾区遺跡調査会
谷口　榮ほか　1992『柴又八幡神社古墳』（葛飾区郷土と天文の博物館考古学調査報告　第1集）葛飾区郷土と天文の博物館
谷口　榮ほか　1997『人物埴輪の時代』葛飾区郷土と天文の博物館
谷口　榮ほか　2009『柴又八幡神社古墳Ⅶ』（葛飾区郷土と天文の博物館考古学調査報告書　第18集）葛飾区郷土と天文の博物館
谷口　榮ほか　2011『柴又八幡神社古墳Ⅷ』（葛飾区郷土と天文の博物館考古学調査報告書　第20集）葛飾区郷土と天文の博物館
玉里村立史料館　1999『地方王権の時代』
田村実造　1990『アジア史を考える　アジア史を構成する四つの歴史世界』中央公論社
千葉県企業庁　1975『公津原』
千葉県教育振興財団　2006『千葉東南部ニュータウン35―千葉市椎名崎古墳群B支群―』
千葉県教育庁文化課　1990「御前鬼塚古墳」『千葉県記念物実態調査報告書Ⅱ』千葉県文化財保護協会　pp.1-6
千葉県文化財センター　1994『研究紀要』15　生産遺跡の研究4―埴輪―
千葉県文化財センター　1995『佐倉市池向遺跡』
千葉県文化財センター　1996『一般国道464号県単道路改良事業埋蔵文化財調査報告書』

千葉県文化財保護協会　1990『千葉県重要古墳群測量調査報告書―山武地区古墳群（2）―』
千葉県立房総風土記の丘　1982『房総のはにわ』（展示図録 No.10）
千葉市史編纂委員会　1976『千葉市史』史料編1　千葉市
塚田良道　1991『第5回企画展海をわたってきた文化』行田市郷土博物館
塚田良道　1992「東国の人物埴輪と渡来文化」土曜考古学研究会発表資料
塚田良道　1995「麈尾について」『埴輪研究会誌』1　pp.60-67
塚田良道　1996「人物埴輪の形式分類」『考古学雑誌』81-3　pp.1-41
塚田良道　1998「女子埴輪と采女（上・下）」『古代文化』50-1・2　pp.15-30・pp.30-37
塚田良道　2007『人物埴輪の文化史的研究』雄山閣
津金澤吉茂ほか　1980「群馬県藤岡市本郷埴輪窯跡出土の埴輪について」『群馬県立歴史博物館紀要』1　pp.1-68
辻川哲郎　2007「埴輪生産からみた須恵器工人」『考古学研究』54-3　pp.79-98
都出比呂志　1982「前期古墳の新古と年代論」『考古学雑誌』67-4　pp.119-122
都出比呂志　1990「日本古代の国家形成論序説―前方後円墳体制の提唱―」『日本史研究』343　pp.5-39
坪井正五郎　1888「埴輪土偶に基いて古代の風俗を演ぶ」『東京人類学会雑誌』3-23　pp.100-108
坪井正五郎　1901『はにわ考』東洋社
出島村史編さん委員会　1971『出島村史』出島村教育委員会
伝田郁夫ほか　2009『白井坂埴輪窯跡』川崎市市民ミュージアム
天理市教育委員会　1985『岩室池古墳　平等坊・岩室池遺跡』
東京国立博物館　1980『東京国立博物館図版目録』古墳遺物篇　関東Ⅰ
東京国立博物館　1983『東京国立博物館図版目録』古墳遺物篇　関東Ⅱ
東京国立博物館　1986『東京国立博物館図版目録』古墳遺物篇　関東Ⅲ
徳田誠志・清喜裕二　2001「仁徳天皇百舌鳥耳原中陵の墳丘外形調査および出土品」『書陵部紀要』52　pp.1-19
轟俊二郎　1973『埴輪研究 第1冊』
友部町教育委員会　1976『高寺2号墳』
外山和夫　1972『富岡5号古墳』（群馬県立博物館研究報告　第7集）群馬県立博物館
直木孝次郎　1960「土師氏の研究」『人文研究』11-9　pp.58-81
永井正浩　1998「近畿地方における巫女形埴輪について」『網干善教先生古希記念考古学論集』pp.637-658
永井正浩　2002「百舌の巫女」『埴輪論叢』3　pp.60-67
中井正幸ほか　2003『史跡昼飯大塚古墳』大垣市教育委員会
中里正憲　2000「角閃石安山岩を混入する埴輪について」『埴輪研究会誌』4　pp.64-90
中里正憲　2003「角閃石安山岩混入の埴輪〈大刀編〉」『埴輪研究会誌』7　pp.19-26
中里正憲　2008「埴輪生産域の推定復原」『群馬考古学手帳』18　pp.39-58

中島広顕・安武由利子　2013「北区赤羽台古墳群」『文化財の保護』45　東京都教育委員会　pp.119-126
中島洋一ほか　1988『酒巻古墳群』（行田市文化財調査報告書　第20集）行田市教育委員会
中根君郎・德富武雄　1930「東京府久ケ原に於ける彌生式の遺蹟遺物並に其の文化階梯に關する考察
　　（三）」『考古学雑誌』20-4　pp.42-49
那珂町史編纂委員会　1988『那珂町史　自然環境・原始古代編』那珂町
中村　浩　1977『陶邑Ⅱ』（大阪府文化財調査報告29）大阪府教育委員会
中村　浩　1981『和泉陶邑窯の研究』柏書房
中村　浩　1990『研究入門　須恵器』柏書房
中村幸雄ほか　1990『長峰遺跡』（茨城県教育財団文化財調査報告　第58集）茨城県教育財団
中山清隆ほか　1998「品川区大井林町一・二号墳の埴輪片分析報告」『品川歴史館紀要』13　pp.1-37
流山市立博物館　1985『埴輪　流山の古墳文化を考える』（流山市立博物館企画展調査報告書3）
西田健彦ほか　1991『舞台・西大室丸山』群馬県教育委員会
西田尚史ほか　1990『中部平成台団地埋蔵文化財発掘調査報告書』松阪市教育委員会
日本大学考古学会　1952「千葉県成東不動塚古墳発掘調査概報」『文学部研究年報』第二輯　日本大
　　学文学部　pp.367-381
日本窯業史研究所　1987『西赤堀狐塚古墳』上三川町教育委員会
野中　徹ほか　1976『狐塚古墳』狐塚古墳発掘調査会
野間清六　1942『埴輪美』聚楽社
荻野谷悟　1990「竜角寺第101号墳発掘調査報告（補遺2）」『千葉県立房総風土記の丘年報』13
　　千葉県立房総風土記の丘　pp.126-150
萩原恭一　1985「千葉県における埴輪の様相と展開」『埴輪の変遷』（第6回・三県シンポジウム資
　　料）北武蔵古代文化研究会ほか　pp.227-260
萩原恭一　1999「九十九里地域の首長墓形態と埴輪供給」『月刊考古学ジャーナル』443　pp.22-26
橋本博文　1981「埴輪研究の動静を追って」『歴史公論』63　pp.120-130
橋本博文　1980「埴輪祭式論」『塚廻り古墳群』群馬県教育委員会　pp.337-368
橋本博文　1981a「埴輪研究の動静を追って」『歴史公論』63　pp.120-130
橋本博文　1981b「ⅩⅤ 梶山古墳出土玉類をめぐって」『梶山古墳』大洋村教育委員会　pp.61-80
橋本博文　1986「埴輪研究余録（その1）」『早大所沢文化財調査室月報』11　pp.2-7
橋本博文　1987「関東地方の埴輪」『季刊考古学』20　pp.72-77
橋本博文　1992「古墳時代後期の政治と宗教」『日本考古学協会1992年度大会　研究発表要旨』日
　　本考古学協会　pp.81-96
橋本博文　1993「埴輪の語るもの」『はにわ』群馬県立歴史博物館　pp.17-22
橋本博文　1996「埴輪の需給関係」『佐野の埴輪展』佐野市郷土博物館　pp.3-7
橋本博文ほか　1980『宥勝寺北裏遺跡』宥勝寺北裏遺跡調査会
長谷川武　1976「伝大日塚古墳出土の衝角形兜」『郷土文化』17　pp.7-12
土生田純之　1998a（初出1996）「古墳出土の須恵器（Ⅲ）」『黄泉国の成立』学生社　pp.80-101

土生田純之　1998b（初出1994）「畿内型石室の成立と伝播」『黄泉国の成立』学生社　pp.173-199
土生田純之　1998c（初出1995）「古墳構築過程における儀礼」『黄泉国の成立』学生社　pp.202-221
土生田純之　1998d（初出1987）「『記紀』と横穴式石室」『黄泉国の成立』学生社　pp.304-314
浜田耕作　1911「支那の土偶と日本の埴輪」『藝文』2-1　pp.210-220
浜田耕作　1931「埴輪に関する二、三の考察」『東京帝室博物館講演集11』（のち1988『濱田耕作著作集1・日本古文化』同朋社　pp.164-177に再録）
浜田晋介　1992「川崎の埴輪」『川崎市市民ミュージアム紀要』4　pp.1-49
浜名徳永　1980「形象埴輪考」『上総殿部田古墳・宝馬古墳』芝山はにわ博物館　pp.87-102
浜名徳永ほか　1975『下総小川台古墳群』芝山はにわ博物館
浜名徳永ほか　1980『上総殿部田古墳　宝馬古墳』芝山はにわ博物館
林　正ほか　1989『堀切古墳群調査報告書』田辺町教育委員会
原田淑人　1918「唐代女子騎馬土偶に就いて」『考古学雑誌』8-8　pp.1-10
坂　靖　1988「埴輪文化の特質とその意義」『橿原考古学研究所論集　第八』吉川弘文館　pp.293-393
坂　靖　2000「埴輪祭祀の変容」『古代学研究』150　pp.127-134
坂　靖　2001「近畿地方の武器・武具形埴輪」『古代武器研究』2　pp.85-91
坂　靖　2004「埴輪研究の課題」『古代学研究』165　pp.34-39
比佐陽一郎　1992「埴輪馬の馬具」『同志社大学考古学シリーズⅤ　考古学と生活文化』pp.279-289
日高　慎　1992「二子山古墳の円筒埴輪について」「瓦塚古墳の埴輪について」『二子山古墳・瓦塚古墳』（埼玉古墳群発掘調査報告書　第8集）埼玉県教育委員会　p.37・pp.94-96
日高　慎　1994「埴輪祭祀の階層性について」『同志社大学考古学シリーズⅥ　考古学と信仰』pp.101-114
日高　慎　1995「人物埴輪の共通表現とその背景」『筑波大学先史学・考古学研究』6　pp.1-29
日高　慎　1996「人物埴輪表現の地域性―双脚人物像の脚部の検討―」『考古学雑渉・西野元先生退官記念論文集』西野先生退官記念会　pp.187-204
日高　慎　1997a「1996年の考古学界の動向　古墳時代（東日本）」『月刊考古学ジャーナル』423　pp.71-81
日高　慎　1997b「埴輪からみた交流と地域性」『人物埴輪の時代』葛飾区郷土と天文の博物館　pp.74-78
日高　慎　1997c「埴輪にみる地域性」『地域史フォーラム　6世紀における房総と武蔵の交流と地域性』葛飾区郷土と天文の博物館　pp.25-37
日高　慎　1998a「茨城県　前期古墳から中期古墳へ」『前期古墳から中期古墳へ』東北・関東前方後円墳研究会　pp.105-122
日高　慎　1998b「茨城県つくば市松塚1号墳の測量調査」『筑波大学先史学・考古学研究』9　pp.97-109
日高　慎　1999a「下総型埴輪と墳丘企画」『同志社大学考古学シリーズⅦ　考古学に学ぶ―遺構と

遺物―』pp.385-400

日高　慎　1999b「下総型埴輪が樹立された前方後円墳形態」『月刊考古学ジャーナル』443　pp.16-21

日高　慎　1999c「人物埴輪の共通表現とその有効性」『埴輪研究会誌』3　pp.1-17

日高　慎　1999d「大阪府守口市梶二号墳出土の狩猟場面を表現した埴輪群」『駆け抜けた人生　笠原勝彦君追悼文集』pp.76-94

日高　慎　2000a「風返稲荷山古墳出土須恵器をめぐる諸問題」『風返稲荷山古墳』霞ケ浦町教育委員会　pp.109-120

日高　慎　2000b「埼玉県埼玉瓦塚古墳の埴輪群像を読み解く」『埴輪群像を読み解く』かみつけの里博物館　pp.36-41

日高　慎　2000c「茨城県における埴輪の様相」『古墳と埴輪』財団法人群馬県埋蔵文化財調査事業団　pp.30-33

日高　慎　2001「妙見山古墳の埴輪」『玉里村立史料館報』6　pp.115-125

日高　慎　2002a「埴輪の生産と土師部の成立」『季刊考古学』79　雄山閣　pp.46-50

日高　慎　2002b「形象埴輪のなかの動物たち」『犬の考古学』かみつけの里博物館　pp.35-39

日高　慎　2003a「霞ヶ浦周辺の円筒埴輪」『埴輪研究会誌』7　pp.27-43

日高　慎　2003b「北海道大川遺跡出土資料の再検討」『同志社大学考古学シリーズⅧ　考古学に学ぶⅡ』pp.721-730

日高　慎　2006「「型」成立の実体」『埴輪づくりの実験考古学』大学合同考古学シンポジウム実行委員会編　学生社　pp.85-99

日高　慎　2007「横坐り乗馬再考」『同志社大学考古学シリーズⅨ　考古学に学ぶⅢ』pp.365-374

日高　慎　2008a「人物埴輪の東西比較―論点の抽出―」『埴輪研究会誌』12　pp.19-37

日高　慎　2008b「伝茨城県行方市沖洲大日塚古墳出土品」『東京国立博物館ニュース』689　p.3

日高　慎　2010「茨城県玉里古墳群にみる古墳時代後期首長墓系列」『同志社大学考古学シリーズⅩ　考古学は何を語れるか』pp.263-274

日高　慎　2011a「毛野の影響圏としての北武蔵」『古墳時代毛野の実像』（季刊考古学別冊17）雄山閣　pp.92-100

日高　慎　2011b「東北の前方後円墳埴輪体系」『月刊考古学ジャーナル』617　pp.7-10

日高　慎　2011c「古墳の葬送儀礼と埴輪」『日本考古学協会2011年度栃木大会　研究発表資料集』日本考古学協会2011年度栃木大会実行委員会　pp.327-333

日高　慎ほか　1992『はにわ人の服飾』芝山はにわ博物館

平岡和夫　1982「胎土に「金雲母」を含む埴輪について」『山田・宝馬古墳群』山田古墳群遺跡調査会　pp.54-56

平沢一久　1974「女方古墳」『茨城県史料』考古資料編・古墳時代　茨城県　pp.68-69

平林章仁　1992『鹿と鳥の文化史』白水社

平山誠一　1993『千葉県松尾町大堤権現塚古墳確認調査報告書』山武郡市文化財センター

昼間孝志　1991『塚の越遺跡』（埼玉県埋蔵文化財調査事業団報告書　第101集）財団法人埼玉県埋

蔵文化財調査事業団
廣瀬　覚　2003「埴輪の伝播と工人論」『埴輪―円筒埴輪製作技法の観察・認識・分析―』埋蔵文化財研究会　pp.205-224
深谷市割山遺跡調査会　1981『割山遺跡』
福島県　1964『福島県史　第6巻　資料編1考古資料』
福島県教育委員会　1982『原山1号墳発掘調査概報』(福島県立博物館調査報告　第1集)
福島武雄ほか　1932『上芝古墳・八幡塚古墳』(群馬縣史蹟名勝天然紀念物調査報告　第2輯) 群馬県
福田　聖　1998『末野遺跡Ⅰ』(埼玉県文化財調査事業団報告書　第196集) 財団法人埼玉県埋蔵文化財調査事業団
藤岡一雄　1967『鷺沼古墳』(習志野市文化財調査報告書　第1輯) 習志野市教育委員会
藤岡市史編さん委員会　1993『藤岡市史』資料編　原始・古代・中世　藤岡市
藤田和尊　1988「古墳時代における武器・武具保有形態の変遷」『橿原考古学研究所論集第八』吉川弘文館　pp.425-527
藤本　強ほか　1969『我孫子古墳群』我孫子町教育委員会
保坂三郎　1961「埴輪男子立像」『大和文華』34　p.57
穂波町教育委員会　1997『小正西古墳』
本庄市史編さん室　1976『本庄市史』本庄市
前原　豊ほか　1992『後二子古墳・小二子古墳』前橋市教育委員会
桝井豊茂ほか　1990『ヒル塚古墳発掘調査概報』八幡市教育委員会
増田逸朗　1985「埼玉古墳群と円筒埴輪」『埴輪の変遷』(第6回・三県シンポジウム資料) 北武蔵古代文化研究会ほか　pp.95-100
増田逸朗　1987「埼玉政権と埴輪」『埼玉の考古学』新人物往来社　pp.401-421
増田精一　1976『埴輪の古代史』新潮社
増田美子　1996「人物埴輪の意味するもの」『学習院女子短期大学紀要』34　pp.1-17
松田　度ほか　2007「井辺八幡山古墳の再検討」『同志社大学歴史資料館館報』10　pp.13-34
松村一昭　1969『佐波郡東村の古墳』東村々誌編纂委員会
松村一昭　1981「田向二号古墳」『群馬県史　資料編3　古墳』群馬県史編さん委員会　pp.768-772
丸子　亘ほか　1978『城山第1号前方後円墳』小見川町教育委員会
三浦京子ほか　1998『世良田諏訪下遺跡』尾島町教育委員会
右島和夫　1992『神保下條遺跡』(財団法人群馬県埋蔵文化財調査事業団調査報告　第137集) 群馬県考古資料普及会
三木文雄　1958『はにわ』講談社
三木文雄　1967『はにわ』(日本の美術19) 至文堂
水野正好　1971「埴輪芸能論」『古代の日本2　風土と生活』角川書店　pp.255-278
水野正好　1974「埴輪体系の把握」『古代史発掘7　埴輪と石の造形』講談社　pp.136-153
水野正好　1977「埴輪の世界」『日本原始美術大系3　土偶・埴輪』講談社　pp.172-187

水野正好　1990「王権継承の考古学事始」『ドルメン』4　pp.4-39

水村孝行ほか　1982『桜山窯跡群』(埼玉県埋蔵文化財調査事業団報告書　第7集)財団法人埼玉県埋蔵文化財調査事業団

光井清三郎　1902「埴輪円筒は果して柴垣に象れるものか」『考古界』2-7　pp.22-24

三辻利一　1989「埼玉古墳群出土埴輪の蛍光X線分析」『奥の山古墳・瓦塚古墳・中の山古墳』自然科学分析編(埼玉古墳群発

掘調査報告書　7別冊)埼玉県教育委員会　pp.17-24

三辻利一　1994「4節　千葉県内の古墳出土埴輪の蛍光X線分析」『千葉県文化財センター研究紀要』15　pp.130-158

三辻利一　1995「胎土分析の課題」『日本考古学協会1995年度茨城大会関東における埴輪の生産と供給』日本考古学協会茨城大会実行委員会　pp.49-52

三辻利一　1999「牛伏古墳群出土埴輪の蛍光X線分析」『牛伏4号墳の調査』内原町教育委員会　pp.196-206

水戸市立博物館　1983『関東の埴輪』

壬生町立歴史民俗資料館　1989『しもつけのはにわ人たち』

宮坂光昭ほか　1988『一時坂』諏訪市教育委員会

宮崎まゆみ　1989「埴輪に表現された楽器についての調査概報―その1・弾きものまとめ―」『武蔵野音楽大学研究紀要』21　pp.107-128

宮崎まゆみ　1990「埴輪に表現された楽器についての調査概報―その2―」『武蔵野音楽大学研究紀要』22　pp.175-190

宮田　毅　1991「太田市駒形神社埴輪窯跡埴輪集積場」『月刊考古学ジャーナル』331　pp.16-22

茂木雅博　1994『古墳時代寿陵の研究』雄山閣

茂木雅博ほか　1985『日天月天塚古墳調査概報1984年度』茨城大学人文学部史学第6研究室

茂木雅博ほか　1986『日天月天塚古墳調査概報1985年度』茨城大学人文学部史学第6研究室

茂木正博ほか　1998『常陸日天月天塚古墳』(茨城大学人文学部考古学研究報告第2冊)

森　浩一　1958「和泉河内窯出土の須恵器編年」『世界陶磁全集　1』河出書房　pp.239-246

森　浩一　1961a「形象埴輪の出土状態の再検討」『古代学研究』29　pp.1-7

森　浩一　1961b「須恵器初期の様相と上限の問題」『日本考古学協会第27回総会研究発表要旨』日本考古学協会　pp.13-14

森　浩一　1972「三、左側くびれ部と穿孔土器」『井辺八幡山古墳』同志社大学文学部考古学研究室　pp.325-329

森　浩一　1993『日本神話の考古学』朝日新聞社

森　浩一・石部正志　1962「後期古墳の討論を回顧して」『古代学研究』30　pp.1-5

森　浩一ほか　1972『井辺八幡山古墳』同志社大学文学部考古学研究室

森田克行　2009「今城塚古墳の実像と埴輪群」『国宝武人ハニワ、群馬へ帰る！』群馬県立歴史博物館　pp.186-193

森田克行　2011a『よみがえる大王墓　今城塚古墳』新泉社
森田克行　2011b「大王の荘厳なる埴輪宇宙」『月刊考古学ジャーナル』617　pp.22-26
森本六爾　1928「埴輪」『考古学研究』2-1　pp.24-36
森本六爾　1930「埴輪の製作所址及窯址」『考古学』1-4　pp.23-27
諸星政得ほか　1978『市之代古墳群第3号墳調査報告』取手市教育委員会
八木奘三郎　1894「播磨国千壺取調報告」『東京人類学会雑誌』104　pp.46-56
八木奘三郎　1895「下野国下都賀郡羽生田ノ古墳」『東京人類学会雑誌』116　pp.50-62
八木奘三郎　1897「常武両国発見の埴輪に就て」『東京人類学会雑誌』131　pp.175-188
八千代町史編さん委員会　1987『八千代町史』通史編
八千代町史編さん委員会　1988『八千代町史』資料編Ⅰ・考古
山崎　武　1985「埼玉県における埴輪窯跡について」『埴輪の変遷』（第6回・三県シンポジウム資料）北武蔵古代文化研究会ほか　pp.70-94
山崎　武　1986『鴻巣市遺跡群Ⅰ』鴻巣市教育委員会
山崎　武　1987a『鴻巣市遺跡群Ⅱ』鴻巣市教育委員会
山崎　武　1987b『鴻巣市遺跡群Ⅲ―遺構・遺物編―』鴻巣市教育委員会
山崎　武　1988『鴻巣市遺跡群Ⅳ』鴻巣市教育委員会
山崎　武　1989『鴻巣市遺跡群Ⅴ』鴻巣市教育委員会
山崎　武　1990『鴻巣市遺跡群Ⅵ』鴻巣市教育委員会
山崎　武　1991『鴻巣市遺跡群Ⅶ』鴻巣市教育委員会
山崎　武　1992『鴻巣市遺跡群Ⅷ』鴻巣市教育委員会
山崎　武　1993「埼玉県における埴輪窯跡の調査」『古代を考える』54　pp.32-64（討論部分含む）
山崎　武　1994『鴻巣市遺跡群Ⅲ―本文・写真図版編―』鴻巣市教育委員会
山崎　武　1995「生出塚埴輪窯製品と供給先」『日本考古学協会1995年度大会研究発表要旨』日本考古学協会　pp.38-39
山崎　武　1999『生出塚遺跡（P地点）』鴻巣市遺跡調査会
山崎　武　2000「埼玉県の円筒埴輪の編年について」『埴輪研究会誌』4　pp.109-120
山崎　武　2001『鴻巣市遺跡群Ⅸ』鴻巣市教育委員会
山崎　武　2002『鴻巣市遺跡群Ⅹ』鴻巣市教育委員会
山崎　武　2004a『鴻巣市遺跡群11』鴻巣市教育委員会
山崎　武　2004b「埼玉県岡部町千光寺1号墳出土の埴輪について」『幸魂』北武蔵古代文化研究会　pp.59-84
山崎　武　2005『生出塚遺跡（35・39・45・46地点）』鴻巣市遺跡調査会
山崎　武　2006『鴻巣市遺跡群12（W地点）』鴻巣市教育委員会
山崎　武ほか　1981『生出塚遺跡』（鴻巣市遺跡調査会報告書　第2集）鴻巣市遺跡調査会
山田古墳群遺跡調査会　1982『山田・宝馬古墳群』
吉川明宏ほか　1995『中台遺跡』（茨城県教育財団文化財調査報告102）茨城県教育財団

吉田恵二　1973「埴輪生産の復元」『考古学研究』19-3　pp.30-48
吉見町史編さん委員会　1978『吉見町史』上巻　吉見町
吉村公男　1994「ワラビ考」『同志社大学考古学シリーズⅥ　考古学と信仰』pp.265-272
米澤　康　1958「土師氏に関する一考察」『芸林』9-3　pp.46-59
米田耕之助　1976「上総山倉１号古墳の人物埴輪」『古代』59・60合併号　早稲田大学考古学会　pp.70-80
若狭　徹　1990『保渡田Ⅶ遺跡』（群馬町埋蔵文化財調査報告　第27集）群馬町教育委員会
若狭　徹　1991「形象埴輪製作工人に関する一考察」『群馬考古学手帳』2　pp.43-52
若狭　徹　2000「人物埴輪再考」『保渡田八幡塚古墳』群馬町教育委員会　pp.485-520
若狭　徹　2010「保渡田古墳群における埴輪樹立の階層性」『近藤義雄先生卒寿記念論集』群馬県文化事業振興会　PP.89-118
若狭徹ほか　2000『保渡田八幡塚古墳』群馬町教育委員会
若松良一　1982「同一古墳における円筒埴輪の多様性の分析」『法政考古学』7　pp.13-30
若松良一　1986a「形象埴輪群の配置復原について」『瓦塚古墳』（埼玉古墳群発掘調査報告書　第4集）埼玉県教育委員会　pp.83-86
若松良一　1986b「人物埴輪腕の製作技法について」『瓦塚古墳』（埼玉古墳群発掘調査報告書　第4集）埼玉県教育委員会　pp.87-88
若松良一　1987「人物埴輪編年試論」『討論群馬・埼玉の埴輪』あさを社　pp.136-161
若松良一　1988『特別展　はにわ人の世界』埼玉県立さきたま資料館
若松良一　1989「瓦塚古墳の円筒埴輪について」『奥の山古墳・瓦塚古墳・中の山古墳』（埼玉古墳群発掘調査報告書　第7集）埼玉県教育委員会　p.73
若松良一　1992a「人物・動物埴輪」『古墳時代の研究9　埴輪』雄山閣　pp.108-150
若松良一　1992b「再生の祀りと人物埴輪」『東アジアの古代文化』72　pp.139-158
若松良一・日高　慎　1992～1994「形象埴輪の配置と復原される葬送儀礼（上～下）」『調査研究報告』5～7　埼玉県立さきたま資料館　pp.3-20・pp.1-12・pp.25-46
若松良一ほか　1989『奥の山古墳・瓦塚古墳・中の山古墳』（埼玉古墳群発掘調査報告書　第7集）埼玉県教育委員会
若松良一ほか　1992『二子山古墳・瓦塚古墳』（埼玉古墳群発掘調査報告書　第8集）埼玉県教育委員会
和歌森太郎　1958「大化前代の喪葬制について」『古墳とその時代』(2)　朝倉書店　pp.55-81
和歌山県立紀伊風土記の丘　2008『岩橋千塚』
和歌山県立紀伊風土記の丘　2011『大王の埴輪・紀氏の埴輪』
早稲田大学考古学研究室　1961『印旛手賀』早稲田大学出版部
和田　萃　2001「ヲワケ臣とワカタケル大王」『稲荷山古墳の鉄剣を見直す』学生社　pp.122-131
和田晴吾　1989「葬制の変遷」『古代史復元6　古墳時代の王と民衆』講談社　pp.105-119
和田晴吾　1996「見瀬丸山・藤ノ木古墳と6世紀のヤマト政権」『情況』1996-5別冊　pp.57-80

和田晴吾　2009「古墳の他界観」『国立歴史民俗博物館研究報告』152　pp.247-272

和田千吉　1897「播磨国飾磨郡白国村人見塚調査報告」『人類学雑誌』132・134　pp.226-234・pp.310-326

和田千吉　1901「下野国芳賀郡若旅村発見の埴輪土偶」『考古界』1-5　pp.30-31

和田千吉　1902a「古墳に於ける埴輪土偶埋没の位置」『考古界』1-9　pp.12-15

和田千吉　1902b「埴輪円筒は果して土留なるか」『考古界』2-2　pp.21-22

和田千吉　1903「埴輪円筒の疑問に就て」『考古界』3-1　pp.6-8

初出論文との対応

　以下、初出論文との対応を示す。いずれも文意や論旨の変更はしていないが、適宜補註などを加えている。また、地名は 2013 年現在のものに変更した。

序　　章　埴輪生産組織研究の課題（新稿）

第 1 章　人物埴輪の共通表現検討とその有効性―頭巾状被りものをつける人物埴輪をもとにして―

　　　　（「人物埴輪の共通表現検討とその有効性―頭巾状被りものをつける人物埴輪をもとにして―」
　　　　『埴輪研究会誌』3　1999 年）

第 2 章　人物埴輪表現の地域性―双脚人物像の脚部の検討―

　　　　（「人物埴輪表現の地域性―双脚人物像の脚部の検討―」『考古学雑渉』1996 年）

第 3 章　人物埴輪の共通表現とその背景

　　　　（「人物埴輪の共通表現とその背景」『筑波大学先史学・考古学研究』6　1995 年）

第 4 章　人物埴輪の東西比較―論点の抽出―

　　　　（「人物埴輪の東西比較―論点の抽出―」『埴輪研究会誌』12　2008 年）

第 5 章　埴輪からみた関東地方の地域性―柴又八幡神社古墳をもとにして―

　　　　（「埴輪からみた交流と地域性―柴又八幡神社古墳をもとにして―」『人物埴輪の時代』葛飾区郷
　　　　土と天文の博物館 1997 年）

第 6 章　下総型埴輪と墳丘企画

　　　　（「下総型埴輪と墳丘企画」『同志社大学考古学シリーズⅦ』1999 年）

第 7 章　下総型埴輪が樹立された前方後円墳形態

　　　　（「下総型埴輪が樹立された前方後円墳形態」『月刊考古学ジャーナル』443　1999 年）

補　　論　東国の古墳造りと柴又八幡神社古墳

　　　　（「東国の古墳造りと柴又八幡神社古墳」『古代東国と柴又八幡神社古墳』2012 年の一部）

第 8 章　埴輪製作工人の成立と土師部の研究―埴輪生産に因んだ地名をめぐって―

　　　　（「埴輪の生産と土師部の成立―埴輪生産に因んだ地名をめぐって―」『季刊考古学』79　2002 年）

第 9 章　埴輪樹立からみた地域性と階層性

　　　　（「埴輪祭祀の階層性について」『同志社大学考古学シリーズⅥ』1994 年）

終　　章　東国古墳時代埴輪生産組織の考古学的研究

　　　　（「6 世紀後半における長距離供給埴輪について」『埴輪研究会誌』15　2011 年、「古墳の葬送儀礼
　　　　と埴輪」『日本考古学協会 2011 年度大会発表要旨』2011 年および新稿）

あとがき

　本書は 2012 年 7 月 31 日に専修大学へ提出し、2012 年 12 月 3 日の最終審査を経て 2013 年 3 月 27 日に博士（歴史学）の学位を授与された博士論文のうち、第 10～12 章を除き、さらに第 7 章のあとに補論を加え、新たに論文として再構成したものである。審査において、主査の土生田純之先生には草稿段階から本論文に対して適切なご助言を頂いた。また、副査の松尾昌彦先生、矢野健一先生、高久健二先生からは、審査において適正な講評と疑義・課題など多くのコメントを頂いた。本書に盛り込めた部分もあったが、今後の課題としたところも多い。一部を示すと以下のような点がある。

1. 円筒埴輪の諸研究との突き合わせをおこなうべきである
2. 土師部の評価をめぐっては古代史研究の部民制との関わりで再検討すべきである
3. 埴輪の終焉の時期に差がある理由を積極的に論じるべきである
4. 首長墓の基準を示すべきであり、そもそも首長とはいかなる基準で理解すべきなのか

　今後、これらの課題はもとより古墳時代の社会組織や古墳そのものの内実などについて自らの考えを示していくことで審査にあたって頂いた先生方の学恩に報いたい。また、博士論文の第 10～12 章については、改めて『東国古墳時代の文化と交流（仮題）』として一書にまとめる予定である。

　本書を校正している最中（2013 年 8 月 9 日）、同級生の友人からあまりにも突然な訃報が飛び込んできた。同志社大学時代の恩師森浩一先生が逝去されたという連絡である。私は 1 年ほど前の 2012 年 6 月 17 日に横須賀市において森先生より関東学の講演を聞く機会を得た。その後すぐに入院されたとのことであったが、2013 年になってからも新著を出版されていたので、その訃報を俄かには信じがたい気持ちであった。思えば同志社大学を卒業して筑波大学大学院の門を叩き、その後もじっくりと腰を据えることのなかった私に対して、幾度となく手紙や葉書で連絡を頂いた。それらは、いずれも私に対して研究課題を提示してくださるものであった。東京国立博物館在職時には、私は把握していなかった東京国立博物館所蔵品について問い合わせを頂いたこともあった。この資料は今後検討してみたいと思っている。特に 2000 年 3 月 5 日におこなわれた網野善彦先生との討論にお誘い頂き、「関東学」創始に立ち会う機会を得たことは、今も私の研究指標となっている。本書が刊行されたら是非森先生に読んで頂きたいと願っていたが、それも叶わぬこととなってしまった。今更ながら私の遅筆を恨むしかないけれども、「牛の歩みも千里」とも言うように今後の研鑽を誓い、いつの日か私の関東学さらには

古墳時代研究を大成したい。

　私は、同志社大学を卒業して郷里に近い筑波大学大学院に進学した。同大学院に進もうとした理由は大学時代に読んでいた各種の著作の中で、筑波大学の岩﨑卓也先生の本に触れたことが大きなきっかけであった。岩﨑先生の書かれた文章に私自身の研究課題と触れ合うところがあると感じたのである。大学院に進んでから、岩﨑先生はゼミ等の席上で最後に肝心な点をズバッと言われるところがあり、たびたびハッとさせられることが多かった。修士論文をご指導頂いたところで退官されたが、その後もしばしば先生を訪ねていき松戸市立博物館の館長室で対峙していた時間は、口頭試問を受けているような感覚であった。大学院1年のときに、筑波大学のシリア・アラブ共和国での調査に参加させて頂いており、1日の調査が終了した後に岩﨑先生自ら石器の実測をされていた姿は今も目に焼き付いている。自分自身の目で確かめるという姿勢は岩﨑先生から学んだことが多い。

　筑波大学大学院在籍時から国立歴史民俗博物館の杉山晋作先生には埴輪を通じて様ざまなことを学んだ。杉山先生のところに集まる学生たちと自由な議論を交わしたことがなければ、本書を成すことはできなかったであろう。共に泊まりがけで発掘調査に出かけ、宿泊先で調査の成果はもとより、研究成果について議論したことが大きかった。また、国立歴史民俗博物館のプレハブで埴輪の整理作業をする中から研究のヒントを得たところも大きかった。そのような自由闊達な場所をつくって頂いたことに感謝申し上げたい。

　本書を成すにあたって多くの先学・後輩・諸機関にお世話になった。顧みると、私ほど多くの方々に支えられて研究を進めてこられた人間はいないのではないかと思うほどである。さまざまなシンポジウムで報告をさせて頂いたり、論文や報告執筆の機会を与えて頂いたり、研究会での対話の中で多くの刺激を頂いたり、論文中で叱咤して頂いたりもした。お名前は記さないがすべての方々に感謝申し上げたい。また、私の研究活動をいつも支え、最大限の理解を示してくれている両親、兄そして妻理恵に感謝いたします。

2013年8月10日　　日高　慎

索 引

人　物

【あ行】
アーネスト・サトウ　9
相川龍雄　11
赤塚次郎　177
秋元陽光　176
浅田芳朗　14
安藤鴻基　65
石橋充　118, 125, 153, 154, 158
市毛勲　16, 18, 23, 25, 74, 84
稲村繁　84
犬木努　19, 23, 81, 99, 102, 109, 174
井上裕一　100
今津節生　85
岩﨑卓也　129
宇田敦司　81
梅沢重昭　19, 151
太田博之　38, 81, 107, 176
大西智和　136
大野雲外　81
岡田精司　16, 151, 177
小畑三秋　18, 19, 151

【か行】
賀来孝代　176
笠井敏光　142
金谷克己　13
神尾和歌子　89
亀井正道　40
川那辺隆徳　18
川西宏幸　15, 19, 81, 129, 136, 144

瓦片生　9
岸俊男　141
喜田貞吉　11, 140
倉林真砂斗　108, 113
車崎正彦　19, 57, 58, 84, 151
後藤守一　11, 12, 14, 19, 23, 108, 151
小橋健司　174
小林行雄　13, 16, 18, 20, 49, 51, 57, 84, 151, 157
近藤義郎　13, 15

【さ行】
坂本和俊　108, 116
塩野博　142
柴田常恵　12
島田貞彦　12
城倉正祥　157, 174, 175
白石太一郎　117
末永雅雄　13
杉山晋作　17, 19, 67, 84, 151, 155
鈴木敏則　142
須藤宏　19, 151

【た行】
高梨俊夫　118
高橋克壽　19, 151
高橋健自　10, 11, 12
滝口宏　14, 19, 151
辰巳和弘　19, 147, 151
舘野和己　141
田中広明　54
田中正夫　38

田辺昭三　81, 125, 144
塚田良道　20, 23, 35, 85, 89, 99, 151
都出比呂志　108
坪井正五郎　9
轟俊二郎　15, 57, 67, 73, 79, 80, 84, 100, 101, 176

【な行】
永井正浩　85
直木孝次郎　140

【は行】
萩原恭一　176
橋本博文　17, 19, 20, 36, 57, 73, 106, 147, 151
土生田純之　173
浜田耕作　10, 11, 12, 14
浜名徳永　82
浜名徳順　82
春成秀爾　13, 15
坂靖　19, 100, 151, 165
日高慎　20, 151
平岡和夫　153, 176

【ま行】
増田逸朗　143
増田精一　16, 19, 151
増田美子　20, 151
三木文雄　14, 48
水野正好　12, 15, 17, 18, 19, 143, 151, 171
光井清三郎　9
三辻利一　102, 110, 118
村井嵓雄　14

森浩一　14
森田克行　19, 38, 151
森田 悌　20, 151
【や行】
八木奘三郎　9
山崎武　38, 58, 81, 175
山田俊輔　176
米澤雅美　176
米澤康　140
【わ行】
若狹徹　147
若松良一　18, 19, 51, 85, 151, 174
和歌森太郎　14, 19, 151
和田 萃　19, 141, 151
和田晴吾　117, 173
和田千吉　9

用語・遺跡

【あ】
赤坂窯（埼玉県本庄市）　53, 54, 137
赤羽台古墳群（東京都北区）　73
赤羽台4号墳（東京都北区）　28, 30, 31, 38, 81, 105
赤掘茶臼山古墳（群馬県伊勢崎市）　12
赤堀町（群馬県伊勢崎市）　45, 63, 105, 160
顎鬚　58, 60, 61, 70, 71, 73, 74, 75, 76, 78, 79, 80, 81, 123, 124, 140, 153, 155, 156, 157, 158, 159, 160, 161, 164, 176
朝日ノ岡古墳（千葉県山武市）　46, 49, 61, 66, 67, 74, 75, 76, 79, 110, 112, 113, 114, 116, 117, 121, 125, 145
味美二子山古墳（愛知県春日井市）　100
足結　11, 12, 25, 34, 39, 40, 43, 44, 45, 46, 47, 49, 50, 51, 52
愛宕山古墳（茨城県龍ケ崎市）　10, 44
我孫子四小古墳（千葉県我孫子市）　121, 125
油作Ⅱ号墳（千葉県印西市）　66, 110, 111, 124

天穂日命　139
荒蒔古墳（奈良県天理市）　89, 99
荒海15号墳（千葉県成田市）　66, 76, 81, 110, 111, 124, 131
粟田石倉古墳（茨城県かすみがうら市）　126, 146
安定供給範囲　37, 104, 106, 163
【い】
飯塚窯（栃木県小山市）　53, 54, 137
飯塚古墳群（栃木県小山市）　49, 66, 67, 81
飯塚31号墳（栃木県小山市）　61, 62
石下16号墳（栃木県市貝町）　158, 159, 160, 161
石神小学校校庭内古墳（茨城県東海村）　64
石神小学校遺跡（茨城県東海村）　27, 32, 33
石塚遺跡（三重県鈴鹿市）　135, 138
石薬師東古墳群（三重県鈴鹿市）　93
石山古墳（三重県伊賀市）　166
出雲臣　139, 140
伊勢皇太神宮式年遷宮　12

磯石　134
市之代3号墳（茨城県取手市）　64, 65, 66, 145
市場垣内遺跡（奈良県河合町）　56
移動型　57, 73, 75
稲荷塚古墳（神奈川県川崎市）　107, 162
今井神社2号墳（群馬県前橋市）　27, 33, 34, 35, 146, 162
今城塚古墳（大阪府高槻市）　170, 171
岩瀬町（茨城県桜川市）　61, 62
石見遺跡（奈良県三宅町）　14
岩屋後古墳（島根県松江市）　89
飲食供献儀礼　173
井辺八幡山古墳（和歌山県和歌山市）　168, 169
【う】
宇佐久保窯（埼玉県美里町）　53, 54, 137
烏土塚古墳（奈良県平群町）　87, 89, 99
姥ヶ沢窯（埼玉県熊谷市）　53, 137, 174
馬渡窯（茨城県ひたちなか市）　53, 54, 136, 137
雲母片岩　75, 118, 122, 123, 124, 125, 126, 127

【え】
衛星生産地　174
円筒埴輪柴垣模倣説　9
円筒埴輪装飾説　9
円筒埴輪土留柴垣説　9
【お】
生出塚遺跡(埼玉県鴻巣市)　25, 43, 48, 49, 50, 51, 52, 162
生出塚窯／生出塚埴輪窯(埼玉県鴻巣市)　25, 26, 28, 29, 30, 32, 34, 35, 36, 37, 38, 53, 54, 56, 58, 60, 71, 72, 73, 75, 80, 81, 104, 106, 136, 137, 139, 175
生出塚産埴輪　39, 78, 79, 104, 177
生出塚埴輪製作工人集団　25, 26, 28, 30, 35, 36, 37, 38, 43, 50, 51, 73, 81, 105, 106, 107, 115, 116, 174, 175
大生西1号墳(茨城県潮来市)　61, 69, 70, 105, 123, 164
大井5号墳(茨城県つくば市)　123, 124
大井林町1号墳(東京都品川区)　107
大川遺跡(北海道余市町)　176
大木台2号墳(千葉県印西市)　66, 110, 111, 112, 124
大園古墳(大阪府高石市)　85
大堤権現塚古墳(千葉県山武市)　74, 75
大室古墳群(群馬県前橋市)　37
小川台5号墳(千葉県横芝光町)　41, 46, 47, 63, 64, 74, 145
おくま山古墳(埼玉県東松山市)　145, 147
オクマン山古墳(群馬県太田市)　27, 33, 35, 45, 146, 149
意須衣　12
折越十日塚古墳(茨城県かすみがうら市)　126
小正西古墳(福岡県飯塚市)　88, 89
小幡遺跡(茨城県行方市)　44, 59, 63
小幡北山窯／小幡北山埴輪窯(茨城県茨城町)　53, 54, 61, 63, 64, 105, 136, 137, 164
小幡北山埴輪製作工人集団　37
小前田古墳群(埼玉県寄居町)　69, 70
小前田9号墳(埼玉県寄居町)　27, 33, 34, 69, 70, 146
尾張型埴輪　177
【か】
角閃石安山岩　161, 162
風返稲荷山古墳(茨城県かすみがうら市)　123, 124, 129
片野23号墳(千葉県香取市)　110, 112, 113, 124, 145
肩甲　63, 64
兜塚古墳(茨城県石岡市)　126
被りもの　23, 25, 26, 27, 28, 30, 32, 34, 35, 36, 58, 60, 81, 104
神谷作101号墳(福島県いわき市)　53, 171
上武士(群馬県伊勢崎市)　93
上中条(埼玉県熊谷市)　84
亀山(栃木県真岡市)　84
唐沢山窯(栃木県佐野市)　53, 54, 137
川合大塚山古墳(奈良県河合町)　56
川田谷(埼玉県桶川市)　10

観音山古墳(群馬県高崎市)　17, 27, 33, 34, 35, 37, 45, 49, 50, 54, 68, 69, 70, 145, 149
【き】
菊水山2号墳(千葉県成田市)　121, 122, 124, 126, 128
『魏志倭人伝』　11
北屋敷2号墳(茨城県水戸市)　43, 44, 50, 51
狐塚古墳(千葉県酒々井町)　121, 124, 126
木戸前1号墳(千葉県芝山町)　18, 46, 47, 74, 145
経僧塚古墳(千葉県山武市)　46, 61, 74, 75, 77, 126, 144, 146, 148, 149, 176
共通表現　23, 24, 25, 28, 29, 30, 31, 32, 36, 37, 38, 39, 57, 58, 59, 65, 71, 79, 80, 83, 84, 103, 153, 161, 162, 169, 173, 175
拠点生産地　174, 175
【く】
久ケ原遺跡(東京都大田区)　52, 54
久慈型埴輪　84
履(靴)　25, 39, 40, 41, 42, 44, 45, 46, 47, 48, 50, 51, 52, 155, 156, 157, 158, 160
首飾り　24, 25, 26, 27, 28, 30, 32, 34, 35, 36, 58, 64
首甲　62, 63, 64, 105, 160
久保台(神奈川県川崎市)　46, 51
供養・墓前祭祀　19, 151, 171
栗村東10号墳(茨城県かすみがうら市)　126
車塚(栃木県佐野市)　46, 49, 81
群集墳　37, 119, 122, 161
【け】
挂甲　49, 62, 63, 64, 124, 125,

209

索引

127, 129
袈裟式衣　11
袈裟状衣　85, 93, 98, 100
顕彰碑的意図　17, 151
顕彰碑的性格　19, 151
現生の来世への投影　171

【こ】
郷ヶ平6号墳（静岡県浜松市）　90, 93
公津原窯／公津原埴輪窯（千葉県成田市）　37, 52, 54, 137
高野山古墳群（千葉県我孫子市）　15, 78, 111, 115, 117
高野山1号墳（千葉県我孫子市）　66, 109, 110, 111, 120, 125, 145
高野山類型　109, 111, 112, 113, 115, 116, 117, 118, 120, 121, 122, 123
古海（群馬県大泉町）　68, 69, 93
古海松塚11号墳（群馬県大泉町）　93, 95, 99, 145
国造制　141
御前鬼塚古墳（千葉県旭市）　61, 74, 75
小台1・2号墳（千葉県栄町）　122, 124
籠手（手甲）　25
固定分散型　57, 73, 106
胡服　11, 12
駒形神社窯（群馬県太田市）　53, 54, 137
古村積神社古墳（愛知県岡崎市）　89, 92
小谷1号墳（千葉県市原市）　66, 67, 110, 112, 113, 114, 116, 117, 121, 125
権現坂窯（埼玉県熊谷市）　53, 54, 136, 137, 174

【さ】
祭祀儀礼説　13
西福寺古墳（神奈川県川崎市）　52
酒巻14号墳（埼玉県行田市）　24, 27, 36, 38, 43, 44, 48, 50, 60, 68, 72, 73, 81, 107, 146, 150, 176
埼玉稲荷山古墳（埼玉県行田市）　44, 63, 64, 71, 85, 93, 95, 99, 106
埼玉奥の山古墳（埼玉県行田市）　117
埼玉瓦塚古墳（埼玉県行田市）　18, 43, 45, 48, 51, 81, 145, 146
埼玉古墳群（埼玉県行田市）　18, 37, 49, 60, 61, 71, 72, 73, 74, 75, 80, 101, 104, 106, 107, 115, 139, 141, 142, 143, 174
埼玉将軍山古墳（埼玉県行田市）　24, 72, 73, 101, 106
作風　16, 18, 49, 57, 84, 100, 157
桜山窯／桜山埴輪窯（埼玉県東松山市）　37, 53, 54, 71, 137, 174
猿田窯（群馬県藤岡市）　53, 54, 137, 162
三千塚古墳（埼玉県東松山市）　27, 28, 44, 48, 58, 60
三王山星宮神社古墳（栃木県下野市）　81
佐原市内遺跡（千葉県佐原市）　60, 61
山武型埴輪　177
三本木（群馬県藤岡市）　27, 33, 34
三昧塚古墳（茨城県行方市）　27, 32, 33

【し】
C種ヨコハケ　89
死後の世界における近習　20, 151, 171
宍塚1号墳（茨城県土浦市）　123, 124
七軒町（栃木県佐野市）　61, 62
地鎮儀礼　173
誄　16, 17
柴又八幡神社古墳（東京都葛飾区）　66, 73, 101, 110, 114, 118, 125, 127, 128, 130, 131, 132, 133, 134
芝丸山古墳群（東京都港区）　107
島田髷　34, 49, 67, 68, 69, 70, 85, 93, 98, 105
下石崎（茨城県行方市）　63
下総型円筒埴輪　15, 67, 73, 81, 101, 102
下総型人物埴輪　49, 84, 100, 113, 121
下総型埴輪　19, 49, 57, 66, 67, 76, 78, 82, 84, 101, 102, 103, 105, 107, 108, 109, 110, 112, 113, 115, 116, 117, 118, 119, 120, 122, 123, 124, 125, 127, 128, 129, 130, 133, 134, 174, 176
下総型埴輪類型　115, 116, 117, 120, 121, 122, 123, 131
下條2号墳（群馬県高崎市）　61, 62, 146, 149, 168, 169
下高瀬上之原窯／下高瀬上之原埴輪窯（群馬県富岡市）　37, 53, 54, 137
下沼部窯（東京都大田区）　52, 54, 137
下横場塚原34号墳（茨城県つくば市）　65, 77, 146, 148
十字文楕円形鏡板付轡　129

210

集中型　57
集落や居館での祭祀　19, 151
首長権（霊）継承儀礼　19, 151, 171
寿墓　169
殉死代用説　10, 11
殉死の代用から来世生活　20, 151, 171
衝角付冑　49, 62, 125, 127, 129
常光坊谷4号墳（三重県松阪市）　90, 93
上敷免（埼玉県深谷市）　61, 62, 63, 105, 160
常総型古墳　122
正福寺1号墳（千葉県成田市）　76, 77, 146
城山1号墳（千葉県香取市）　46, 49, 54, 65, 66, 75, 76, 78, 81, 110, 112, 113, 120, 122, 124, 126, 127, 128, 145, 149
城山4号墳（千葉県香取市）　66, 110, 112, 113, 124
城山5号墳（千葉県香取市）　46, 51, 64, 66, 145
城山古墳群（茨城県八千代町）　44, 66, 78, 117
城山類型　112, 113, 115, 116, 117, 118, 120, 121, 122
常楽寺古墳（島根県奥出雲町）　88, 89
白井坂窯（神奈川県川崎市）　52, 54, 137
神宴儀礼　20, 151, 171, 172
神祇祭祀　16, 151
神内平1号墳（静岡県浜松市）　90, 93
【す】
垂下帯付き美豆良　61, 62, 104, 105, 161
水道山古墳（栃木県足利市）　70

須恵器併焼　136
須恵質埴輪壺　72, 81, 106
末野窯跡（埼玉県寄居町）　72, 73
菅原東窯（奈良県奈良市）　138, 141
素環鏡板付轡　129
菅沢2号墳（山形県山形市）　95, 98
【せ】
政治・祭祀行為の表示　171
生前顕彰　171
生前の儀礼　19, 151
石人・石馬　10, 11, 12, 13, 14
石棺系石室　126
勢野茶臼山古墳（奈良県三郷町）　86, 169
浅間山古墳（千葉県栄町）　124, 126
践祚大嘗祭　16
前方後円形小墳　119, 122
前方後円墳体制　108
【そ】
葬列　12, 13, 14, 15, 17, 18, 19, 151, 171
即位儀礼　16
【た】
大王就任儀礼　173, 177
大嘗祭　16, 151
台町103号墳（宮城県丸森町）　85
大日仏島（茨城県取手市）　27, 32, 33, 146
大日山35号墳（和歌山県和歌山市）　38
台部（履（靴）・裸足）　25, 34, 39, 41, 42, 44, 45, 46, 50, 51, 52, 100, 155, 158
タイ山1号墳（兵庫県たつの市）　89
内裏塚古墳群（千葉県富津市）　73

高合2号墳（茨城県古河市）　61, 62
他界における王権祭儀　19, 151, 171
高塚古墳（群馬県榛東村）　45, 51, 145, 162
高寺2号墳（茨城県笠間市）　43, 44, 48, 51, 53
高御座　177
蛇行状鉄器　24
タスキ　12
立山山窯跡群（福岡県八女市）　136
立山山13号墳（福岡県八女市）　85, 88
蓼原古墳（神奈川県横須賀市）　62, 105, 145
駄ノ塚古墳（千葉県山武市）　74
駄ノ塚西古墳（千葉県山武市）　74
多摩川台1号墳（東京都大田区）　105
玉造大日塚古墳（茨城県行方市）　126
壇　177
淡輪技法　89, 93
【ち】
長距離供給　107, 116, 117, 153, 158, 160
長頸鏃　129
徴発貢納型　57
【つ】
追加樹立　174
塚畑古墳（福島県須賀川市）　160
塚廻り古墳群（群馬県太田市）　17
【て】
底部穿孔の壺形埴輪　13
鉄地金銅張馬具　127, 134
鉄砲山古墳（埼玉県行田市）

211

索引

72
寺谷17号墳(三重県鈴鹿市)
　93
照沼周辺(茨城県東海村)
　63, 64
伝茨城県　44, 47, 48, 50, 60, 64
伝筑波郡　60, 164
伝東海村　44, 48
天王壇古墳(福島県本宮市)
　95, 98, 99

【と】
東院地区窯(奈良県奈良市)
　135, 138, 141
東海村　44, 48, 53, 63, 64
同工品論　19, 174
登山1号墳(神奈川県厚木市)
　46, 51, 62, 146, 150
突出遺構　144, 145, 147, 148, 149
殿塚古墳(千葉県横芝光町)
　14, 46, 49, 58, 61, 74, 75, 113, 117, 144, 145, 148, 153, 154, 155, 158, 160, 161, 164, 176
殿部田1号墳(千葉県芝山町)
　46, 47, 59, 63, 64, 74, 145
戸場口山古墳(埼玉県行田市)
　72, 107
外山茶臼山古墳(奈良県桜井市)　13
土部　140, 141
富岡5号墳(群馬県富岡市)
　69, 70, 146

【な】
中台1号墳(千葉県成田市)
　124, 129
中台2号墳(茨城県つくば市)
　61, 158, 159, 160, 164
中台4号墳(千葉県成田市)
　129
中の山古墳(埼玉県行田市)
　72, 73, 81, 106
中原古墳群(千葉県千葉市)
　66, 67
中原Ⅲ・Ⅳ号墳(千葉県千葉市)　116, 121
長原45号墳(大阪府大阪市)
　85, 87
中間西井坪(窯)遺跡(香川県高松市)　135, 138, 141
長峰17号墳(茨城県龍ケ崎市)
　66, 110, 114, 124
中山8号墳(栃木県佐野市)
　46, 49, 51, 81
長柄神社境内(群馬県太田市)
　45, 49
中良塚古墳(奈良県河合町)
　56
生野山古墳群(埼玉県本庄市)
　63
生野山9号墳(埼玉県本庄市)
　93, 95
成塚住宅団地B区窯(群馬県太田市)　53, 54
成塚住宅団地遺跡(群馬県太田市)　37

【に】
贄土師部　138, 139, 141
西赤堀狐塚古墳(栃木県上三川町)　49, 145
西の台古墳(千葉県山武市)
　61, 74
西保末(茨城県筑西市)　44, 51, 64, 65, 66
日天月天塚古墳(茨城県潮来市)　66, 110, 113, 115, 116, 117, 120, 124, 127, 128
鶏塚古墳(栃木県真岡市)
　43, 46, 50, 51, 53, 66, 67, 74, 100, 118, 146, 160
人形塚古墳(千葉県千葉市)
　46, 60, 61, 74, 75, 117, 157, 161, 176

【ね】
根田130号墳(千葉県市原市)
　66, 110, 112, 113, 114, 116, 121, 125, 127

【の】
納棺・埋納儀礼　173
鋸山　73
野中5号墳(千葉県佐倉市)
　122, 124, 127

【は】
墓山古墳(大阪府藤井寺市)
　85
白山2号墳(埼玉県行田市)
　27, 29, 30
土師　56, 136, 137, 138, 139, 142
葉鹿熊野古墳(栃木県足利市)
　12, 46, 50, 53, 70, 146
土師(関連)地名　98, 135, 136, 137, 138, 139, 140, 141, 142
土師氏　133, 135, 139, 140, 141
土師連　138, 139, 141
土師部　11, 129, 135, 137, 138, 139, 140, 141, 142, 163
旗　24
畑沢窯(千葉県木更津市)
　52, 54, 136, 137
畑中古墳群(茨城県那珂市)
　27, 32, 33
八幡山窯(埼玉県本庄市)
　53, 54, 137
塙平古墳(栃木県那須烏山市)
　160
埴　136
羽生　136, 137, 139
埴生　136, 137, 138, 139, 140
埴輪芸能論　15, 143
埴輪祭式論　17
埴輪焼成土坑　135
埴輪同工品　19, 174

幅広一枚肩甲　64, 66, 67, 77, 81
土生　136, 138, 139
林（茨城県結城市）　61, 62, 64, 65, 66
原山1号墳（福島県泉崎村）　42, 52, 145, 171
埴谷　140
埴谷3号墳（千葉県山武市）　125, 128

【ひ】
東アジア歴史世界　176
東深井7号墳（千葉県流山市）　27, 33, 35, 58, 60, 71, 146
日置荘遺跡（大阪府堺市）　85, 99
被葬者が主宰した祭祀　171
常陸型（人物）埴輪　64, 160, 176
日立精機1・2号墳（千葉県我孫子市）　121, 125
日向古墳（神奈川県川崎市）　107
姫塚古墳（千葉県横芝光町）　14, 15, 18, 46, 49, 51, 56, 58, 59, 61, 74, 75, 127, 144, 145, 148, 149, 150, 153, 154, 155, 156, 157, 158, 160, 161, 164, 176
平沢4号墳（茨城県つくば市）　126
平所埴輪窯跡（島根県松江市）　89
蛭川窯（埼玉県本庄市）　53, 54, 137
ヒル塚古墳（京都府八幡市）　166, 167

【ふ】
風洞（埼玉県本庄市）　27, 34
富士見塚1号墳（茨城県かすみがうら市）　93, 99
二子山古墳（埼玉県行田市）　71, 100
不動塚古墳（千葉県山武市）　74, 75
舟塚古墳（茨城県小美玉市）　44, 51, 63, 84, 97, 145, 146, 150
舟塚1号墳（茨城県東海村）　44, 48, 50, 53, 145
船塚古墳（千葉県成田市）　37, 52
舟塚原古墳（千葉県香取市）　61, 74, 75
舟塚山古墳（茨城県石岡市）　129
不二内古墳（茨城県鉾田市）　44, 84
古里古墳群（埼玉県嵐山町）　27, 33, 34

【へ】
併焼　98, 136, 140
辺田平1号墳（静岡県浜松市）　91, 93
片岩使用横穴式石室　126
変則的古墳　122, 127
弁天塚古墳（埼玉県東松山市）　27, 28, 29

【ほ】
法皇塚古墳（千葉県市川市）　60, 71, 73, 81, 105, 125, 126
房州石　72, 73, 101, 123, 125, 134
宝馬1(35)号墳（千葉県芝山町）　66, 67, 74
宝馬127号墳（千葉県芝山町）　66, 67, 68, 69, 110, 111, 125, 145
棒山2号墳（茨城県潮来市）　61, 69, 70, 105, 164
墓上儀礼　173
墓前儀礼　173
墓前祭祀　14, 19, 151, 171
北門1号墳（神奈川県横浜市）　107
保渡田Ⅶ遺跡（群馬県高崎市）　45, 145, 147, 148
保渡田二子山古墳（群馬県高崎市）　147, 148
保渡田八幡塚古墳（群馬県高崎市）　12, 43, 45, 93, 95, 145, 146, 148
堀切7号墳（京都府京田辺市）　85, 86
本郷窯／本郷埴輪窯跡（群馬県藤岡市）　45, 53, 54, 56, 136, 137, 162
本郷埴輪製作工人集団　37, 161

【ま】
前田通窯（静岡県静岡市）　137, 140
松塚1号墳（茨城県つくば市）　108, 123, 124
馬室窯／馬室埴輪窯（埼玉県鴻巣市）　37, 53, 54, 137, 174, 175
丸木古墳群（栃木県足利市）　28, 36
丸塚古墳（福島県相馬市）　146, 171
丸墓山古墳（埼玉県行田市）　71

【み】
鐙靼　129
美豆良　25, 26, 27, 28, 30, 32, 34, 35, 36, 49, 58, 61, 62, 67, 84, 104, 105, 161
南大塚4号墳（埼玉県川越市）　27, 28, 29, 30, 58, 60, 145
南河原町（埼玉県行田市）27, 28, 29
屯倉制　141

【む】
百足塚古墳（宮崎県新富町）　85, 89

索引

武蔵国造　139, 140, 141
村社神塚神社境内(茨城県茨城町)　63
【め】
明器泥象　11, 12, 13
女塚1号墳(埼玉県熊谷市)　145, 148
目沼7号墳(埼玉県杉戸町)　66, 110, 112, 113, 115, 116, 117, 121, 125
目沼11号墳(埼玉県杉戸町)　66, 110, 114, 125
【も】
殯　14, 16, 17, 18, 19, 151, 171
殯説　14
殯宮儀礼　19, 151, 171
木芯中空　93, 100
元太田山窯(茨城県常陸太田市)　53, 54, 137
【や】
安塚(栃木県壬生町)　46, 49, 53
矢田野エジリ古墳(石川県小松市)　93, 94
矢幡(茨城県行方市)　61, 164
山隈窯(福岡県筑前町)　136, 139
山倉1号墳(千葉県市原市)　27, 30, 31, 36, 43, 46, 51, 52, 58, 59, 60, 71, 72, 73, 81, 105, 117, 145, 150
八幡原遺跡(群馬県高崎市)　63, 64
【ゆ】
宥勝寺北裏窯(埼玉県本庄市)　53, 54
【よ】
横塚（群馬県伊勢崎市）　45, 69, 70
吉高山王古墳（千葉県印西市）　66, 110, 111, 124, 131, 133
【り】
利木古墳(静岡県湖西市)　93
竜角寺101号墳(千葉県成田市)　64, 65, 66, 68, 77, 146, 148
竜角寺112号墳(千葉県成田市)　82, 110, 111, 112, 122, 124
【ろ】
鹿角装刀子　129
【わ】
若旅大日塚古墳(栃木県真岡市)　12, 60, 61, 158, 159, 160, 161
若宮(埼玉県桶川市)　27, 33, 34
和名窯／和名埴輪窯(埼玉県吉見町)　38, 53, 54, 73, 81, 137
和名埴輪製作工人集団　38, 73, 107
割山窯／割山埴輪窯跡(埼玉県深谷市)　37, 53, 54, 136, 137

■著者紹介

日高　慎（ひだか　しん）

1968 年　東京都生まれ
1991 年　同志社大学文学部卒業
1998 年　筑波大学大学院博士課程歴史・人類学研究科退学
1998 年　日本学術振興会特別研究員（PD）
2002 年　筑波大学歴史・人類学系文部科学技官
2004 年　東京国立博物館文化財部展示課研究員
2011 年　東京学芸大学教育学部准教授（現在に至る）
2013 年　博士（歴史学）（専修大学）

《主要著書・論文》
『北岡大塚古墳（引佐町の遺跡Ⅶ）』静岡県引佐郡引佐町教育委員会　1996 年
『風返稲荷山古墳』（分担）霞ヶ浦町教育委員会　2000 年
「妙見山古墳の埴輪―その位置付けと高浜入り周辺の埴輪生産―」『玉里村立史料館報』6　2001 年
「東北北部・北海道地域における古墳時代文化の受容に関する一試考」『海と考古学』4　2001 年
「水界民と港を統括する首長」『専修考古学』9　2002 年
「松戸市行人台遺跡の鋳造鉄斧と多孔式甑―東京湾沿岸地域と渡来系文物―」『海と考古学』2005 年
「稲荷山遺跡出土七星剣考」『博古研究』35　2008 年
「茨城県」『前方後円墳の終焉』雄山閣　2010 年
「毛野の影響圏としての北武蔵」『古墳時代毛野の実像』（季刊考古学・別冊 17）雄山閣　2011 年
「葬送儀礼」『古墳時代研究の現状と課題（上）』同成社　2012 年
ほか

2013 年 10 月 25 日　初版発行　　　　　　　　　　　　　　　　《検印省略》

東国古墳時代埴輪生産組織の研究

著　者　　日高　慎
発行者　　宮田哲男
発行所　　株式会社 雄山閣
　　　　　東京都千代田区富士見 2-6-9
　　　　　ＴＥＬ 03-3262-3231 / ＦＡＸ 03-3262-6938
　　　　　ＵＲＬ http://www.yuzankaku.co.jp
　　　　　e-mail info@yuzankaku.co.jp
　　　　　振　替：00130-5-1685
印刷・製本　株式会社ティーケー出版印刷

©Shin Hidaka 2013　　　　　　　　　　　　ISBN978-4-639-02284-8 C3021
Printed in Japan　　　　　　　　　　　　　　N.D.C.210　214p　27cm